朝阳教育名师成长系列

CHAOYANG JIAOYU MINGSHI CHENGZHANG XILIE

DAKAI SHUXUE WENTI ZHONG TIAOJIAN YU JIELUN ZHIJIAN DE HEIXIAZI

# 打开数学问题中“条件”与“结论”之间的“黑匣子”

杨 平 刘 力 王文英◎著

中国文联出版社

图书在版编目（CIP）数据

打开数学问题中“条件”与“结论”之间的“黑匣子”/杨平，刘力，王文英著. -- 北京：中国文联出版社，2023.3

ISBN 978-7-5190-4972-0

Ⅰ. ①打… Ⅱ. ①杨… ②刘… ③王… Ⅲ. ①中学数学课—课堂教学—教学研究—高中 Ⅳ. ①G633.602

中国版本图书馆 CIP 数据核字(2022)第 177617 号

著　　者　杨平 刘力 王文英
责任编辑　于晓颖
责任校对　宋 帅
装帧设计　张 凯

出版发行　中国文联出版社有限公司
社　　址　北京市朝阳区农展馆南里 10 号　　邮编　100125
电　　话　010-85923025（发行部）　010-85923091（总编室）
经　　销　全国新华书店等
印　　刷　北京虎彩文化传播有限公司

开　　本　710 毫米 x 1000 毫米　1/16
印　　张　16.25
字　　数　206 千字
版　　次　2023 年 3 月第 1 版第 1 次印刷
定　　价　66.00 元

# 序　言

数学如何立德树人？章建跃博士说，“数学育人要靠数学的内在力量，即知识之间的逻辑网络、数学思想方法以及学科思维方法”。

“老师，您讲的方法我听明白了，但是我自己做题的时候还是想不到”“老师，我能想到这个方法，但是总算不对”，这是数学课上学生尴尬的评价。

“想不到”，除了知识网络有漏洞之外，更主要的是不知道怎么想，也就是没有“想”的方法，即没有“解决问题的思维方法”。

“算不对”，可能是不理解运算对象，或者运算思路混乱，还可能是错用了运算法则，忽视了运算结果的实际意义等。

面对问题，条件和结论中间到底发生了什么？这中间的“思维过程”就成了“黑匣子”，如何正确打开这个“黑匣子”呢？

知识网络、数学思想方法及学科思维方法就是打开“黑匣子”的钥匙。

本书中，通过案例和例题分析，示范如何构建知识网络，内化数学思想方法和学科研究问题的思维方法。

首先，在学习数学概念时，要构建知识网络，内化数学思想和方法。新问题怎么研究？其根本就在于如何将新问题转化为已经研究过的知识或问题，进而得以解决。考试时面对新问题怎么解决？显然此时没有人提醒学生用什么知识、什么方法去解决这个新问题，需要学生自己提取相关信息，利用已有的知识来解决。既然考试是要面对和研究新问题，那么，我

们能不能在平时的数学课堂上让学生就像考试一样来研究新问题呢？这当然能。这就是“数学课堂教学”要与“考试”的逻辑一致的问题。

每学习一个概念，都是一次面对新问题、解决新问题的过程。因此，我们要经历生动活泼的探究过程，其中包括想象、类比、联想、直觉、顿悟等，而且要有严谨理性的证明过程。另外，学习多个概念时，要理解其中的逻辑关系。即在学习知识与技能时，不是一个点、一个点孤立地完成学习，而是在自己的大脑中建构一个知识网络。当知识网络形成后，思维才能流动起来，同时，也内化了数学思想方法。

概念课既学习了知识和研究问题的方法，也内化了数学思想方法。“想”问题的方法也就生成了。

其次，要基于运算素养进行运算教学。在学习新知识时，理解数学对象，抽象运算法则，明确学科思维，都是必须经历的过程，只有这样，才能算出正确的结果。

比如，本书以解析几何为例，借助解析几何的思维方法，从学科思维角度设计运算思路，寻找打开“黑匣子”的方法。让学生看到老师是怎样想的，是怎样根据题中条件列出式子求解的，即向学生展示如何利用数学思想方法分析问题、解决问题。在函数案例中，利用数形结合思想方法构建“数→形→数”的思维模式，重现思维过程，给出打开“黑匣子”的方法。

总之，数学课堂要培养数学思维，知识是载体，更重要的是学习解决问题的方法。

能自己想出问题的解决办法是学生的愿望，本书将致力于帮助学生实现这个愿望。

本书适合青年教师在教学过程中结合课堂实践阅读，也适合有经验的老师参考学习以提炼自己的教学心得，关于学科思维的章节也适合高中学生阅读。

我们坦诚欢迎广大读者对本书提出宝贵意见。

# 目　录

# 第一章
# 数学思维是怎样在课堂教学中炼成的

创建培养数学思维的课堂，是在教师教学实践的困惑、学生学习的需要、课改发展的需要和课标要求的需要等背景下提出的。

第一，教师教学实践的困惑。很多数学教师发现部分高一学生学习一个月函数知识后，就产生了不适应，数学成绩开始呈现下降趋势。虽然有的学生笔记记得很工整，但多为公式、概念、例题，而没有分析思路。大多数的学生在初中采用“知识＋练习”的学习方式去提升数学成绩，并取得了一些效果。于是希望在高中也通过该方法取得好成绩。而有的高中数学教师似乎也不太注重知识间的逻辑关系以及对数学概念发生发展过程的研究，这就出现了所教学生平时学习单元知识时成绩还不错，但综合在一起考试时就不知道用什么知识、用什么方法来解决问题的现象。慌乱之下，“背数学”“背题型”的学习方式出现，学生更加忽视数学概念形成过程的学科价值，从而无法应对变形后的试题，形成恶性循环。试想一下，如果教师每一节数学课都引导学生利用所学知识，经历分析新问题、解决新问题的过程，还会出现这样的情况吗?

第二，学生学习的需要。“老师，您讲的方法我听明白了，但是我自己做题的时候还是想不到。”这可谓数学课上学生对老师的讲解最为尴尬的评价，同时也表达了学生的心声。学生需要什么？学会，会学，爱学。每位学生都想成为老师和家长眼中最棒的学生，但为什么有的学生上课不

能够专注于听讲呢？因为他们的思维与老师的思维不在同一个频道上。

第三，课改发展的需要。2014 年，《教育部关于全面深化课程改革，落实立德树人根本任务的意见》指出："立德树人是发展中国特色社会主义教育事业的核心所在，是培养德智体美全面发展的社会主义建设者和接班人的本质要求……教育部将组织研究提出各学段学生发展核心素养体系，明确学生应具备的适应终身发展和社会发展需要的必备品格和关键能力。"

学科关键能力在众多能力要素中处于中心位置，是最基本、最重要、最关键、能起决定作用的能力。从核心素养角度可以从三个层次把握学科关键能力：最底层的"双基指向"，以基础知识和基本技能为核心；中间层的"问题解决指向"，以解决问题过程中所获得的基本方法为核心；最上层的"科学（广义）思维指向"，指在系统的学习中通过体验、认识及内化等过程逐步形成相对稳定的思考问题、解决问题的思维方法和价值观，实质上是初步得到认识世界和改造世界的世界观和方法论。因此，就数学知识理解能力、数学知识迁移能力和数学知识创新能力而言，创建培养数学思维的课堂势在必行。

第四，课标要求的需要。《普通高中数学课程标准（2017 年版）》对数学课程的基本理念概述是："要人人都能获得良好的数学教育，不同的人在数学上得到不同的发展；要突出数学主线，凸显数学的内在逻辑和思想方法；要把握数学本质，发展学生数学学科核心素养；要提高学生学习兴趣，帮助学生认识自我，增强自信，帮助教师改进教学，提高质量。"

综上所述，创建培养数学思维的课堂是培养全面发展的人的需要，是培养合格建设者和接班人的需要。

# 第一节 如何创建培养数学思维的课堂

学生的学习是有规律的，老师如何将自己的知识转化为学生的知识?

数学课堂应该引导学生像数学家一样研究，经历、感受数学概念由情境到生成的过程。让学生体会到数学是鲜活的，是有逻辑的。

如何让学生学会研究问题?答案是教会其研究问题的思路和方法。最好的途径就是在学习新知识的过程中，经历利用已有知识和已有的研究方法分析问题、解决问题的全过程。换句话说，在每一个由问题情境到概念生成的中间20分钟，让学生经历研究问题的思路和方法，并内化为数学思想方法和研究问题的思维方法，如图1.1.1所示。

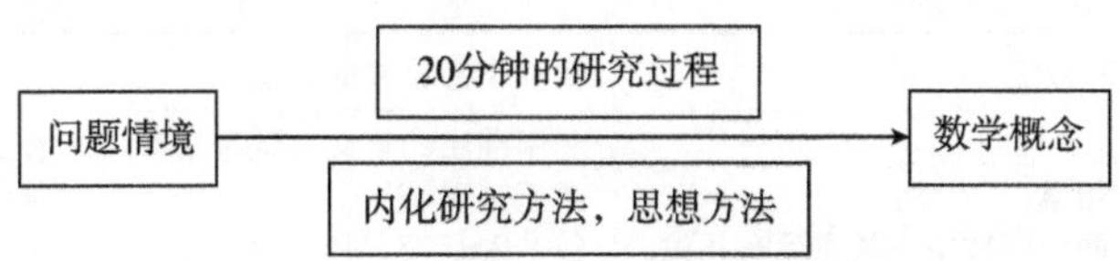


**图1.1.1 让学生学会研究问题的途径**

## 一、在学习数学知识时，领悟研究问题的方法

在概念教学时，我们要教会学生如何使用教材资源，如何用学过的方法研究新的数学对象，如何在问题情境和概念形成之间内化数学思想方法。

下面的表1.1.1是两位语文老师的“讲方法”，一位讲议论文的写作方法，另一位讲对联的写法，我们来对比一下。

**表 1.1.1　两位语文老师“讲方法”的对比**

| 议论文的写作方法 | 对联的写法 |
| --- | --- |
| 师：分三步<br>(1) 提出观点；<br>(2) 深入分析原因或本质；<br>(3) 解决问题。 | 师：分三步<br>1. 观察对联，找特点和规律；<br>2. 讲解对联的基本要求；<br>3. 实践，从两个字开始对，然后三个字、四个字…… |
| 生：听懂了，但下笔无神啊！ | 生：对不上啊 |
| 结果：<br>写了几篇作文，也没掌握写作要领 | 师：最难是实践<br>(1) 带着学生改对联；<br>(2) 修改过程中，保留学生本来的能力水平和创意 |
|  | 学生困难：<br>困难是读书不多，词汇量不够，语法知识欠缺，练习机会少 |

结果，孩子们春节时争着给亲戚家写对联，还能用对联提炼学过的课本内容，哪个更有效不言而喻。

我们再来对比两位老师教小数乘法的过程。

**表 1.1.2　两位老师教小数乘法过程的对比**

| 讲　小数相乘的方法 | 悟　小数相乘的方法 |
| --- | --- |
| 师：分三步<br>(1) 先将整数相乘；<br>(2) 再数原来两个因数中小数点后有几位；<br>(3) 从整数相乘所得积的右边起数出几位，点上小数点。 | 利用乘法的意义，试着解释以下算式的意义，并纠正错误。<br>(1) $2\times0.5=10$<br>(2) $2\times0.5=0.1$<br>(3) $2\times0.5=1$ |
| 生：明白了，但总忘记点小数点 | 生：好像明白为什么要点小数点了 |
| “小马虎”诞生了 |  |

以上两位老师的教学过程，一种是注重讲解做题方法，一种是让学生自己体会“要不要点小数点”“怎么点小数点”。显然，只讲解做题方法的误区是把方法性知识教成事实性方法。方法是研究问题过程中通过自己经历或发现后提炼出来的，但老师通过“讲方法”来“教方法”，就替代了学生的思维活动，最终出现方法与解决问题脱节的局面。

方法本质上是内在的能力系统。当其对外显示时，才能表现出其掌握了方法、能力。因此，方法不是教的，而是在做题中学习或者感悟出来的，需要一定的时间基础。可以说，“做中学”：短期无效，中期有效，长期高效。而“记中学”：短期高效，中期无效，长期有害。教师用自己的“做中学”代替学生的“做中学”，这样的结果就是：用“讲方法”来“教方法”，教出来的不是方法，而是事实性知识。



教师应该怎么教学生呢？那就是让学生经历知识发生、发展的全过程。

下面，我们看一节的备课过程。

**例 1.1.1** 完全平方公式的备课案例

**【初稿】**

1. 探究活动：

（1）如何计算图 1.1.2 中大正方形的面积？你有什么发现？

（2）你能用多项式乘法运算法则推导出$(a+b)^2=a^2+2ab+b^2$吗？

（3）尝试运用公式$(a+b)^2=a^2+2ab+b^2$计算$(a-b)^2$。（引导学生感受转化的思想以及知识之间的内在联系）

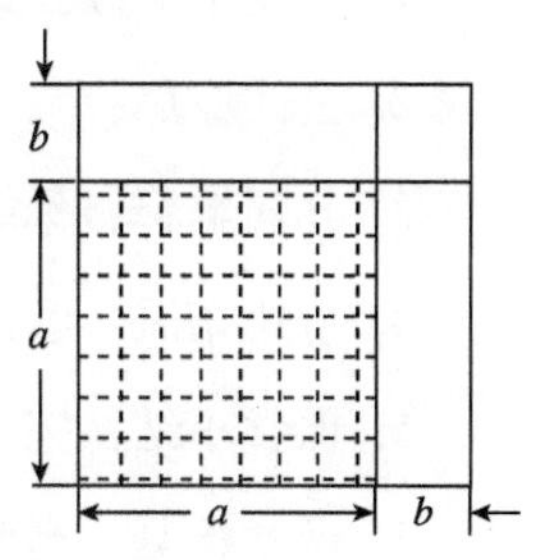


**图 1.1.2**

（4）观察完全平方公式，你能说出这两个公式的结构特点吗？

2. 公式应用：

例　用完全平方公式计算：

①$(5+3p)^2$；②$(2x-7y)^2$；③$(-2a-5)^2$。（第③小题引导学生用不同方法计算，深刻理解、灵活应用两个公式）

**【初稿磨课反思】**

（1）这样的正方形哪里来的？（2）为什么只计算它的面积而不计算其

他几何量？（3）老师是怎么知道计算这样的正方形面积就能得到完全平方公式的？

这个设计中，学生的探究是被教师“牵着鼻子”去快速发现新知识的探究，这种过程其实是一种“假探究”。课堂教学立意是知识立意的层次。

**【二稿】**

1. 探究活动：

（1）计算下列各式，你能发现什么规律？

①$(m+2)^2=(m+2)(m+2)=$__________；

②$(2x+3y)^2=$__________；

③$(m-2)^2=(m-2)(m-2)=$__________；

④$(2x-3y)^2=$__________。

（2）推广到一般，你能归纳得到什么运算公式？

（3）完全平方公式有什么特征？如何用语言描述？

2. 公式应用：与一稿类似，略。

3. 几何解释：你能根据图 1.1.2 中图形的面积说明完全平方公式吗？

4. 应用拓展：尝试计算$(a+b+c)^2$。

5. 课堂小结：完全平方公式的特征及语言描述。

6. 课堂检测：当堂训练，当堂反馈。

**【二稿磨课反思】**

这个设计属于能力立意。该设计关注公式的来龙去脉，注重学生的实践，学生通过两个完全相同的多项式相乘的运算，进而总结发现规律，再推广归纳出一般结论——完全平方公式。演绎推理在于证明结论，归纳推理在于发现结论，归纳能力是创新能力的重要基础。

**【三稿】**

1. 计算下列各式，并总结运算法则：

（1）$(m-2)(m+2)$；（2）$(-2x-5)(2x-3y)$；（3）$(x+y)(a+$

$b$)；(4) ($m+2$) ($m+2$)。

作为复习旧知，这组练习题比提问学生运算法则更有意义，每一个运算都是有运算依据的。

2. 运算法则 $(a+b)(c+d)=ac+ad+bc+bd$ 具有一般性，请同学们尝试观察前面练习题的结构，找一找还有哪些特殊情况。

总结规律，得到完全平方公式及平方差公式。

3. 几何证明。

4. 根据前面所学内容，计算：$(a+b)^3$ 和 $(a+b)^4$。

**【三稿磨课反思】**

这个设计突出运算法则的一般性和公式结构的特殊性。由一般到特殊，既得到了数学公式，又经历了研究方法，属于生本立意。在该过程中，学生探究的空间大，是真探究：学生靠自己探究出公式；学生自己提出好的问题和研究思路。“情感态度”不会凭空形成，数学思考的魅力与问题解决的成功是“情感态度”形成的催化剂。数学学科教学立意提升的关键在于教师理解数学的能力，即教师的数学素养。了解数学知识产生的背景，才能准确地把握数学概念、定理、法则、公式之间的逻辑关系，才能深刻领悟内容所反映的数学思想方法，从而具有挖掘知识所蕴含的科学方法、理性思维过程和价值观资源的能力和技术，善于区分核心知识和非核心知识等能力。

## 二、利用数形结合思想方法，“重现思维过程”

为什么是“重现”而不是“重视”？

重现和重视是两个不同的概念。重视，指老师认为这件事很重要，需要学生重视，或需要教师本人引起重视。重现，指一种思维的再现，是一种思维的可视化，它比重视的这个效果更有意义。我们通过重现条件与结论的“中间环节”，从而解决“怎么想”的问题。

每章每节的知识是明线，数学思想方法是暗线。

以初高中衔接为例，这个期间，以初中数学二次函数知识的延伸为主，引导学生用数形结合思想方法分析函数问题，即用图形想问题，用数（或式）说理。让学生能够看到解题者使用数学思想方法分析问题、解决问题的思维过程，即看到解题者是怎样想的。

一旦学生领会了这个模式，就能逐渐感受到数学新概念的探究和得出结论的过程具有其学科价值的思维。在此过程中形成的数学思想方法是解决问题的依据。在下一节中，我们将就如何利用数形结合思想方法直观呈现思维过程做详细解读。

此外，学生面对新问题还有个困惑，即题目是怎么编出来的？学生说，不怕题量大，就怕题目变。“变”可谓是学生最为头疼的事。很多学生经过三年的学习，在高三的系统复习训练之后，面对高考题依然感到不顺手，甚至感到难，其中很大原因是“变”。相对前几年的高考题，当年高考题在考查内容没变化的情况下，只是将问题情境、设问方法稍加变化，学生依然感到困难。

这是“解题”与“解决问题”之间的关系。我们说重视数学概念课的教学，重现研究问题时的思维过程，就是在“解决问题”，使得学生在每次学习时，都经历“情境—提出数学问题—解决问题”的过程。重现思维过程，就是在教“解决问题”的方法，以应对各种各样的试题变化。

我们可以试着让学生经历利用构造“逆命题”“否命题”“逆否命题”的方式提出新问题的过程，也可以尝试引入参数将多个问题统一成一个问题，从而提出含参的问题等，让学生体会到无论问题怎样变化，其承载的数学知识、数学思想方法以及能力要求都没有变化，引导学生关注知识本质。

**例 1.1.2**　二次函数在给定区间上的最值问题

以“二次函数在给定区间上的最值问题”为例，课程设计如下：求下列函数的值域。

（1）$y=x^2$，$-1\leqslant x\leqslant -\frac{1}{2}$　　（2）$y=x^2$，$-1\leqslant x\leqslant 3$

（3）$y=x^2$，$1\leqslant x\leqslant 2$　　（4）$y=x^2$，$-3\leqslant x\leqslant 1$

（5）$y=2x^2-3x+1$，$-1\leqslant x\leqslant 1$　　（6）$y=2x^2-3x+1$，$0\leqslant x\leqslant 2$

（7）$y=2x^2-3x+1$，$2\leqslant x\leqslant \frac{5}{2}$　　（8）$y=2x^2-3x+1$，$-1\leqslant x\leqslant \frac{1}{2}$

首先，画出上面 8 个函数所对应的图象。

**表 1.1.3　例 1.1.2 8 个函数对应的图象**

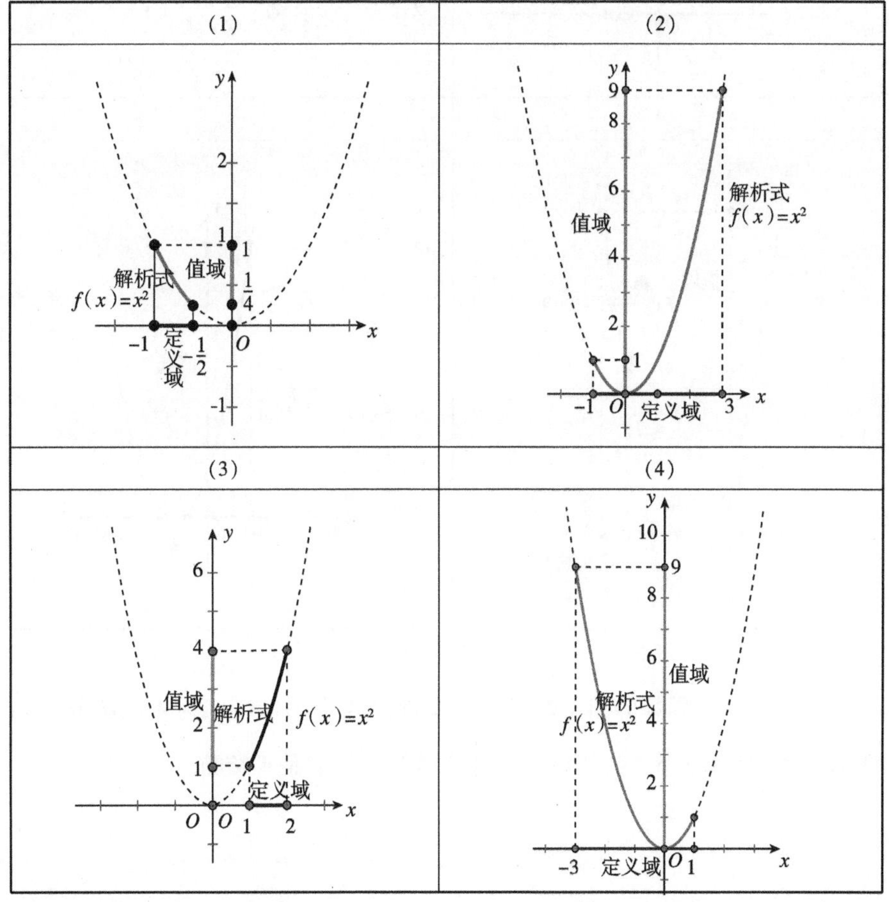

续表

| (5) | (6) |
| --- | --- |
| 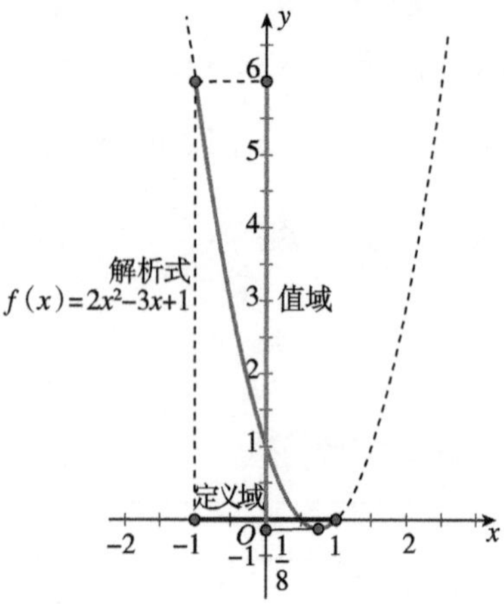 解析式 $f(x)=2x^2-3x+1$；值域；定义域；$-2$，$-1$，$O$，$-1$，$\frac{1}{8}$，$1$，$2$；$1$，$2$，$3$，$4$，$5$，$6$；$x$，$y$ | 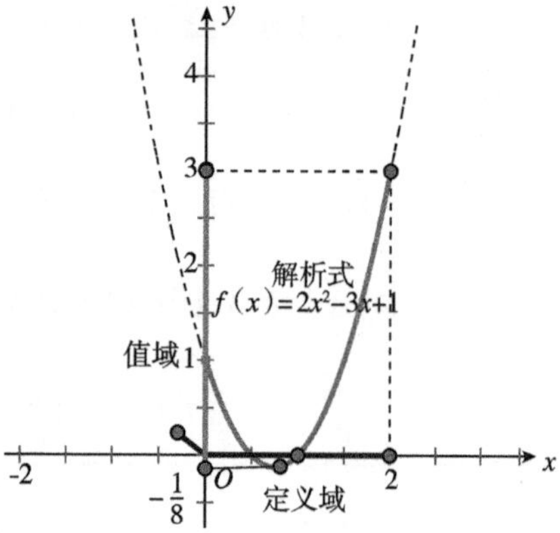 解析式 $f(x)=2x^2-3x+1$；值域；定义域；$-2$，$-\frac{1}{8}$，$O$，$2$；$1$，$2$，$3$，$4$；$x$，$y$ |
| **(7)** | **(8)** |
| 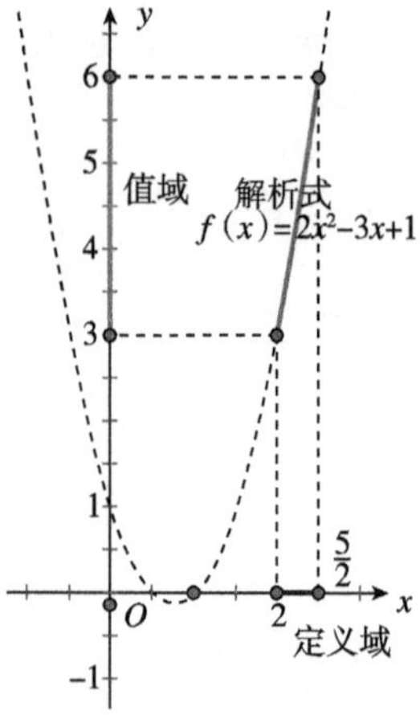 值域；解析式 $f(x)=2x^2-3x+1$；定义域；$O$，$2$，$\frac{5}{2}$；$-1$，$1$，$3$，$4$，$5$，$6$；$x$，$y$ | 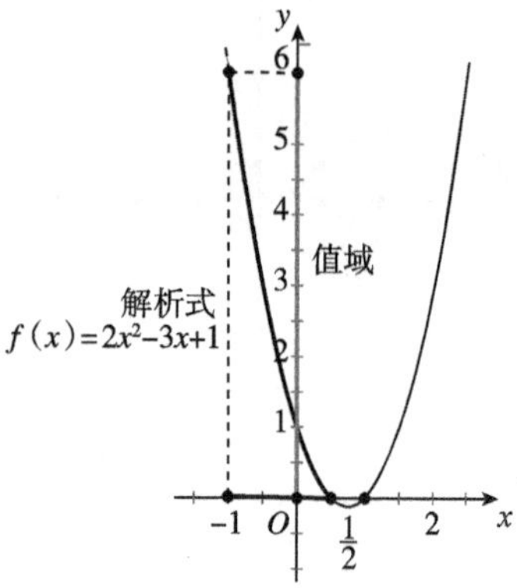 值域；解析式 $f(x)=2x^2-3x+1$；$-1$，$O$，$\frac{1}{2}$，$2$；$1$，$2$，$3$，$4$，$5$，$6$；$x$，$y$ |

比较这 8 个函数的图象的特点，发现这 8 个图形可归为 4 个图形，如图 1.1.3—图 1.1.6，换句话说，这 8 道题实际上是 4 类题。

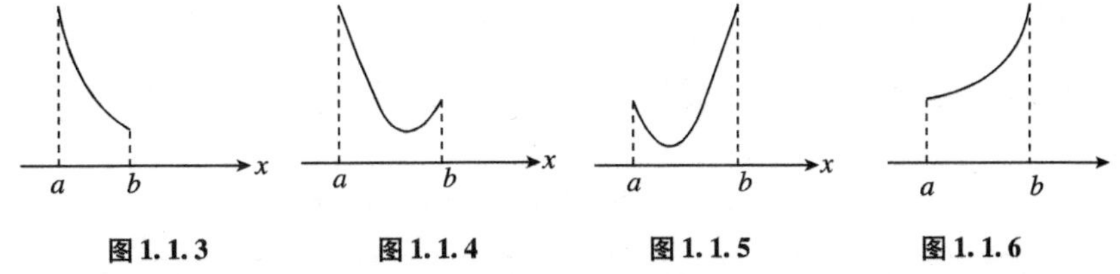


图 1.1.3　　图 1.1.4　　图 1.1.5　　图 1.1.6

再思考这四个图形的共性是什么？它们都是函数 $y=x^2$ 图象的一部分。能否以动态的观点将以上四个静态图统一起来？要解决这个问题，需要利用初中学过的“用字母表示数”的思想，引入参数，把一类题转化为一个题，从而得到二次函数在给定区间上的最值问题，即“求函数 $y=x^2$，$t\leqslant x\leqslant t+1$ 的最大值”，解法也自然产生。

又如，我们在学习解不等式之后，可以采用构造“逆命题”的方式构造新问题。

**例 1.1.3**　求不等式 $x^2-4x+3<0$ 的解集（解略）。

考虑把条件和结论交换位置，也就是已知不等式的解集，求不等式（即不等式中参数的取值范围）。这样，一个新的问题就出现了，即图 1.1.7 这样的一个思维过程：

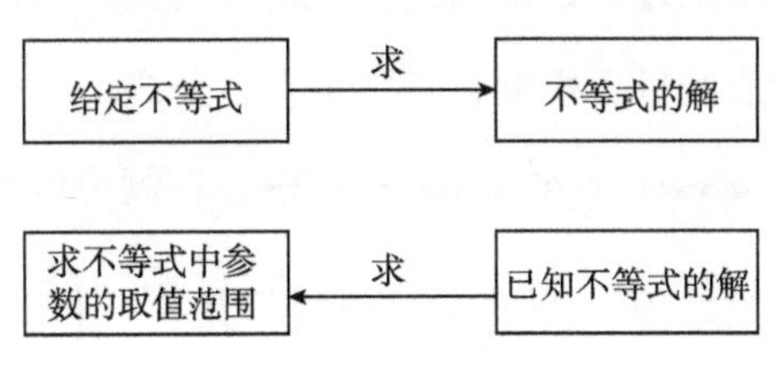


图 1.1.7

变式：已知不等式 $x^2-ax+b<0$ 的解集为 $\{x \mid 1<x<3\}$，求实数 $a+b$ 的值。

**【解析】**这个问题没有公式可言，学生记忆的“大于取两边，小于取中

间”的口诀也用不上了，只能用研究不等式的方法，即利用函数、方程、不等式的关系，借助数形结合思想方法解决该问题（如表1.1.4所示）。

**表1.1.4　数形结合思想方法解决例1.1.3变式问题**

| 数 | 形 | 数 |
|---|---|---|
| 已知不等式 $x^2-ax+b<0$ 的解集为 $\{x\mid 1<x<3\}$ | 令 $f(x)=x^2-ax+b$，<br>则函数 $f(x)$ 的零点为1和3。<br>0　1　3 | 则1和3是方程 $x^2-ax+b=0$ 的两个不等实根，<br>故 $\begin{cases}1+3=a\\1\times3=b\end{cases}\Rightarrow a+b=7$。 |

上述两个例题以不等式为研究背景，虽然问法不同，但解决问题的方法都是利用数形结合思想方法，构造函数解决新问题。

**例1.1.4**　将关于 $x$ 的二次多项式 $x^2+ax$ 配平方。

配平方的口诀是“加上一次项系数一半的平方”。那么，学生的问题来了：“为什么要加一次项系数一半的平方？”

$$x^2+ax=x^2+ax+\left(\frac{a}{2}\right)^2-\left(\frac{a}{2}\right)^2=\left(x+\frac{a}{2}\right)^2-\frac{a^2}{4}。$$

这里面有一个思维过程，即构造。“配”，也说“配凑”，本身就是构造模型的过程，构造的目标模型就是完全平方公式。

**想法1**：公式 $(a+b)^2=a^2+2ab+b^2$ 中，右侧可以看成关于 $a$ 的二次三项式，一次项系数是 $2b$，那么常数项恰好是 $b^2=\left(\frac{2b}{2}\right)^2$，于是，配方时要加“一次项系数一半的平方”。

**想法2**：为什么要对 $x^2+ax$ 配方？前提是我们学习了换元法，并且已经会研究如下结构的方程：$x^2=m$ 和函数 $y=x^2$，于是就希望把 $x^2+ax$ 构造成 $(x+t)^2$ 的形式。

按照完全平方公式的结构，就有了如下构造：

$$x^2+ax=x^2+2\times\frac{1}{2}ax=x^2+2\times\frac{a}{2}x=x^2+2\times\frac{a}{2}x+\left(\frac{a}{2}\right)^2-\left(\frac{a}{2}\right)^2,$$

从几何上解释：配方就是构造正方形面积的过程（如表 1.1.5 所示）。

**表 1.1.5 “$x^2+ax$”及“配方”的几何意义**

| $x^2+ax$ 的几何意义 | “配方”的几何意义 |
|---|---|
| $x^2+ax$ 表示一个边长为 $x$ 的正方形的面积与一个长为 $x$，宽为 $a$ 的矩形面积之和。 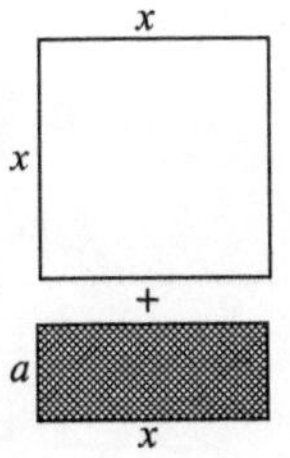 | 如图，我们把矩形，分成两个长为 $x$ 宽为 $\frac{a}{2}$ 的全等的矩形，再把两个小矩形与正方形拼在一起，得到一个边长为 $x+\frac{a}{2}$ 的大正方形（缺了一个边长为 $\frac{a}{2}$ 小正方形）。 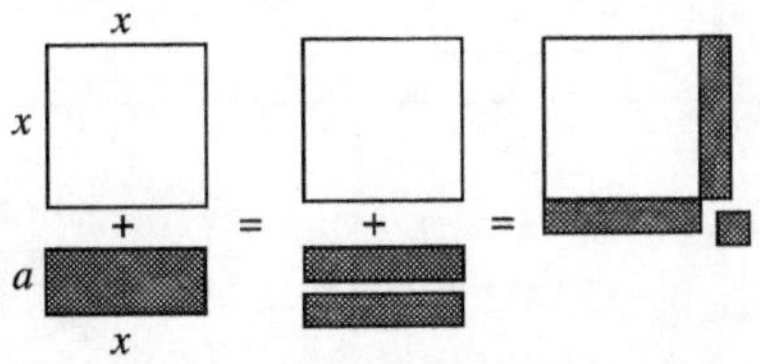 |

这样可以直观呈现“配方”的思维过程，使得“配方”更加鲜活。

## 三、基于运算素养立意，“重现算理算法”

这里还是用“重现”，而不用“重视”。因为仍需要让学生看到解题者设计运算思路的过程。但素养立意的运算教学更注重逻辑，更能培养学生的运算素养。

近几年一线数学教师普遍反应学生的运算能力较差，在学生眼里这是马虎所致，其实不然。运算上的失误归根结底在于不明算理。

**例 1.1.5** 学习竖式除法的案例

一个小朋友学习竖式除法，爸爸说：“你做除法时，若把位数对齐，就能做对。”小朋友嘟囔一句：“为什么要对齐呢?”。这句话问得太到位了，有水平！是啊，为什么要对齐呢？回答这个问题需要从除法运算的含义说起。

**表 1.1.6　除法运算每步的含义（以 312 ÷ 3 = ？为例）**

| 除法 | 含义 |
| --- | --- |
| 312 ÷ 3 = ? | 把 312 平均分成 3 份，每份是多少? |
| 商 104<br>3 ) 312<br>3<br>——<br>12<br>12<br>——<br>0 | |
| 商 1<br>3 ) 312<br>3<br>—— | 商中的“1”代表什么?<br>得到的一个乘积“3”代表什么? |
| 商 10<br>3 ) 312<br>3<br>——<br>12 | 商中的“0”代表什么? |
| 商 104<br>3 ) 312<br>3<br>——<br>12<br>12<br>——<br>0 | 商中的“4”代表什么?<br>又得到一个乘积“12”代表什么?<br>余数“0”代表什么? |

学生不理解每一步运算的含义，也不理解每个数字的含义，于是，除法就变成了机械计算，也就没有了数学思维。

我们设计一个分钱的小活动，尝试让学生理解每步运算的含义。

**【活动】**312 元平均分给 3 人，每人分多少?

**【准备工具】**1 元纸币若干张；5 元纸币若干张；10 元纸币若干张；20 元纸币若干张；50 元纸币若干张；100 元纸币若干张。

**表 1.1.7　设计分钱的小活动，理解除法每步运算含义**

| 除法 | 含义 |
| --- | --- |
| 商 1<br>3 ) 312<br>3<br>—— → 商 100<br>3 ) 312<br>300<br>—— | 甲　乙　丙<br>第 1 次　100 元　100 元　100 元<br>商中的“1”，其实代表“100”，即每人先分 100 元；<br>积“300”，其实是总共分出去 300 元。 |

续表

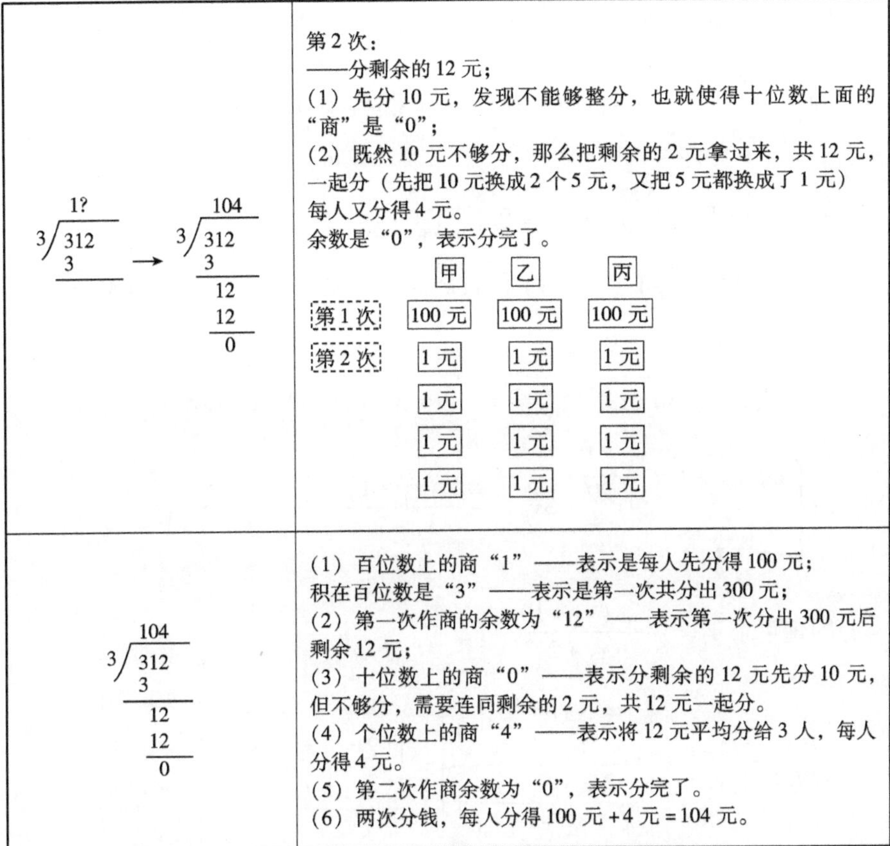

| | |
|---|---|
| $3\overline{)312}$ 商 1?，3；→ $3\overline{)312}$ 商 104，3，12，12，0 | 第 2 次：<br>——分剩余的 12 元；<br>(1) 先分 10 元，发现不能够整分，也就使得十位数上面的“商”是“0”；<br>(2) 既然 10 元不够分，那么把剩余的 2 元拿过来，共 12 元，一起分（先把 10 元换成 2 个 5 元，又把 5 元都换成了 1 元）每人又分得 4 元。<br>余数是“0”，表示分完了。<br>甲　乙　丙<br>第 1 次　100 元　100 元　100 元<br>第 2 次　1 元　1 元　1 元<br>1 元　1 元　1 元<br>1 元　1 元　1 元<br>1 元　1 元　1 元 |
| $3\overline{)312}$ 商 104，3，12，12，0 | (1) 百位数上的商“1”——表示是每人先分得 100 元；<br>积在百位数是“3”——表示是第一次共分出 300 元；<br>(2) 第一次作商的余数为“12”——表示第一次分出 300 元后剩余 12 元；<br>(3) 十位数上的商“0”——表示分剩余的 12 元先分 10 元，但不够分，需要连同剩余的 2 元，共 12 元一起分。<br>(4) 个位数上的商“4”——表示将 12 元平均分给 3 人，每人分得 4 元。<br>(5) 第二次作商余数为“0”，表示分完了。<br>(6) 两次分钱，每人分得 100 元 +4 元 =104 元。 |

通过设计这样一个小活动，把除法的思维过程显性化，这样学生对除法运算的理解更生活化，运算起来不枯燥，准确性会大大提高。

下面，大家再看一个例题：

**例 1.1.6** 已知椭圆 $C$：$\frac{x^2}{8}+\frac{y^2}{2}=1$ 上点 $A$（$-2$，$-1$），过点 $B$（$-4$，0）的直线 $l$ 交椭圆 $C$ 于点 $M$，$N$，直线 $MA$，$NA$ 分别交直线 $x=-4$ 于点 $P$，$Q$，求 $\frac{|PB|}{|BQ|}$ 的值。

我们先看下面学生的解答过程。

解：易知直线的斜率存在，设为 $k$。

因为过点 $B\ (-4,\ 0)$ 的直线 $l$ 交椭圆 $C$ 于点 $M\ (x_1,\ y_1)$，$N\ (x_2,\ y_2)$，

则 $\begin{cases} y=k\ (x+4), \\ x^2+4y^2=8 \end{cases} \Rightarrow (1+4k^2)\ x^2+32k^2x+64k^2-8=0$，

故 $x_1+x_2=-\dfrac{32k^2}{1+4k^2}$，$x_1x_2=\dfrac{64k^2-8}{1+4k^2}$，

且 $\Delta=(32k^2)^2-4\ (4k^2+1)\ 8\ (8k^2-1)\ =32\ [32k^4-\ (32k^4+4k^2-1)]$

$=32\ (1-4k^2)\ >0$，

又直线 $MA$，$NA$ 分别交直线 $x=-4$ 于点 $P$，$Q$，因为 $A\ (-2,\ -1)$，

故 $\begin{cases} AM：y+1=\dfrac{y_1+1}{x_1+2}, \\ x=-4 \end{cases} \Rightarrow y_p=-\dfrac{2\ (y_1+1)}{x_1+2}-1$，

同理可求 $y_Q=-\dfrac{2\ (y_2+1)}{x_2+2}-1$。

$$\frac{|PB|}{|BQ|}=\left|\frac{y_P}{y_Q}\right|=\left|\frac{-\dfrac{2\ (y_1+1)}{x_1+2}-1}{-\dfrac{2\ (y_2+1)}{x_2+2}-1}\right|=\left|\frac{(2y_1+x_1+4)\ (x_2+2)}{(2y_2+x_2+4)\ (x_1+2)}\right|$$

$$=\left|\frac{[\ (2k\ (x_1+4)\ +x_1+4)]\ (x_2+2)}{[\ (2k\ (x_2+4)\ +x_2+4)]\ (x_1+2)}\right|$$

$$=\left|\frac{(2k+1)\ x_1x_2+\ (8k+4)\ x_2+\ (4k+2)\ x_1+16k+8}{(2k+1)\ x_1x_2+\ (8k+4)\ x_1+\ (4k+2)\ x_2+16k+8}\right|$$

算到这里，学生有点懵，没见到熟悉的韦达定理，就不知所措了，于是产生了放弃的想法。

其实，这里有两个问题，一是计算过程中，忽略了“化简”。多项式化简中，有一个重要的手段是“提取公因式”，于是，化简可得：

$$\frac{|PB|}{|BQ|}=\left|\frac{y_P}{y_Q}\right|=\left|\frac{[(2k+1)\ (x_1+4)](x_2+2)}{[(2k+1)\ (x_2+4)](x_1+2)}\right|=\left|\frac{x_1x_2+2x_1+4x_2+8}{x_1x_2+2x_2+4x_1+8}\right|$$

而像这样$\frac{2x_1+4x_2}{2x_2+4x_1}$的结构学生仍不知所措，还能继续消元吗？能！而且是利用韦达定理消元。

另外，根据题意把图形画出来分析一下，对设计运算思路也是很有帮助的，如图 1.1.8。

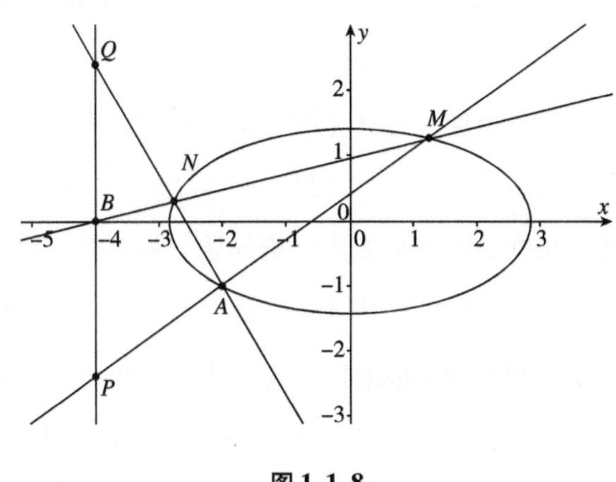


**图 1.1.8**

可以看出，比值应该1，而且点 $P$ 与 $Q$ 在 $x$ 两侧，故只需证明 $y_P+y_Q=0$ 即可，证明也会相对简单。在后面关于运算的章节中我们会详细分析该例题。

## 第二节　函数问题中的“数→形→数”思维模式

学生经常会说：“老师，这道题我懂了，但遇到新题我还是不会做。”这是一个很尴尬的问题。如何破解这个问题？我们可以把解题的思维过程显性化，让学生直观看到教师的解题思维过程。

## 一、学生进入高中后的困难

进入高中，学生首先面对的知识是函数。进入高二还要学习利用导数研究函数的性质问题，把函数学习推向新的高度。函数问题一直以来都是高中生头痛的问题，学生所说的“无法翻译条件，不知道有些条件是干什么用的”“对题分析不彻底”“看题不仔细”“某些概念不清晰”“理解不了题意”“题目的字和符号能看懂，但写不下去”“知识运用不好”等都是针对函数的。符号抽象加上对概念的理解不透彻，直接导致了学生做题难度加大。重重困难使得部分同学因此失去学习数学的信心。

进入高中后，思维的难点是如何分析问题。就函数而言，分析问题的思维过程就是数形结合思想方法的具体体现。但学生只能看着老师很神奇地写出一个个式子，却不知是根据什么写出来的。思维方法是解题时内在的心理过程，那么，教师就要在课堂上把这个思维过程直观地显现出来，让学生理解并内化这个思维方法。

本节中，将给出一个利用数学思想方法分析、解决函数问题的思维模式，即“数→形→数”思维模式。下面，以函数为例，详细解释这个思维模式。

## 二、“数→形→数”思维模式

1. 杨平工作室的课题组对“数→形→数”思维模式的定义

“数→形→数”思维模式是利用数形结合思想方法分析问题、解决问题的思维过程的外显，即把题目中数学语言（文字语言或符号语言）翻译成图形语言，然后根据图形的形状、大小、位置关系得到相应的数量关系，进而求解的过程。

不难看出，这个“思维模式”是建立在数形结合思想方法上。数学思想方法是从哪里来的呢？是在研究学习新知识、新概念过程中内化形成的。数学思想方法依附于具体的数学知识。如果数学知识是数学研究活动中思维活动的最终产物，那么，思维活动就是与之相伴的数学思想方法。数学课不只是教知识，更要教思维。因此，要将隐含的数学思想方法显性化。

函数可以用图象来表示，其中必然会涉及几何问题；几何图形里大有文章可做，最受宠幸的便是函数。华罗庚先生说："数缺形时少直观，形少数时难入微；数形结合百般好，隔离分家万事休。"因此，"数与形"的结合就成了解决函数问题的一个标志性思维方法。

2. "数→形→数"思维模式的具体内容

由于二次函数是初三学习的主要内容，因此，高一的学生对二次函数比较熟悉。一元二次不等式虽然是新内容，但研究二次不等式的过程中需要用到二次函数，那么，以二次函数、一元二次不等式为载体，是经历、感悟利用数形结合思想方法读题、审题、解题的好契机。

在数学课堂上使用如图 1. 2. 1 所示的模式，可以直观展示思维过程。

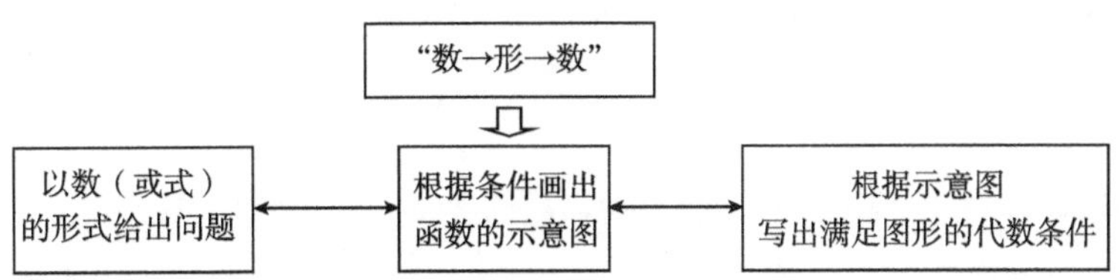


**图 1. 2. 1　"数→形→数"思维模式**

"数→形→数"是一个思维模式，第一个"数"是题目中的条件，"形"是桥梁，通过桥梁，把第一个"数"的条件转化到第二个"数（或式）"，从而解决问题。下面是详细的步骤。

第一步，由数到形。

即把题目中的符号语言（已知条件），翻译成为图形语言（画图）。如果题目中的方程问题、不等式问题没思路，那么，我们就构造函数，利用函

数图象发现规律。需要注意：图形只能帮助我们直观分析，但不能作为推理的依据，因此，我们还要把发现的图象规律进一步转化为“数”的特征。

第二步，由形到数。

把由图象发现的规律（或限制条件）转化为数或式，进而求解。

这个解题过程就是利用数形结合思想方法分析问题、解决问题的过程，这个思维过程就称为“数→形→数”思维模式。

“数→形→数”，即由数到形，再由形到数。也就是根据已知条件，构造函数，进而画出满足条件的图象，然后，根据图象写出约束条件。这个思维模式将题目中的条件与结论的“中间环节”展现出来，即将解题者的思维模式直观清晰地呈现出来。从而使学生看到“怎么想”，理解如何去想，实现了思维方法的显性化。

**例 1.2.1** 若关于 $x$ 的一元二次方程 $x^2-mx+m=0$ 有两个不等实根，且只有一个实根满足 $-1<x<2$，求实数 $m$ 的取值范围。

**【学生看到的解答如下】**

令 $f(x)=x^2-mx+m$。则 $f(-1)f(2)<0$，

也就是 $(2m+1)(4-m)<0$，解得 $m<-\frac{1}{2}$ 或 $m>4$。

“这个思路怎么想的?”学生经常会说：“老师，这道题我懂了，但遇到新题我还是不会。”

**【学生的正常想法如下】**

方程有两个不等实根，联想到 $\Delta>0$，但其只是保证方程有两个不等实根，并不能确定二者在哪个范围。有一点可以肯定，必须找到一个关于 $m$ 的不等式。

怎么找这个不等式呢? 最直接的想法是求出两个根，使一个根在此范围，另一个不在此范围。于是会出现这样的不等式 $-1<\frac{m+\sqrt{m^2-4m}}{2}<2$，

仅仅这一个不等式就不好求解了，何况是两个无理不等式。

**【“数→形→数”思维模式】**

当学生思路清晰但遇到障碍时，可以使用“数→形→数”思维模式。我们适时给出二次函数、一元二次方程、一元二次不等式三者之间的关系，发现方程的根满足的条件一定会在函数或不等式中得以体现。下面，我们用“数→形→数”的思维模式来解答例 1.2.1。

**【解】** 令 $f(x)=x^2-mx+m$。

**表 1.2.1 “数→形→数”思维模式解答例 1.2.1**

| 数（已知） | 形（根据条件画出图象） | 由形得到的数 |
|---|---|---|
| 关于 $x$ 的一元二次方程 $x^2-mx+m=0$ 有两个不等实根且只有一个实根满足 $-1<x<2$ | 令 $f(x)=x^2-mx+m$。<br>因为“方程有两个不等实根且只有一个实根满足 $-1<x<2$”，其等价于“函数 $f(x)=x^2-mx+m$ 有两个不同零点（图象与 $x$ 轴有两个交点），且只有一个零点满足 $-1<x<2$”。<br>我们画出所有情况的示意图。 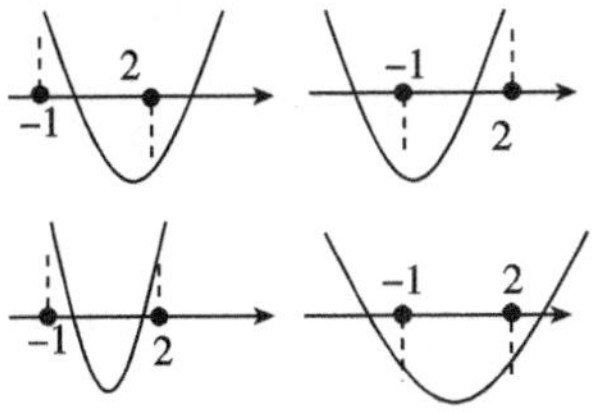<br>发现前两个图符合有两个零点且仅有一个在区间 $(-1,2)$ 内；后两个图满足有两个零点，但不符合仅有一个零点在区间 $(-1,2)$ 内。 | 如何根据函数的图象特征得到约束条件呢？<br>就函数而言，我们要考查其函数值的变化规律。因此，通过比较、观察、分析，可以得出两个条件：<br>(1) 若有两个不同零点，则 $\Delta>0$；<br>(2) 只有一个零点满足 $-1<x<2$，则等价于 $f(-1)$ 与 $f(2)$ 异号；<br>即得到不等式组：<br>$\begin{cases}\Delta>0\\f(-1)f(2)<0\end{cases}$，代入得到<br>$\begin{cases}m^2-4m>0\\(2m+1)(4-m)<0\end{cases}$，<br>即 $\begin{cases}m<0 或 m>4\\m<-\frac{1}{2} 或 m>4\end{cases}$，<br>解得 $m<-\frac{1}{2}$ 或 $m>4$。 |

在课堂上，这里应该细细争论一番，可以有两个追问，或者等待学生提出疑问。

追问一：计算结果恰好是不等式 $f(-1)f(2)<0$ 的解集，似乎另一个不等式 $\Delta>0$ 没用上，为什么这个不等式 $\Delta>0$ 没用上？

是因为不等式$f(-1)f(2)<0$的解集$A=\left\{m\left|m<-\frac{1}{2}或m>4\right.\right\}$是不等式$\Delta>0$解集$B=\{m|m<0或m>4\}$的子集，即$A\subseteq B$，因此$A\cap B=A$。

追问二：为什么有$A\subseteq B$呢？

这就问到了问题的本质，即如何从图象上得到约束条件？由零点存在定理可知，函数$f(x)$是连续不断的曲线，且$f(-1)f(2)<0$，则函数$f(x)$在区间$(-1, 2)$上存在零点，由于$f(x)$是二次函数，图象为抛物线，故在区间$(-1, 2)$上仅有一个零点，这时，因为抛物线开口向上，必有$\frac{4ac-b^2}{4a}<0$，由于$a>0$，所以$b^2-4ac>0$，即$\Delta>0$，即$f(x)$有两个不同零点。也就是说，此时方程$f(x)=0$有两个不等实根。

于是得到："已知函数$f(x)=x^2-mx+m$，若$f(-1)f(2)<0$，则方程$f(x)=0$有两个不等实根"，即$A\subseteq B$。

结论：函数$f(x)=x^2-mx+m$有两个不同零点（图象与$x$轴有两个交点）且只有一个零点满足$-1<x<2$"，则$f(-1)f(2)<0$。换句话说，这时只需考虑区间端点函数值即可，不必考虑判别式。

适时追问可以引发学生对问题本质的探究，对思维过程的再思考，避免结论的强行植入。

例1.2.1求解过程中涉及的问题在学生中普遍存在，我们设计"数→形→数"思维模式的数学课堂，让学生能够看到解题者是怎么利用数学思想方法读题和解题的。

**例1.2.2** 已知函数$f(x)=|x-2|+1$，$g(x)=kx$。若方程$f(x)=g(x)$有两个不相等的实根，则实数$k$的取值范围是（　　）

A. $\left(0, \frac{1}{2}\right)$　　B. $\left(\frac{1}{2}, 1\right)$　　C. $(1, 2)$　　D. $(2, +\infty)$

**【解析】** 对于方程$|x-2|+1=kx$，大家可以试试利用绝对值的定义进行变形，进而求出方程的实根。这里，我们利用"方程的实根"与"函数

的零点”这对概念的关系，试一试“数→形→数”的思维模式。

首先，方程的实根、函数的零点、函数图象与 $x$ 轴交点的横坐标有如图 1. 2. 2 所示的关系。

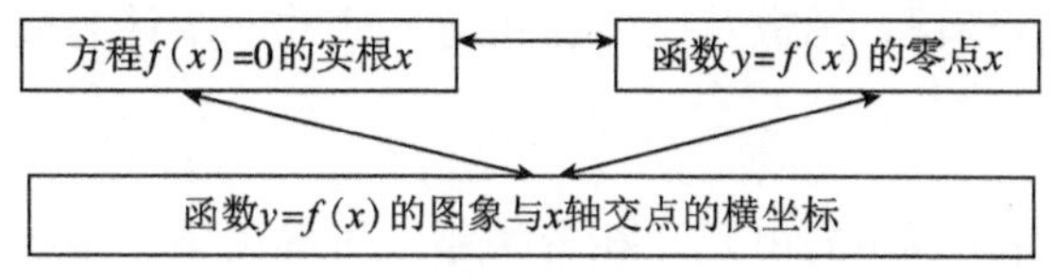


**图 1. 2. 2**

一般化，可得：

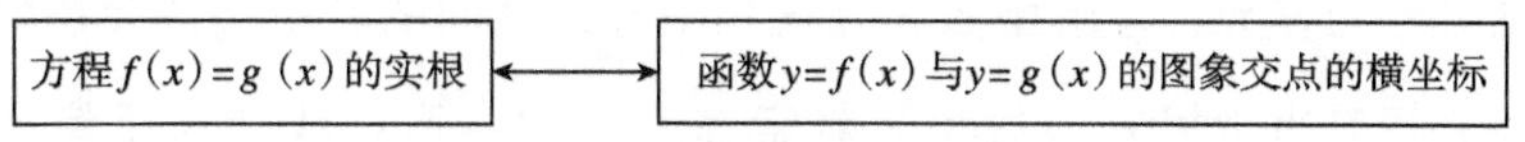


**图 1. 2. 3**

**表 1. 2. 2　“数→形→数”思维模式解答例 1. 2. 2**

| 数 | 形 | 数 |
| --- | --- | --- |
| 方程 $f(x)=g(x)$ 有两个不相等的实根，发现方程 $\|x-2\|+1=kx$ 不易求解。转化成函数问题进一步分析。 | 函数 $f(x)=\|x-2\|+1$ 与函数 $g(x)=kx$ 的图象有两个交点。<br>在同一坐标系中画出两个函数的图象。<br>找到有两个交点的临界位置：一个是直线 $g(x)=kx$ 过 $f(x)$ 的顶点 (2, 1)；另一个是直线 $g(x)=kx$ 与 $f(x)$ 右半支直线 $y=x-1$ 平行。<br>找到二个位置的斜率 $k$。 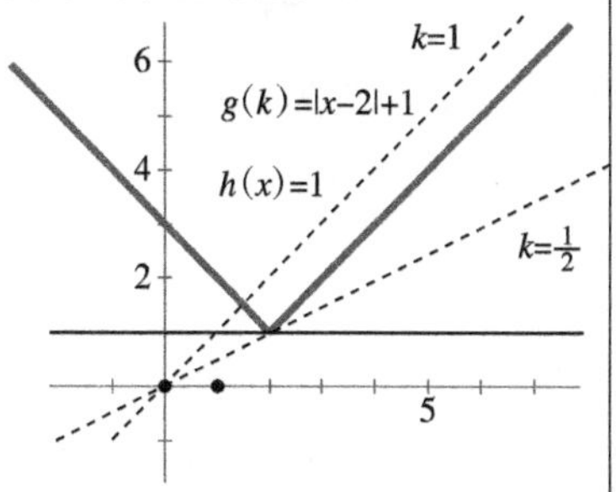 | 看图象，写出满足条件的不等式（$k$ 的取值范围）：$\frac{1}{2}<k<1$。 |

## 三、“数→形→数”思维模式的价值延续性

在《普通高中数学课程标准（2017 年版）》中，必修课程包括五个主题，分别是预备知识、函数及应用、几何与代数、统计与概率、数学建模与数学探究。

主题一预备知识中的单元“相等关系、不等关系、函数关系”是数学中最基本的数量关系，是构建方程、不等式、函数的基础。在本单元的学习中，能够通过类比，在探索数学表达形式转换的过程中，理解等式和不等式的共性与差异，理解函数、方程和不等式之间的联系，体会逻辑推理的作用，提升直观想象与数学运算素养。“数→形→数”思维模式正是“探索数学表达形式转换”的具体思维模式。

主题二中的单元“函数及应用”、主题三中的单元“几何与代数”更是数形结合思想方法的体现。因此，“数→形→数”思维模式为后续学习与研究奠定思维方法的基础。

“数→形→数”思维模式强调数学思想方法的教学，重现解题思维的模式、凸显数学的内在逻辑和思想方法，将培养数学核心素养落地于每一节数学课中。数学思想方法一般隐含在数学知识中，是数学知识的精华。即使在数学教材中直接指出使用了哪种数学思想方法，学生也不一定能灵活应用。因此，我们设计“从数到形，再由形到数”的课堂模式，让学生在老师的指引下“认识”数学思想方法，“看到”数学思想方法，最终“会用”数学思想方法分析问题、解决问题。

就教师而言，重视数学思想方法的教学会使我们“既教懂又教活”。

“教懂”指教师应当帮助学生真正理解有关的数学内容，而不是囫囵吞枣，死记硬背。

“教活”指教师应通过自己的教学活动向学生展示出“活生生的”数

学研究工作，而不是“死的”数学知识。



重视数学研究方法还会使教师“教深”。教深，即不仅能使学生掌握具体的数学知识，而且也能掌握内在的思想方法。学生将来会忘记数学知识，但会记住学会的“数学思维”。

## 第三节　利用“数→形→数”思维模式，研究函数图象的对称性

函数问题是令刚进入高中学生头痛的问题。眼花缭乱的函数解析式、丰富的函数性质及变化莫测的函数图象，都让学生应接不暇。不只是复杂多变的内容让学生头晕，还有深奥的描述让其琢磨不透，做题时只能依葫芦画瓢。究其原因还是学生对数形结合的数学思想方法理解不透彻。因此，在教学中，教师要对此数学思想方法进行细致分析。

下面以函数图象的对称性为例，体会利用数形结合思想方法研究问题的过程。

### 一、函数图象关于 $y$ 轴（原点）对称与函数的奇偶性

一般地，如果对于函数 $f(x)$ 的定义域内任意一个 $x$，都有 $f(-x)=f(x)$，那么函数 $f(x)$ 就叫做偶函数。

很多学生并不理解“对于函数 $f(x)$ 的定义域内任意一个 $x$，都有 $f(-x)=f(x)$”的含义，只是按要求进行运算以证明函数的奇偶性。因此，教材中的例题，学生大都能模仿完成。

**例 1.3.1**　判断下列函数的奇偶性：

(1) $f(x)=x^4$；(2) $f(x)=x^5$；

(3) $f(x)=x+\frac{1}{x}$；(4) $f(x)=\frac{1}{x^2}$。

解：(以第(1)小题为例)

对于函数 $f(x)=x^4$，其定义域为 $(-\infty,+\infty)$。因为对定义域内每一个 $x$，都有 $f(-x)=(-x)^4=x^4=f(x)$，所以，函数 $f(x)=x^4$ 为偶函数。

有了这个例题的经验，学生基本能判断函数的奇偶性了。

到底如何理解“对于函数 $f(x)$ 的定义域内任意一个 $x$，都有 $f(-x)=f(x)$”呢?

我们先利用数形结合思想方法，分析一下函数 $f(x)$ 的图象关于 $y$ 轴对称的充要条件。

给定函数 $y=f(x)$，$x\in\mathbf{R}$，其图象如图 1.3.1。

因为图象关于直线对称，实质上是点关于直线对称，因此，我们只需研究图象上的点是否关于直线对称即可。

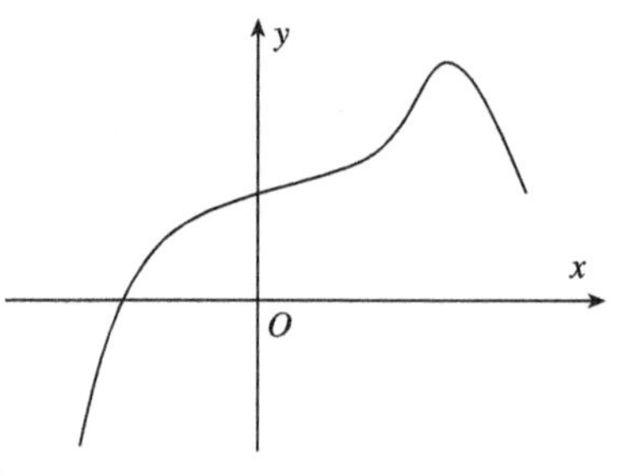


**图 1.3.1**

不妨设函数 $f(x)$ 的定义域为 $\mathbf{R}$。

下面，我们寻找函数 $f(x)$ 的图象关于 $y$ 轴对称的充要条件，如图 1.3.2，我们在图象上任取一点 $A$，其坐标为 $(x, f(x))$，那么，图象上就存在另一个点 $B$ 满足：

· 点 $B$ 相对于点 $A$ 在 $y$ 轴的另一侧；

· 点 $B$ 到 $y$ 轴的距离与点 $A$ 到 $y$ 轴的距离相等。

则 $A$，$B$ 两点的坐标分别为 $(x, f(x))$，$(-x, f(-x))$。由于点 $A$ 是图象上任意一点，可以取遍图象上所有的点，那么点 $B$ 也就相应地取遍

$y$ 轴另一侧的所有点。



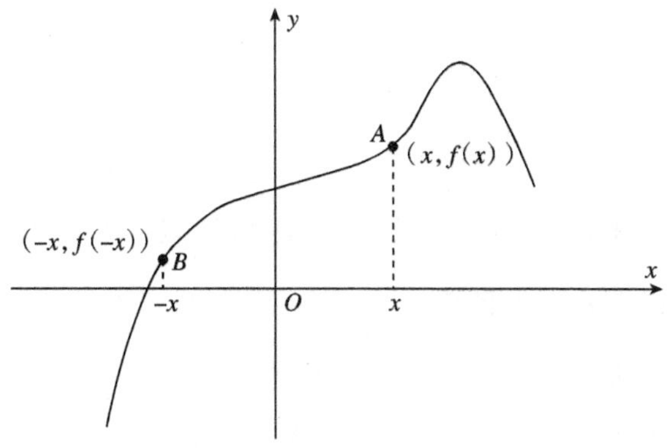


图 1.3.2

观察可知，此时的图象并不关于 $y$ 轴对称，当然，图象上的这组“点对” $A$ 与 $B$ 也不关于 $y$ 轴对称。若此函数的图象关于 $y$ 轴对称，则必有“点对” $A$ 与 $B$ 关于 $y$ 轴对称。不难得到，当 $A$ 与 $B$ 两点的函数值相等时，二者关于 $y$ 轴对称。因此，得到函数 $f(x)$ 的图象于 $y$ 轴对称的充要条件：

对定义域内的任意一个 $x$，都有 $f(-x)=f(x)$。

于是，对于函数 $f(x)$ 的定义域内任意一个 $x$，都有 $f(-x)=f(x)$，那么函数 $f(x)$ 图象关于 $y$ 轴对称，该函数叫做偶函数。

从以上分析可以看出，偶函数 $f(x)$ 满足的条件 $f(-x)=f(x)$，其实是表示函数图象上两个点的对应关系。

$f(x)$ 对应点的横坐标为 $x$，纵坐标为 $f(x)$，即点 $A(x, f(x))$；$f(-x)$ 对应点的横坐标为 $-x$，纵坐标为 $f(-x)$，即点 $B(-x, f(-x))$，如图1.3.3。

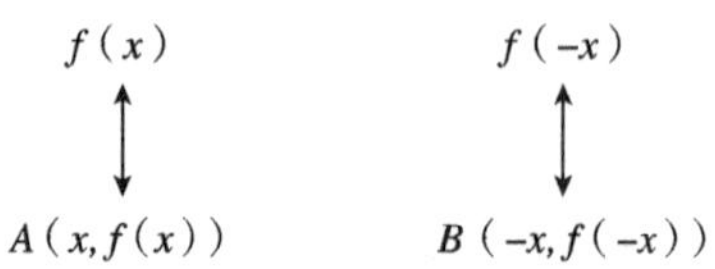


**图 1.3.3**

定义中“对于函数 $f(x)$ 的定义域内任意一个 $x$”，表示点 $(x, f(x))$ 能取遍函数 $f(x)$ 图象上所有的点，当然点 $B(-x, f(-x))$ 也就能取遍图象上所有的点了。而定义中的“都有 $f(-x)=f(x)$”表示无论点 $A$ 在何位置，$A$ 与 $B$ 这两个点均关于 $y$ 轴对称。

至此，对于奇函数的定义也就不难理解了。

## 二、函数的图象关于点 *P*（*a*，*b*）成中心对称图形

首先，我们先了解点对称的含义。

若点 $M(x_1, y_1)$，$N(x_2, y_2)$ 关于点 $Q(m, n)$ 对称，则点 $Q$ 是线段 $MN$ 的中点，由中点坐标公式，得 $\begin{cases} m=\dfrac{x_1+x_2}{2}, \\ n=\dfrac{y_1+y_2}{2}。\end{cases}$ 不难得出，若点 $M(x_1, y_1)$ 关于点 $Q(m, n)$ 的对称点为点 $N$，则 $N(2m-x_1, 2m-y_1)$。

下面，我们探究函数 $f(x)$ 的图象关于点 $P(a, b)$ 对称的充要条件。

如图 1.3.4，我们在图象上任取一点 $A$，其坐标为 $(x, f(x))$，那么，图象上就存在一个点 $B$ 满足：

· 点 $B$ 相对于点 $A$ 在直线 $x=a$ 的另一侧；

· 点 $B$ 到直线 $x=a$ 的距离与点 $A$ 到直线 $x=a$ 的距离相等。

则 $B$ 点的坐标为 $(2a-x, f(2a-x))$。这样的话，由于点 $A$ 是图象

上任意一点，可以取遍图象上所有的点，那么点 $B$ 也就相应地取遍图象上相对于点 $A$ 在直线 $x=a$ 的另一侧的所有点。



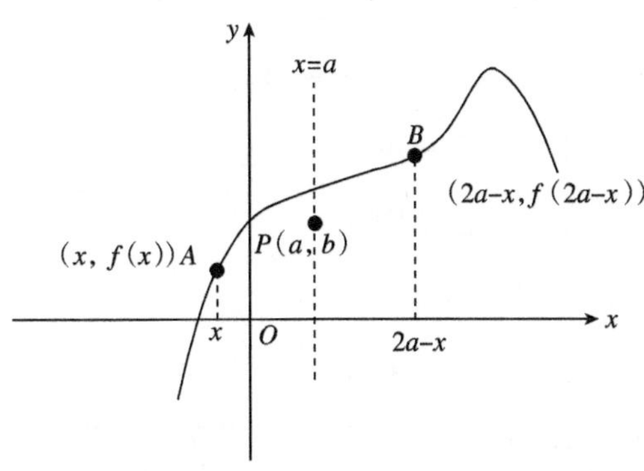


**图 1.3.4**

显然，图 1.3.4 中 $A$、$B$ 两点并不关于点 $P$ 对称，若使图象关于点 $P$ 对称，只需点 $A$ 与点 $B$ 关于点 $P$ 对称即，点 $P$ 应该为线段 $AB$ 的中点，故

$$\begin{cases} a=\dfrac{x+(2a-x)}{2}\ (\text{成立}), \\ b=\dfrac{f(x)+f(2a-x)}{2}。\end{cases}$$

因此，函数 $f(x)$ 图象关于点 $P(a,b)$ 对称的充要条件是：

对定义域内的任意一个 $x$，都有 $f(x)+f(2a-x)=2b$。

为了保证点 $A$ 与点 $B$ 关于点 $P$ 对称，这时点 $A$ 与点 $B$ 的坐标可以分别记为 $(a-x, f(a-x))$ 和 $(a+x, f(a+x))$，就是说，满足线段中点的坐标为 $(a,b)$ 即可。故此，充要条件可以写为 $f(a-x)+f(a+x)=2b$。

照此思路，当然也可以写为 $f\left(\dfrac{a}{2}-x\right)+f\left(\dfrac{3a}{2}+x\right)=2b$ 等。

同理，我们也可以得出函数 $f(x)$ 图象关于直线 $x=a$ 对称的充要条件。

如图 1.3.5，我们在函数 $f(x)$ 图象任取一点 $A$，其坐标为 $(x,$

$f(x)$）,那么，图象上就存在一个点 $B$ 满足：

·点 $B$ 相对于点 $A$ 在直线 $x=a$ 的另一侧；

·点 $B$ 到直线 $x=a$ 的距离与点 $A$ 到直线 $x=a$ 的距离相等。

则 $B$ 点的坐标为（$2a-x$，$f(2a-x)$）。

显然，图 1.3.5 中 $A$、$B$ 两点并不关于直线 $x=a$ 对称。若使图象关于直线 $x=a$ 对称，只需点 $A$ 与点 $B$ 关于直线 $x=a$ 对称，也就是线段 $AB$ 的中点落在直线 $x=a$ 上，且此两点的纵坐标相等。

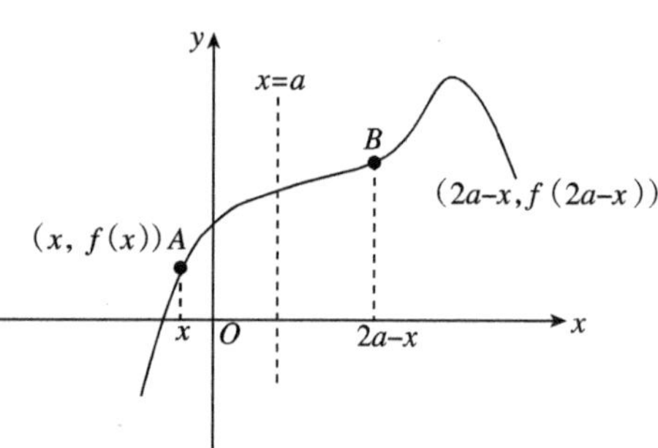


**图 1.3.5**

$$\begin{cases} a=\dfrac{x+(2a-x)}{2} \text{（成立）}, \\ f(x)=f(2a-x)。\end{cases}$$

即函数 $f(x)$ 的图象关于直线 $x=a$ 对称的充要条件：

对定义域内的任意一个 $x$，都有 $f(x)=f(2a-x)$。

该条件还可以写为：对任意实数 $x$，都有 $f(a-x)=f(a+x)$，或者 $f\left(\dfrac{a}{2}-x\right)=f\left(\dfrac{3a}{2}+x\right)$等。

所谓数形结合，就是根据数与形之间的对应关系，通过数与形的相互转化来解决数学问题的思想。数量关系决定了几何图形的性质，几何图形的性质反映了数量关系。在中学阶段，数形结合思想方法贯穿始终，如数与数轴上点的对应关系，函数与图象的对应关系，曲线与方程的对应关系，以几何元素和几何条件为背景建立起来的概念，如三角函数等。

利用此思想方法，我们就可以借助于数的精确性来阐明形的某些属性，也可以借助于形的几何直观来阐明数之间的某种关系。鉴于此，在学习和研究函数问题时，要充分运用数形结合思想方法。

# 第四节　利用“数→形→数”思维模式，研究函数的单调性

本节，我们将利用“数→形→数”思维模式，研究函数的单调性。首先，我们来看一下利用导数研究函数性质的知识结构图，如图 1.4.1。

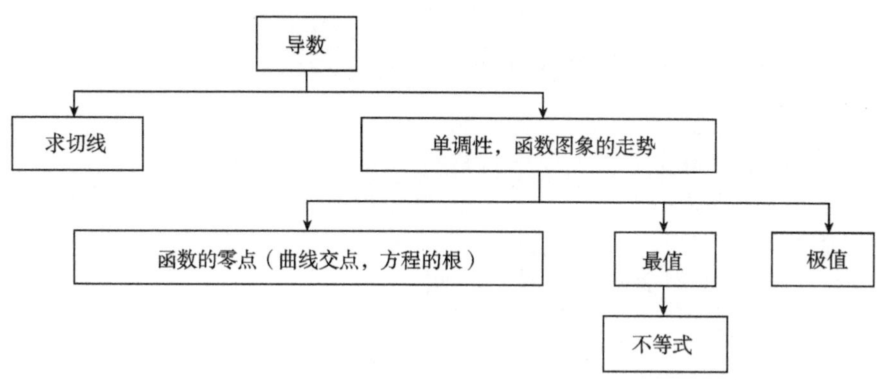


**图 1.4.1**

如图 1.4.1，由导函数可以得到函数的单调性，就有了函数的走势（图象的变化趋势），进而可以研究函数的极值问题、最值问题、函数的零点问题等。因此，正确研究函数的单调性在研究函数过程中显得尤为重要。

导数的其中一个重要作用就是研究函数的单调性。下面，借助导数给出函数单调性的概念。

一般地，函数的单调性与其导函数的正负有如下关系：

在某个区间 $(a, b)$ 内，如果 $f'(x)>0$，那么函数 $y=f(x)$ 在这个区间内单调递增；如果 $f'(x)<0$，那么函数 $y=f(x)$ 在这个区间内单调递减。

研究单调性的思路非常清楚：判断导函数的正负，也就是判断导函数的函数值的正负。当判断不出导函数的正负时，就要找导函数正负值的分界点，即导函数的零点，也就是解方程 $f'(x)=0$，若解不出来，就需要根据图象求解（即图象法或者几何法解方程），算法如图 1.4.2。

如果函数中出现参数，那么，在研究导函数的正负时，也就是讨论含参的不等式时，就显得更加复杂了。此时要进行分类讨论。而对于为什么要分类？怎么分类？这样的问题，部分学生就有些迷茫。

函数的单调性问题涉及两种设问方式：

（1）已知函数表达式，研究函数单调性；

（2）已知函数的单调性，求参数的取值范围。

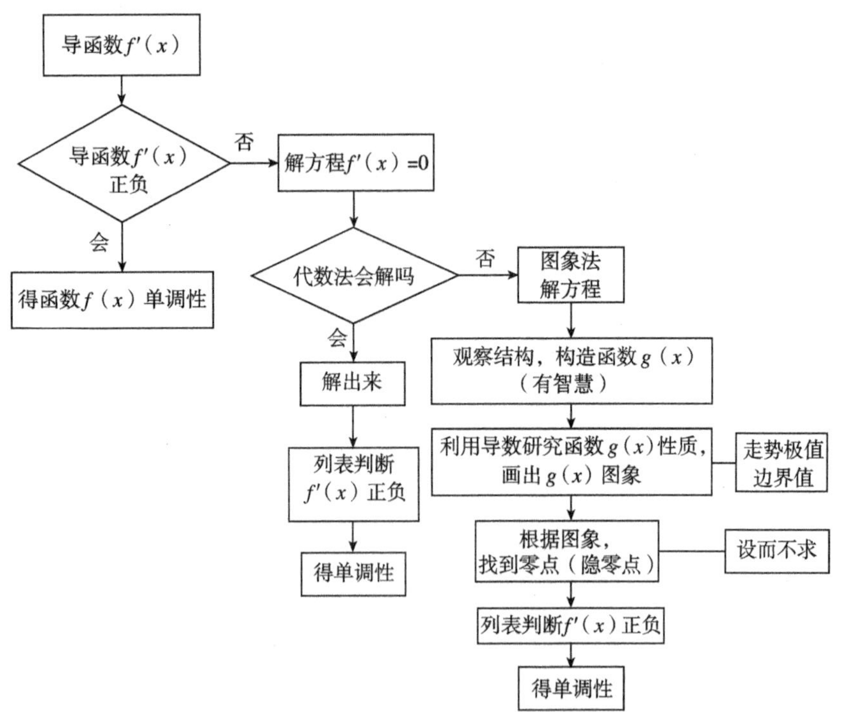


**图 1.4.2**

下面我们体会一下这个算法。

## 一、求函数的单调性

**例 1.4.1** 已知函数 $f(x)=\frac{1}{2}ax^2-\ln x$，$a\in\mathbf{R}$。讨论 $f(x)$ 的单调性。

**表 1.4.1 例 1.4.1 的算法**

<table>
<tr><th>研究函数单调性</th><th>解读</th></tr>
<tr><td>解：函数 $f(x)$ 的定义域为 $(0,+\infty)$。</td><td>单调区间是定义域内的子区间，因此，研究函数的单调性要先求出函数的定义域。</td></tr>
<tr><td>因为 $f'(x)=ax-\frac{1}{x}=\frac{ax^2-1}{x}$<br>(i) 若 $a\leqslant 0$，$f'(x)<0$ 恒成立，则 $f(x)$ 在 $(0,+\infty)$ 上单调递减。<br>(ii) 若 $a>0$，<br>令 $f'(x)=0$，则 $ax^2-1=0$，解得 $x=\pm\sqrt{\frac{1}{a}}$。<br><br>图 1.4.3<br>
<table>
<tr><td>$x$</td><td>$\left(0,\sqrt{\frac{1}{a}}\right)$</td><td>$\sqrt{\frac{1}{a}}$</td><td>$\left(\sqrt{\frac{1}{a}},+\infty\right)$</td></tr>
<tr><td>$f'(x)$</td><td>−</td><td>0</td><td>+</td></tr>
<tr><td>$f(x)$</td><td>↘</td><td>极小值</td><td>↗</td></tr>
</table>
所以 $f(x)$ 在 $\left(0,\frac{\sqrt{a}}{a}\right)$ 上单调递减，在 $\left(\frac{\sqrt{a}}{a},+\infty\right)$ 上单调递增。</td><td>求出导函数，接下来的主要目的是判断导函数的正负，而不是解方程。<br>此导函数中，虽然不知其函数值的正负，但因为定义域是 $(0,+\infty)$，故 $x>0$，分母为正，只看分子。<br>观察结构，当 $a\leqslant 0$ 时，$ax^2\leqslant 0$，故 $ax^2-1<0$，此时 $f'(x)<0$。<br>当 $a>0$，判断不出 $ax^2-1$ 的正负，需要解方程 $f'(x)=0$。<br>因此，根据定义域及解析式的特点，找到能直接判断导函数正负的 $a$ 的范围，这样可以缩小研究范围，降低难度。</td></tr>
</table>

此题中，决定导函数正负的关键部分是分子，我们画出导函数分子的图象，如图 1.4.3，可以很直观地看到 $f'(x)$ 的函数值的正负。另外，列表中有三部分，有定义域、导函数函数值的正负、原函数 $f(x)$ 的增减性。还有，明明是讨论导函数的函数值正负，为什么要解方程 $f'(x)=0$ 呢？这其实是利用了“函数—方程—不等式”三者之间的关系，要讲清楚。

**例 1.4.2** 已知 $f(x)=a\ln x+\frac{1-a}{2}x^2-x\ (a\in\mathbf{R})$，求函数 $f(x)$ 的单调区间。

**解：** 易知函数 $f(x)$ 的定义域为 $(0,+\infty)$，

因为 $f'(x)=\frac{a}{x}+(1-a)x-1=\frac{(1-a)x^2-x+a}{x}=\frac{[(1-a)x-a](x-1)}{x}$，

（无法判断 $f'(x)$ 的正负，需要解方程 $f'(x)=0$）

令 $f'(x)=0$，得 $[(1-a)x-a](x-1)=0$（不知道方程是几次，也不知道是否有解，因此要考虑 $a$ 与 1 的关系）

(1) 当 $a=1$ 时，$f'(x)=\frac{1-x}{x}$，

当 $f'(x)>0$ 时，得 $0<x<1$；当 $f'(x)<0$ 时，得 $x>1$，

故单调增区间为 $(0,1)$，单调减区间为 $(1,+\infty)$；

(2) 当 $a\neq1$ 时，解得 $x=1$ 或 $x=\frac{a}{1-a}$（需要比较两根大小以及根是否在定义域内，如表 1.4.2 所示）。

**表 1.4.2**

<table>
<tr><th>两根大小以及是否在定义域</th><th>$a$ 的取值分类</th><th>$f'(x)$ 的正负与 $f(x)$ 的单调性</th></tr>
<tr>
<td> 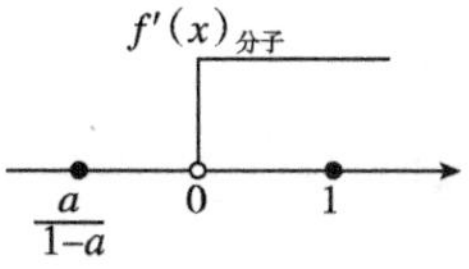$f'(x)_{分子}$<br>$\frac{a}{1-a}$ 0 1</td>
<td>（1）当 $\frac{a}{1-a} \leqslant 0$ 时，即 $a \leqslant 0$ 或 $a>1$，（此时导函数的分子开口不定，需要分类讨论）</td>
<td>①当 $a \leqslant 0$ 时 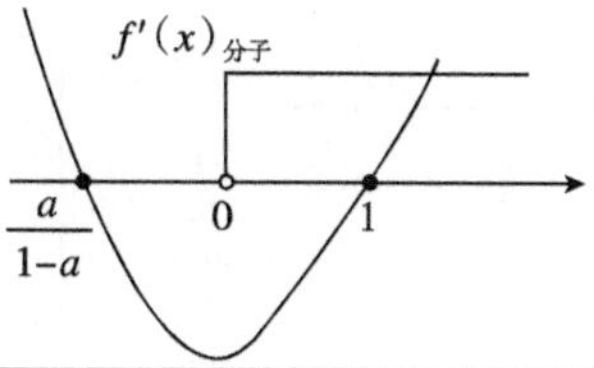<br>$f'(x)_{分子}$<br>$\frac{a}{1-a}$ 0 1
<table>
<tr><td>$x$</td><td>(0, 1)</td><td>1</td><td>(1, +∞)</td></tr>
<tr><td>$f'(x)$</td><td>−</td><td>0</td><td>+</td></tr>
<tr><td>$f(x)$</td><td>↘</td><td>极小值</td><td>↗</td></tr>
</table>
②当 $a>1$ 时<br>$f'(x)_{分子}$<br>$\frac{a}{1-a}$ 0 1
<table>
<tr><td>$x$</td><td>(0, 1)</td><td>1</td><td>(1, +∞)</td></tr>
<tr><td>$f'(x)$</td><td>+</td><td>0</td><td>−</td></tr>
<tr><td>$f(x)$</td><td>↗</td><td>极大值</td><td>↘</td></tr>
</table>
</td>
</tr>
<tr>
<td>$f'(x)_{分子}$<br>0 $\frac{a}{1-a}$ 1</td>
<td>（2）当 $0<\frac{a}{1-a}<1$ 时，即 $0<a<\frac{1}{2}$（此时导函数的分子开口向上）</td>
<td>
<table>
<tr><td>$x$</td><td>$\left(0, \frac{a}{1-a}\right)$</td><td>$\frac{a}{1-a}$</td><td>$\left(\frac{a}{1-a}, 1\right)$</td><td>1</td><td>(1, +∞)</td></tr>
<tr><td>$f'(x)$</td><td>+</td><td>0</td><td>−</td><td>0</td><td>+</td></tr>
<tr><td>$f(x)$</td><td>↗</td><td>极大值</td><td>↘</td><td>极小值</td><td>↗</td></tr>
</table>
</td>
</tr>
<tr>
<td>$f'(x)_{分子}$<br>0 1</td>
<td>（3）当 $\frac{a}{1-a}=1$ 时，即 $a=\frac{1}{2}$</td>
<td>此时 $f'(x) \geqslant 0$ 恒成立，<br>故 $f(x)$ 在 (0, +∞) 为增函数，无减区间。</td>
</tr>
</table>

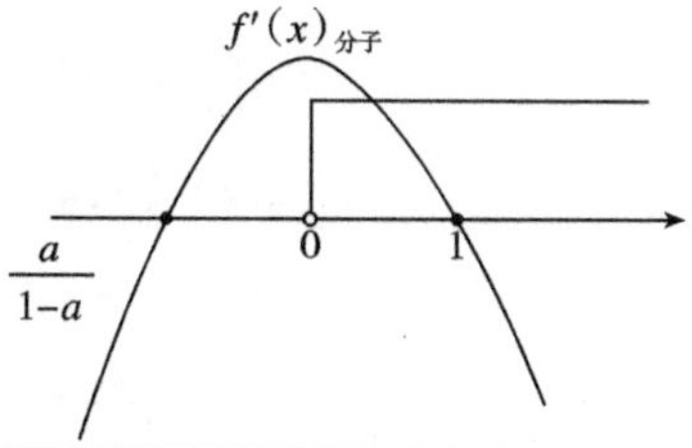

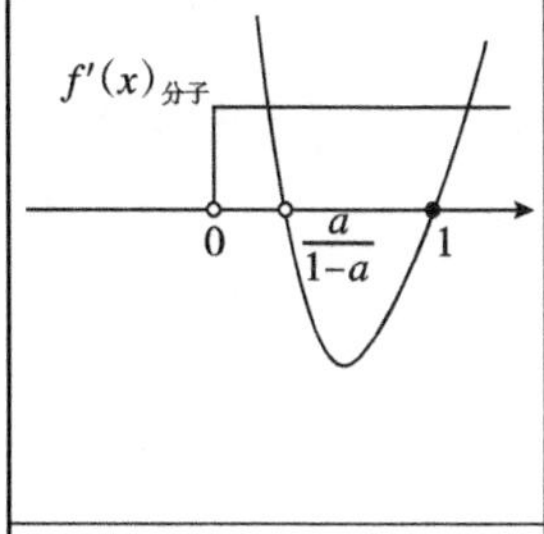

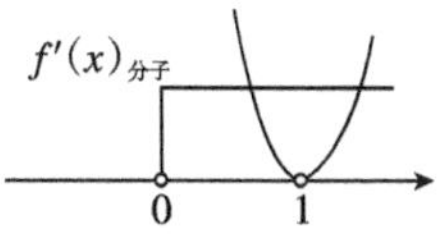

续表

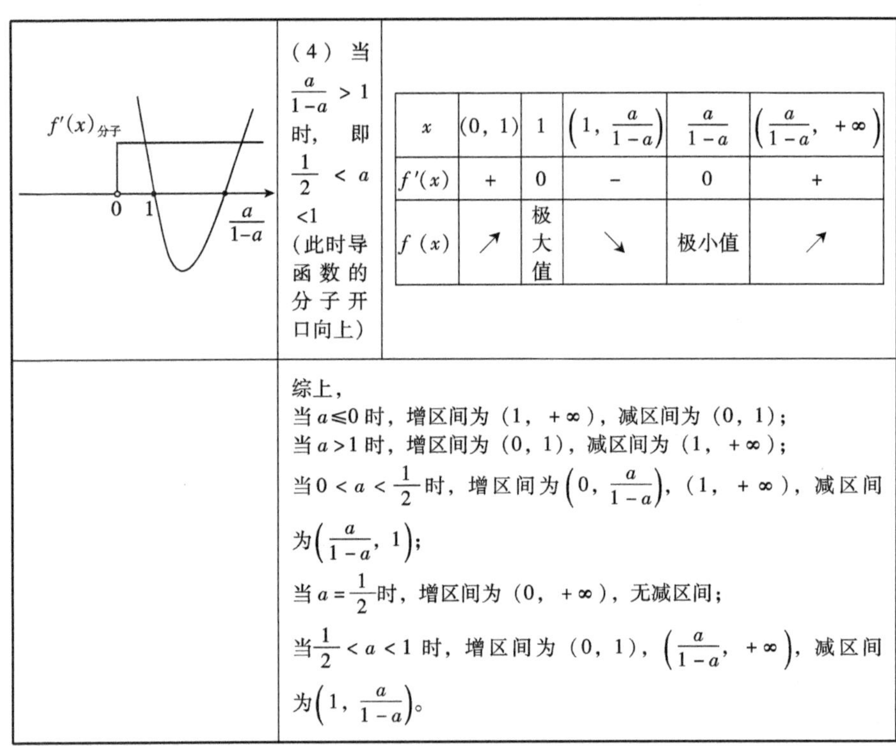


<table>
<tr>
<td></td>
<td>（4）当 $\frac{a}{1-a}>1$ 时，即 $\frac{1}{2}<a<1$（此时导函数的分子开口向上）</td>
<td>

| $x$ | $(0,1)$ | $1$ | $\left(1,\frac{a}{1-a}\right)$ | $\frac{a}{1-a}$ | $\left(\frac{a}{1-a},+\infty\right)$ |
|---|---|---|---|---|---|
| $f'(x)$ | + | 0 | - | 0 | + |
| $f(x)$ | ↗ | 极大值 | ↘ | 极小值 | ↗ |

</td>
</tr>
<tr>
<td></td>
<td colspan="2">综上，<br>当 $a\leqslant 0$ 时，增区间为 $(1,+\infty)$，减区间为 $(0,1)$；<br>当 $a>1$ 时，增区间为 $(0,1)$，减区间为 $(1,+\infty)$；<br>当 $0<a<\frac{1}{2}$ 时，增区间为 $\left(0,\frac{a}{1-a}\right)$，$(1,+\infty)$，减区间为 $\left(\frac{a}{1-a},1\right)$；<br>当 $a=\frac{1}{2}$ 时，增区间为 $(0,+\infty)$，无减区间；<br>当 $\frac{1}{2}<a<1$ 时，增区间为 $(0,1)$，$\left(\frac{a}{1-a},+\infty\right)$，减区间为 $\left(1,\frac{a}{1-a}\right)$。</td>
</tr>
</table>

此表格中有三列，第一列是从“形”的角度分类，即根据导函数零点位置进行的分类，要引导学生体会如何确定分类标准，所画的是影响导函数函数值正负的关键部分的函数示意图，不妨称之为“小图”；第二列是从“数”的角度分类，即比较零点与定义域边界及另一个零点的大小进行的分类，是对“形”的分类的翻译；第三列就是根据第一列中的“小图”，列出 $x$ 取值、$f'(x)$ 与 $f(x)$ 的关系表，得到单调区间。

我们再回顾一下这个思维过程：

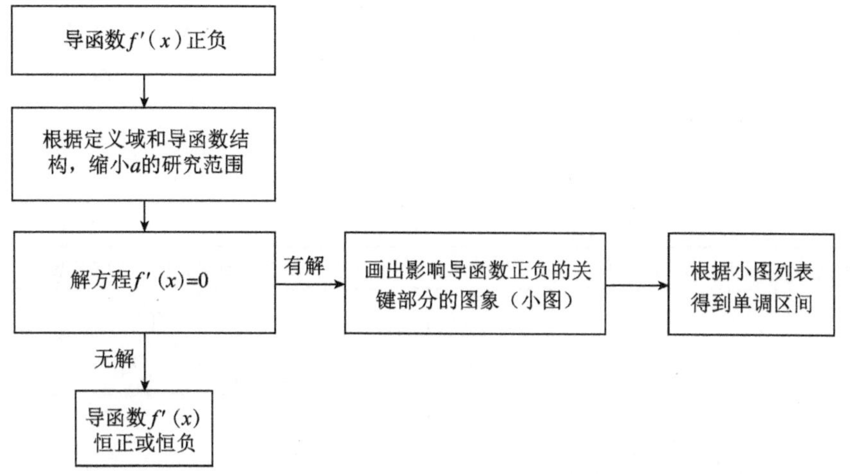


**图 1.4.4　求函数的单调性的思维过程**

**例 1.4.3**　已知函数$f(x)=(ax^2-x)\ln x-\frac{1}{2}ax^2+x$，求$f(x)$的单调区间。

**解**：函数$f(x)$的定义域为$(0,+\infty)$。

$f'(x)=(ax^2-x)\frac{1}{x}+(2ax-1)\ln x-ax+1=(2ax-1)\ln x$，

（无法判断正负，需要解方程$f'(x)=0$）

令$f'(x)=0$，得$(2ax-1)\ln x=0$，进而得$x=1$或$2ax-1=0$，（不知道此方程是几次，也不知道是否有解，因此要考虑$a$与0的关系）

（1）当$a\leqslant 0$时，$2ax-1<0$，因为$f'(x)=(2ax-1)\ln x$，$f'(x)$的正负与$f(x)$的单调性如表 1.4.3 所示。

**表 1.4.3**

| $x$ | $(0,1)$ | 1 | $(1,+\infty)$ |
| --- | --- | --- | --- |
| $f'(x)$ | + | 0 | − |
| $f(x)$ | ↗ | 极大值 | ↘ |

（2）当 $a>0$ 时，解得 $x=1$ 或 $x=\frac{1}{2a}$（需要比较两根大小以及根是否在定义域内，如表 1.4.4 所示）

**表 1.4.4**

<table>
<tr><th>两根大小以及根是否在定义域</th><th>$a$ 的取值分类</th><th>$f'(x)$ 的正负与 $f(x)$ 的单调性</th></tr>
<tr><td>$f'(x)_{分子}$<br>0　$\frac{1}{2a}$　1</td><td>（1）当 $0<\frac{1}{2a}<1$ 时，即 $a>\frac{1}{2}$，（因为 $\ln x$ 的符号与 $x-1$ 相同，故可将 $f'(x)$ 看成 $(2ax-1)(x-1)$，此时导函数的分子开口向上）</td><td>
<table>
<tr><td>$x$</td><td>$\left(0,\ \frac{1}{2a}\right)$</td><td>$\frac{1}{2a}$</td><td>$\left(\frac{1}{2a},\ 1\right)$</td><td>1</td><td>$(1,\ +\infty)$</td></tr>
<tr><td>$f'(x)$</td><td>+</td><td>0</td><td>−</td><td>0</td><td>+</td></tr>
<tr><td>$f(x)$</td><td>↗</td><td>极大值</td><td>↘</td><td>极小值</td><td>↗</td></tr>
</table>
</td></tr>
<tr><td>$f'(x)_{分子}$<br>0　1</td><td>（2）当 $\frac{1}{2a}=1$ 时，即 $a=\frac{1}{2}$</td><td>此时 $f'(x)\geqslant 0$ 恒成立，<br>故 $f(x)$ 在 $(0,\ +\infty)$ 为增函数，无减区间。</td></tr>
<tr><td>$f'(x)_{分子}$<br>0　1　$\frac{1}{2a}$</td><td>（3）当 $\frac{1}{2a}>1$ 时，即 $0<a<\frac{1}{2}$（此时导函数的分子开口向上）</td><td>
<table>
<tr><td>$x$</td><td>$(0,\ 1)$</td><td>1</td><td>$\left(1,\ \frac{1}{2a}\right)$</td><td>$\frac{1}{2a}$</td><td>$\left(\frac{1}{2a},\ +\infty\right)$</td></tr>
<tr><td>$f'(x)$</td><td>+</td><td>0</td><td>−</td><td>0</td><td>+</td></tr>
<tr><td>$f(x)$</td><td>↗</td><td>极大值</td><td>↘</td><td>极小值</td><td>↗</td></tr>
</table>
</td></tr>
<tr><td></td><td colspan="2">综上，<br>当 $a\leqslant 0$ 时，增区间为 $(0,\ 1)$，减区间为 $(1,\ +\infty)$；<br>当 $0<a<\frac{1}{2}$ 时，增区间为 $(0,\ 1)$ 和 $\left(\frac{1}{2a},\ +\infty\right)$，减区间为 $\left(1,\ \frac{1}{2a}\right)$；<br>当 $a=\frac{1}{2}$ 时，增区间为 $(0,\ +\infty)$，无减区间；<br>当 $a>\frac{1}{2}$ 时，增区间为 $\left(0,\ \frac{1}{2a}\right)$ 和 $(1,\ +\infty)$；减区间为 $\left(\frac{1}{2a},\ 1\right)$。</td></tr>
</table>

大家回顾一下这个思维过程中数形结合思想方法的应用，如表

1.4.5 所示。

**表 1.4.5**

| 数 | 形 | 数 |
|---|---|---|
| $f'(x)>0$ 或 $f'(x)<0$ 的解 | 画出导函数 $f'(x)$ 或者影响其正负的关键部分函数的图象 | 根据图象得到 $f'(x)>0$ 或 $f'(x)<0$ 的解，并列表表示。 |

我们还会遇见很多丰富多彩的导函数结构，但研究思路都是一样的，大家逐渐体会，积累研究经验。

## 二、已知函数的单调性，求参数的取值范围

这一类题还是单调性的问题，处理思路不变。

**例 1.4.4** 已知函数 $f(x)=(x-a)\ln x$，$a\in\mathbf{R}$。

（Ⅰ）当 $a=0$ 时，求函数 $f(x)$ 的极小值；

（Ⅱ）若函数 $f(x)$ 在 $(0,+\infty)$ 上为增函数，求 $a$ 的取值范围。

**【解析】** 第（Ⅰ）问是极值问题，也需要研究函数的单调性；第（Ⅱ）问中已知函数单调性，求参数的取值范围，要转化为函数的最值问题。

解：（Ⅰ）定义域为 $(0,+\infty)$。

当 $a=0$ 时，$f(x)=x\ln x$，$f'(x)=\ln x+1$。

令 $f'(x)=0$，得 $x=\frac{1}{e}$。

**表 1.4.6 例 1.4.4 第（Ⅰ）问解题思路**

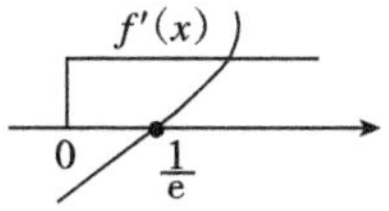

$f'(x)$　0　$\frac{1}{e}$

此时

| $x$ | $\left(0,\frac{1}{e}\right)$ | $\frac{1}{e}$ | $\left(\frac{1}{e},+\infty\right)$ |
|---|---|---|---|
| $f'(x)$ | − | 0 | + |
| $f(x)$ | ↘ | 极小值 | ↗ |

所以函数$f(x)$的极小值是$f\left(\frac{1}{e}\right)=-\frac{1}{e}$。

（Ⅱ）

**表1.4.7　例1.4.4第（Ⅱ）问解题思路**

<table>
<tr><th>四个环节</th><th colspan="2">具体操作</th></tr>
<tr><td>分析问题</td><td colspan="2">因为函数$f(x)$在$(0,+\infty)$是增函数，等价于$f'(x)\geqslant 0$对$x\in(0,+\infty)$恒成立（不等式恒成立问题，要转化为函数的最值问题，但要思考“哪个函数的最值问题”）。<br>由$f'(x)\geqslant 0$，得$\ln x+\frac{x-a}{x}\geqslant 0$</td></tr>
<tr><td>构造函数</td><td colspan="2">令$g(x)=\ln x+\frac{x-a}{x}$，只需$g_{\min}\geqslant 0$即可。</td></tr>
<tr><td rowspan="3">研究函数</td><td colspan="2">$g'(x)=\frac{1}{x}+\frac{a}{x^2}=\frac{x+a}{x^2}$，</td></tr>
<tr><td></td><td>(1) 当$-a\leqslant 0$时，即$a\geqslant 0$，<br>此时$g'(x)\geqslant 0$恒成立，<br>则$g(x)$在$(0,+\infty)$为增函数（按理说，此时的最小值应该是$g(0)$，但$g(0)$没意义，怎么办呢？只能借助特殊值或者极限）。<br>发现$g\left(\frac{1}{e}\right)=-ae\leqslant 0$，与$g_{\min}\geqslant 0$矛盾。</td></tr>
<tr><td></td><td>(2) 当$-a>0$时，即$a<0$，<br>此时<br><table><tr><td>$x$</td><td>$(0,-a)$</td><td>$-a$</td><td>$(-a,+\infty)$</td></tr><tr><td>$g'(x)$</td><td>$-$</td><td>0</td><td>$+$</td></tr><tr><td>$g(x)$</td><td>↘</td><td>极小值</td><td>↗</td></tr></table>则$g_{\min}=g(-a)=\ln(-a)+2$<br>令$\begin{cases}g_{\min}=\ln(-a)+2\geqslant 0\\ a<0\end{cases}\Rightarrow a\leqslant -\frac{1}{e^2}$。</td></tr>
<tr><td>解决问题</td><td colspan="2">综上，$a\leqslant -\frac{1}{e^2}$</td></tr>
</table>

另一思路：

当转化为不等式恒成立问题时，我们可以利用不等式的性质，将不等式转化为另一个新的不等式恒成立问题，这个转化可以使构造的新函数更简单。

因为函数$f(x)$在$(0, +\infty)$是增函数，等价于$f'(x)\geqslant 0$对$x\in(0, +\infty)$恒成立。即$\ln x+\dfrac{x-a}{x}\geqslant 0$恒成立（可以将其化为整式），由$x>0$,故其等价于不等式$x\ln x+x\geqslant a$对$x\in(0, +\infty)$恒成立（去分母，两边同乘以正数$x$）。

设$h(x)=x\ln x+x$，要使“$x\ln x+x\geqslant a$对$x\in(0, +\infty)$恒成立”，只要$a\leqslant h(x)_{\min}$。如表 1.4.8 所示。

因为$h'(x)=\ln x+2$，令$h'(x)=0$，得$x=\dfrac{1}{e^2}$。

**表 1.4.8**

| $x$ | $\left(0, \dfrac{1}{e^2}\right)$ | $\dfrac{1}{e^2}$ | $\left(\dfrac{1}{e^2}, +\infty\right)$ |
|---|---|---|---|
| $h'(x)$ | - | 0 | + |
| $h(x)$ | ↘ | 极小值 | ↗ |

所以$h_{\min}=h\left(\dfrac{1}{e^2}\right)=-\dfrac{1}{e^2}$，故$a\leqslant-\dfrac{1}{e^2}$。

已知函数的单调性，就转化为$f'(x)\geqslant 0$恒成立问题，进而转化为求$f'(x)$的最小值问题，而求导函数的最值，还是要研究导函数的单调性，也就是$f'(x)$的单调性。另外，在第（Ⅱ）问中，提出利用函数研究不等式问题或方程问题的四个环节，即“分析问题、构造函数、研究函数、解决问题”，要反复体会此思想。

在研究过程中，数形结合思想方法贯穿始终。从导函数的函数值正负，到不等式问题，进而画出决定导函数正负的关键部分函数的图象，需要解方程找到此函数的零点，最后列表判断正负。经历了“数→形→数”的全过程。

# 第五节　利用“数→形→数”，研究函数、方程、不等式的逻辑关系

在研究函数、方程、不等式的逻辑关系时，数形结合思想方法是最好的方法。在研究这些内容时，我们常说“函数观点下的不等式”“函数观点下的方程”。

我们来观察三者之间的关系。

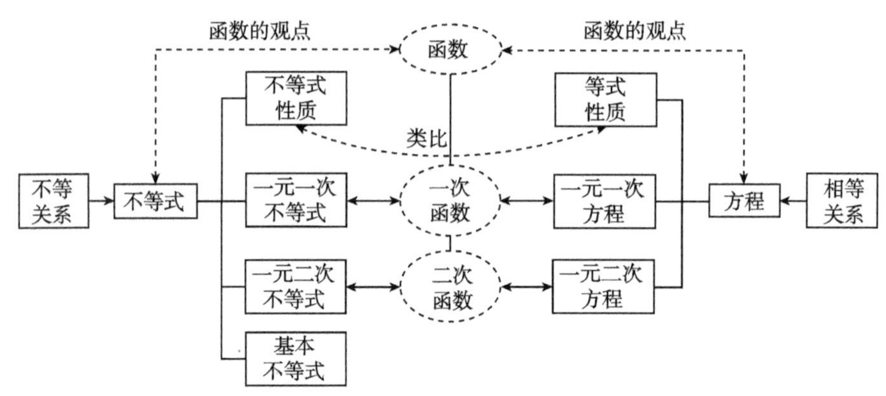


**图 1.5.1　函数、方程、不等式的关系**

解一元二次不等式时，学生经常说“大于取两边，小于取中间”，问其原因，却说不清楚，正因为说不清楚，所以在复杂函数问题的研究过程中就有些捉襟见肘。

就不等式和方程而言，学生有两次认知冲突：

第一次认知冲突，学习一元二次不等式。在初中学习解一元一次不等式时，学生对不等式的性质强化得较多，而函数的观点不明朗。高中学习解一元二次不等式，是学生利用代数法解不等式，自己明明对解不等式已经很熟练了，但对于这个新的不等式却还是不顺手。这次认知冲突，会让学生寻找新的解不等式的方法，而与之“长得最像”的就是一元二次函数和一元二次方程，二者之间有联系吗？

第二次认知冲突，学习函数的零点。对于函数 $y=f(x)$ 而言，我们把使得方程 $f(x)=0$ 成立的实数 $x$ 叫做函数 $y=f(x)$ 的零点。好奇怪，函数的零点不就是“方程的实数根”吗？而自己明明已经会解一元一次方程、一元二次方程、分式方程了，为什么还要从函数观点定义方程的实数根呢？

其实，这一次次的认知冲突，就是内化数学思想方法的过程，教师要利用好这些过程。

数形结合思想方法下的一元二次函数、一元二次方程和一元二次不等式有联系吗？有！

## 一、函数、方程、不等式的关系

**表 1.5.1 数形结合思想方法下的函数、方程、不等式的关系**

| | 方程 | 函数 | 不等式 |
|---|---|---|---|
| | 方程 $2x-1=0$ | 函数 $f(x)=2x-1$ | 不等式 $2x-1\geqslant 0$ |
| 一次 | 令 $f(x)=0$，<br>则 $2x-1=0$，<br>解得 $x=\frac{1}{2}$。<br>从函数和不等式的角度看方程：<br>【结论】<br>(1) 方程 $f(x)=0$ 的解是函数的零点（图象与 $x$ 轴交点的横坐标）；<br>(2) 方程 $f(x)=0$ 的解是不等式 $f(x)\geqslant 0$ 的解的边界。 | 函数 $f(x)=2x-1$ 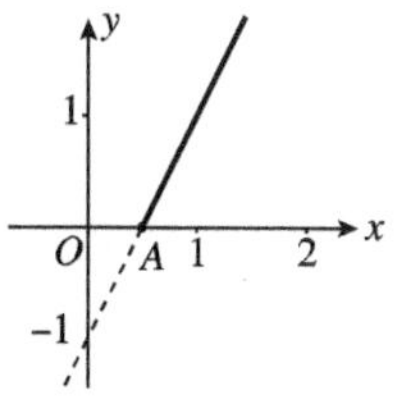<br>从方程和不等式的角度看函数：<br>【结论】<br>(1) 函数的零点（图象与 $x$ 轴交点的横坐标）是方程 $f(x)=0$ 的解；<br>(2) 函数 $f(x)$ 的图象位于 $x$ 轴上方部分点（含与 $x$ 轴的交点）的横坐标为不等式的解。 | $2x-1\geqslant 0$，<br>根据不等式的性质，<br>得 $x\geqslant\frac{1}{2}$。<br>从函数和方程的角度看不等式：<br>【结论】<br>(1) 不等式 $f(x)\geqslant 0$ 的解是函数 $f(x)$ 的图象位于 $x$ 轴上方部分点（含与 $x$ 轴的交点）的横坐标；<br>(2) 不等式 $f(x)\geqslant 0$ 解集的边界是方程 $f(x)=0$ 的解。 |

续表

| | 方程 | 函数 | 不等式 |
|---|---|---|---|
| | 方程 $x^2-2x-3=0$ | 函数 $g(x)=x^2-2x-3$ | 不等式 $x^2-2x-3\geqslant 0$ |
| 二次 | 令 $g(x)=0$，<br>则 $x^2-2x-3=0$，<br>解得 $x=-1$ 或3。<br><br>从函数和不等式的角度看方程：<br>【结论】<br>(1) 方程 $g(x)=0$ 的解是函数 $g(x)$ 的零点（图象与 $x$ 轴交点的横坐标）；<br>(2) 方程 $g(x)=0$ 的解是不等式 $g(x)\geqslant 0$ 的解的边界。 | 函数 $g(x)=x^2-2x-3$<br><br>从方程和不等式的角度看函数：<br>【结论】<br>(1) 函数的零点（图象与 $x$ 轴交点的横坐标）是方程 $g(x)=0$ 的解；<br>(2) 函数 $g(x)$ 的图象位于 $x$ 轴上方部分点（含与 $x$ 轴的交点）的横坐标为不等式的解。 | $x^2-2x-3\geqslant 0$，<br>根据不等式的性质，<br>得 $(x-3)(x+1)\geqslant 0$，<br>得 $\begin{cases}x-3\geqslant 0\\x+1\geqslant 0\end{cases}$ 或 $\begin{cases}x-3\leqslant 0\\x+1\leqslant 0\end{cases}$<br>得 $x\geqslant 3$ 或 $x\leqslant -1$。<br>从函数和方程的角度看不等式：<br>【结论】<br>(1) 不等式 $g(x)\geqslant 0$ 的解是函数 $g(x)$ 的图象位于 $x$ 轴上方部分点（含与 $x$ 轴的交点）的横坐标；<br>(2) 不等式 $g(x)\geqslant 0$ 解集的边界是方程 $g(x)=0$ 的解。 |
| 抽象规律 | 【结论】<br>(1) 不等式 $f(x)\geqslant 0$ 的解是函数 $f(x)$ 的图象位于 $x$ 轴上方部分点的横坐标；<br>(2) 不等式 $f(x)\geqslant 0$ 解集的边界是方程 $f(x)=0$ 的解。<br>【思考】<br>能否根据函数图象，解不等式或研究方程的解呢？ | | |

不难看出，函数、方程、不等式三者就是由数形结合思想方法联系起来的。

**例 1.5.1** 已知函数 $y=\lg(ax+1)$ 的定义域为 $(-\infty,1)$，求 $a$ 的取值范围。

**【解析】** 函数 $y=\lg(ax+1)$ 的定义域为 $\{x\mid ax+1>0\}=(-\infty,1)$，

所以不等式 $ax+1>0$ 的解集为 $(-\infty,1)$，

故 1 是方程 $ax+1=0$ 的解。

得 $a+1=0$，所以 $a=-1$。

这是给定不等式的解集，求参数的取值范围问题，此题中，我们根据解集的特征，将其转化为了方程问题。

**例 1.5.2** 已知不等式 $ax^2+ax+a+3>0$ 的解集为 **R**，求 $a$ 的取值范围。

**【解析】** 问法与上一题类似，但解集的边界是 $-\infty$ 和 $+\infty$，无法转化为方程问题，试试转化为函数问题。

**表 1.5.2 例 1.5.2 解题思路**

| | |
|---|---|
| **数** | 因为不等式 $ax^2+ax+a+3>0$ 的解集为 **R**，<br>故 $\{x \mid ax^2+ax+a+3>0\}=(-\infty,+\infty)$， |
| **形** | 令 $f(x)=ax^2+ax+a+3$，则 $f(x)$ 图象恒在 $x$ 轴上方。 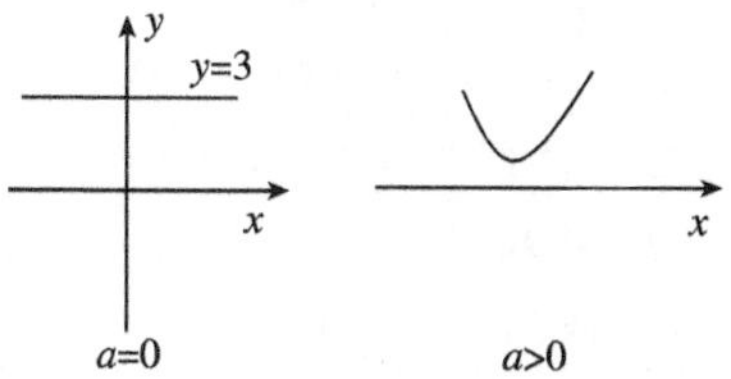<br>$y$　$y=3$　$x$　$x$<br>$a=0$　　$a>0$<br>观察 $a>0$ 时图象的要点：一是开口方向，二是与 $x$ 轴的交点。 |
| **数** | 把上面的图象特征翻译为不等式组：<br>得 $a=0$ 或 $\begin{cases} a>0, \\ \Delta=a^2-4a(a+3)<0, \end{cases}$ 即 $a=0$ 或 $a>0$，<br>解得 $a\geqslant 0$。<br>故 $a$ 的取值范围是 $[0,+\infty]$。 |

**例 1.5.3** 函数 $f(x)=\lg(ax^2+2x+1)$ 的值域为 **R**，求实数 $a$ 的取值范围。

**【解析】** 复合函数的问题，我们利用换元法分析求解。

预备知识：给定函数 $y=\log_a x\ (a>1)$，

(1) 若定义域为 $\{x \mid x>0\}$，则值域为 **R**；

(2) 若定义域为 $\{x \mid x>1\}$，则其值域为 $\{y \mid y=\log_a x>0\}=(0,+\infty)$。

那么，什么情况下，函数 $y=\log_a x\ (a>1)$ 的值域为 **R** 呢？定义域为

$(0, +\infty)$，也就是真数 $x$ 要能够取遍所有正数，范围不能再小了。

我们还是从“数→形→数”的方式分析问题。

**表 1.5.3　“数→形→数”方式分析例 1.5.3**

| | |
|---|---|
| **数** | 令 $t=ax^2+2x+1$，则 $y=\lg t$。<br>因为函数 $f(x)$ 的值域为 $\mathbf{R}$，则 $y\in\mathbf{R}$，那么 $t$ 取遍所有正数。 |
| **形** | 函数 $t=ax^2+2x+1$ 的图象如下图所示： 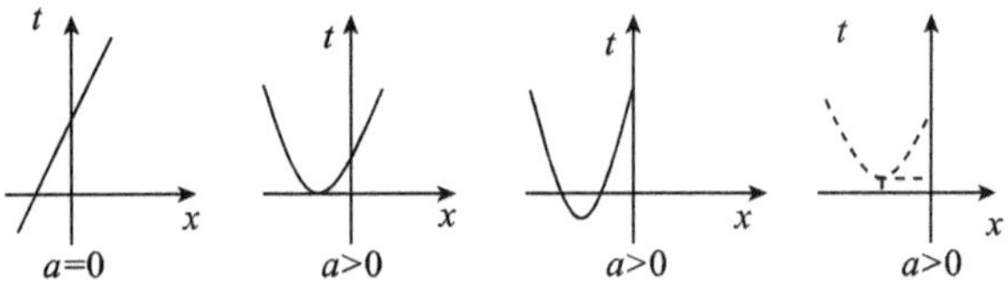<br>$a=0$　　$a>0$　　$a>0$　　$a>0$<br>$t$ 就是函数图象上点的纵坐标，显然，$a>0$ 时，$t$ 不能取遍所有正数，另外三个图象均满足条件。<br>观察 $a>0$ 时图象的要点：一是开口方向，二是与 $x$ 轴的交点。 |
| **数** | 把上面的图象特征翻译为不等式组：<br>得 $a=0$ 或 $\begin{cases}a>0\\ \Delta=4-4a\geqslant0\end{cases}$，即 $a=0$ 或 $0<a\leqslant1$，解得 $0\leqslant a\leqslant1$。<br>故 $a$ 的取值范围是 $[0, 1]$。 |

## 二、用数形结合思想方法研究函数零点问题

对于函数 $y=f(x)$，我们把使 $f(x)=0$ 的实数 $x$ 叫做函数 $y=f(x)$ 的零点。

这样，函数 $y=f(x)$ 的零点就是方程 $f(x)=0$ 的实数根，也就是函数 $y=f(x)$ 的图象与 $x$ 轴交点的横坐标。所以：

方程 $f(x)=0$ 有实数根 $\Leftrightarrow$ 函数 $y=f(x)$ 的图象与 $x$ 轴有交点 $\Leftrightarrow$ 函数 $y=f(x)$ 有零点。

于是，就有了利用函数研究方程的实数根的方法。

**零点存在定理**　如果函数 $y=f(x)$ 在区间 $[a, b]$ 上的图象是连续不断的一条曲线，并且有 $f(a)\cdot f(b)<0$，那么，函数 $y=f(x)$ 在区

间（$a$，$b$）内有零点，即存在 $c\in(a,b)$，使得 $f(c)=0$，$c$ 也就是方程 $f(x)=0$ 的根。



我们把研究函数零点的思路编写成如图 1.5.2 所示算法。

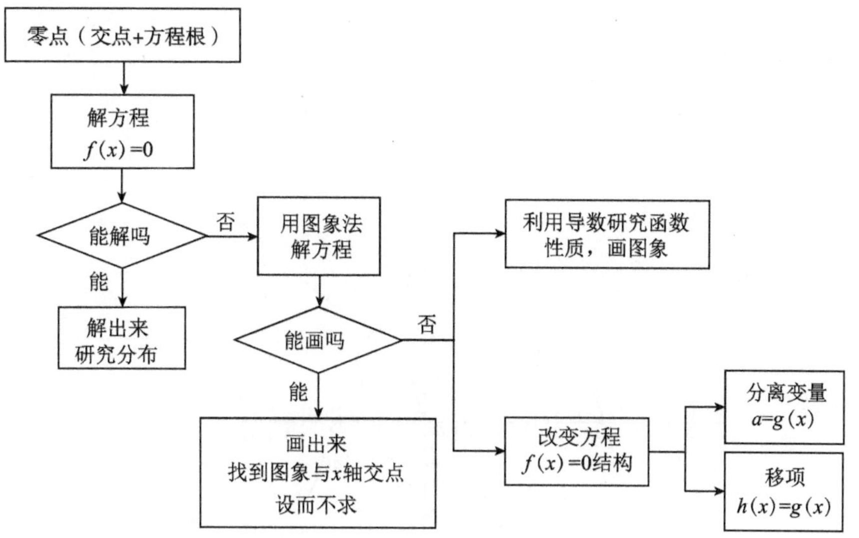


**图 1.5.2 研究函数零点思路的算法**

可以看出，数形结合思想方法贯穿始终。

**例 1.5.4** 函数 $f(x)=\dfrac{\sin\frac{\pi x}{2}}{x^2+1}-\dfrac{1}{2x}$ 的零点个数为（　　）。

A. 0　　B. 1　　C. 2　　D. 4

**【想法 1】** 解方程 $f(x)=0$ 或者画 $f(x)$ 的图象，似乎行不通。

**【想法 2】** 试试算法（图 1.5.6）

令 $f(x)=\dfrac{\sin\frac{\pi x}{2}}{x^2+1}-\dfrac{1}{2x}=0$（不会画图，也不会解方程），

改变结构，得$\dfrac{\sin\dfrac{\pi x}{2}}{x^2+1}=\dfrac{1}{2x}$（不会画左边函数的图象，但会画左边函数分子的图象），

再改变结构，得$2\sin\dfrac{\pi x}{2}=\dfrac{x^2+1}{x}$（能画出$g(x)=2\sin\dfrac{\pi x}{2}$，$h(x)=\dfrac{x^2+1}{x}=x+\dfrac{1}{x}$，如图 1.5.3）。

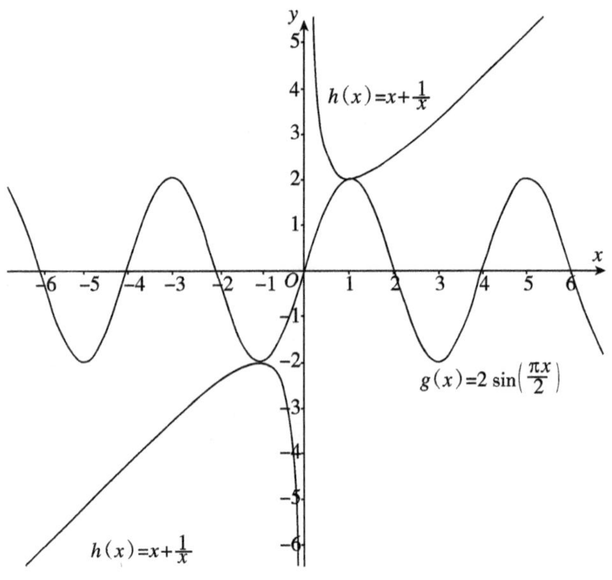


**图 1.5.3**

故$g(x)=2\sin\dfrac{\pi x}{2}$与$h(x)=x+\dfrac{1}{x}$有 2 个交点，所以函数$f(x)$有 2 个零点。

我们看这个思维过程：函数—方程—新方程—函数，数形结合思想方法是一条主线。

**例 1.5.5**　设函数$f(x)=\begin{cases}2^x-a, & x<1,\\ 4(x-a)(x-2a), & x\geqslant 1。\end{cases}$

若$f(x)$恰有2个零点，则实数$a$的取值范围是________。

【解析】解方程似乎比较简单。易知$a>0$。

令$f(x)=0$，则$\begin{cases}x<1,\\2^x-a=0\end{cases}$或$\begin{cases}x\geqslant 1,\\4(x-a)(x-2a)=0,\end{cases}$

即$\begin{cases}x<1,\\x=\log_2 a\end{cases}$或$\begin{cases}x\geqslant 1,\\x=a\text{ 或 }x=2a,\end{cases}$因为$f(x)$恰有2个零点，故需要舍一个，留两个，

于是有$\begin{cases}\log_2 a\geqslant 1,\\a\geqslant 1,\\2a\geqslant 1\end{cases}$或$\begin{cases}\log_2 a<1,\\a<1,\\2a\geqslant 1\end{cases}$或$\begin{cases}\log_2 a<1,\\a\geqslant 1,\\2a<1,\end{cases}$解得$a\geqslant 2$或$\frac{1}{2}\leqslant a<1$。

这是一个分段函数的零点问题，而且这两段函数的解析式都含有参数，画图相对不好把握，而解方程解决这类问题却很简单！

**例1.5.6** 设$f(x)$，$g(x)$是定义在**R**上的两个周期函数，$f(x)$的周期为4，$g(x)$的周期为2，且$f(x)$是奇函数。当$x\in(0,2]$时，$f(x)=\sqrt{1-(x-1)^2}$，$g(x)=\begin{cases}k(x+2),\ 0<x\leqslant 1,\\-\frac{1}{2},\ 1<x\leqslant 2,\end{cases}$其中$k>0$。若在区间$(0,9]$上，关于$x$的方程$f(x)=g(x)$有8个不同的实数根，则$k$的取值范围是______。

【解析】相对于解关于$x$的方程$f(x)=g(x)$而言，作出函数$f(x)$，$g(x)$的图象更容易，我们只要画出二者图象，使之有8个交点即可。

$f(x)$是定义在**R**上的周期为4的奇函数，

当$x\in(0,2]$时，$f(x)=\sqrt{1-(x-1)^2}$（圆心为$(1,0)$，半径为1的上半圆）；

设$g(x)$是定义在**R**上的周期为2的函数，$g(x)=\begin{cases}k(x+2),\ 0<x\leqslant 1,\\-\frac{1}{2},\ 1<x\leqslant 2。\end{cases}$

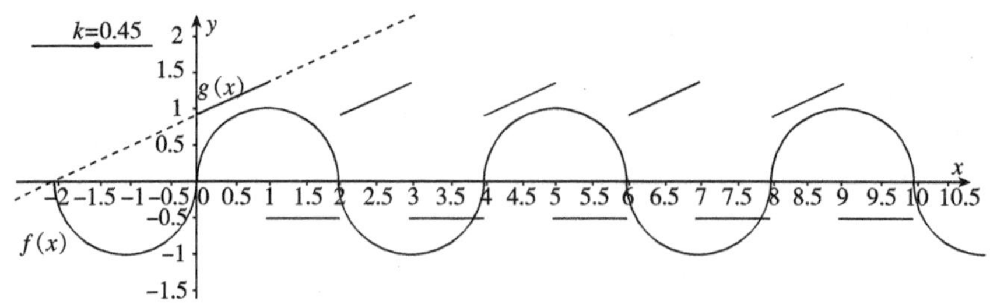


图 1.5.4

如图 1.5.4 所示，在 $x$ 轴下方 $f(x)$ 与 $g(x)$ 的图象已经有 2 个交点了，那么，在 $x$ 轴上方 $f(x)$ 与 $g(x)$ 的图象必须有 6 个交点。

则根据周期性，在 $(0, 1]$ 上 $f(x)$ 与 $g(x)$ 的图象要有 2 个交点，如何找临界位置?

观察图象可知，当直线 $g(x)=k(x+2)$，$x\in(0, 1]$ 与半圆相切的直线斜率 $k$ 为上界，当直线 $g(x)$ 过点 $(1, 1)$ 时的直线斜率 $k$ 为下界。

下面求两个边界。

当直线 $g(x)=k(x+2)$，$x\in(0, 1]$ 与半圆相切，即圆心 $(1, 0)$ 到直线 $kx-y+2k=0$ 的距离为半径 1 时，可得 $\frac{|3k|}{\sqrt{k^2+1}}=1$，解得 $k=\frac{\sqrt{2}}{4}(k>0)$。

当直线 $g(x)$ 过点 $(1, 1)$ 时，得 $k=\frac{1}{3}$。

故 $\frac{1}{3}\leqslant k<\frac{\sqrt{2}}{4}$。

综上，满足 $f(x)=g(x)$ 在 $(0, 9]$ 上有 8 个不同的实数根的 $k$ 的取值范围为 $\left[\frac{1}{3}, \frac{\sqrt{2}}{4}\right)$。

把方程的实数解问题转化为两个函数图象的交点问题容易办到，而此类问题的难点有两个，一个是画出两个函数的图象，另一个是找到 8 个交点的边界值。

怎么找到边界值呢？此问题中，我们利用函数的周期性，把 8 个交点问题转化为在（0，1］上有 2 个交点问题，即直线与圆的交点问题。借此机会，要带领学生体会函数的性质与图象之间的关系。

**例 1.5.7** 已知 $a>0$，函数 $f(x)=\begin{cases}x^2+2ax+a, & x\leqslant 0,\\ -x^2+2ax-2a, & x>0,\end{cases}$ 若关于 $x$ 的方程 $f(x)=ax$ 恰有 2 个互异的实数解，则 $a$ 的取值范围是______。

**【想法 1】** 画出 $f(x)$ 的图象，定性与定量相结合分析。

找到直线与两段抛物线有公共点的临界位置，即直线与抛物线相切。

$$\begin{cases}y=ax,\\ y=x^2+2ax+a\end{cases}\Rightarrow x^2+ax+a=0\Rightarrow\Delta=a^2-4a,$$

$$\begin{cases}y=ax,\\ y=-x^2+2ax-2a\end{cases}\Rightarrow x^2-ax+2a=0\Rightarrow\Delta=a^2-8a,$$

该方法似乎也能分析出临界位置，但直线运动，同时抛物线也在变化，故不好把握，大家可以自己试试。

下面我们尝试使用另一种方法：改变结构，构造新函数。

**【想法 2】** 改变结构，构造新函数。

因为 $f(0)=a>0$，所以 $x=0$ 不是方程 $f(x)=ax$ 的实数解。故下面讨论可以不考虑 $x=0$。

令 $f(x)=ax$，则 $a=\dfrac{f(x)}{x}=\begin{cases}x+\dfrac{a}{x}+2a, & x<0,\\ -x-\dfrac{2a}{x}+2a, & x>0,\end{cases}$

这一步构造是由 $f(x)=ax$ 而来的，有分离变量的想法。将 $f(x)=ax$ 解的问题转化成直线 $y=a$ 与新函数 $\dfrac{f(x)}{x}$ 图象的交点问题，但考虑到

两段的解析式中都有 $2a$，我们可以把 $2a$ 移项，该问题就化简为：

即 $-a=\begin{cases}x+\dfrac{a}{x},\ x<0,\\ -x-\dfrac{2a}{x},\ x>0,\end{cases}$

于是又问题转化为直线 $y=-a$ 与分段函数 $\varphi(x)=\begin{cases}x+\dfrac{a}{x},\ x<0,\\ -x-\dfrac{2a}{x},\ x>0\end{cases}$ 的交点问题。

我们比较一下。

原来要画的图象：函数 $f(x)=\begin{cases}x^2+2ax+a,\ x\leqslant 0,\\ -x^2+2ax-2a,\ x>0\end{cases}$ 与 $y=ax$；

改变结构后的图象：函数 $\varphi(x)=\begin{cases}x+\dfrac{a}{x},\ x<0,\\ -x-\dfrac{2a}{x},\ x>0\end{cases}$ 与 $y=-a$，难度降低了，如图 1.5.5。

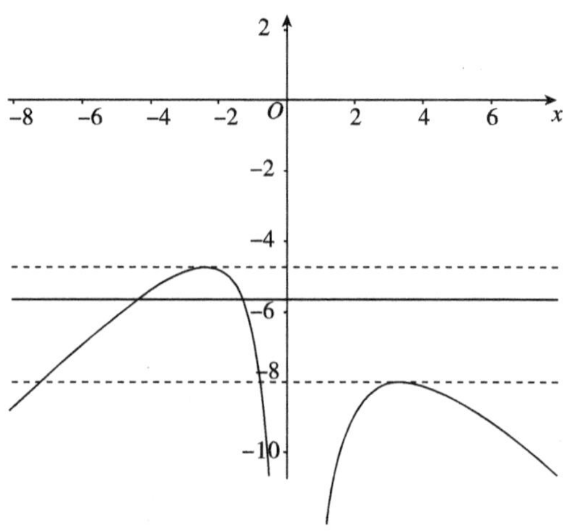


**图 1.5.5**

故 $-2\sqrt{2a} < -a < -2\sqrt{a}$，解得 $4 < a < 8$。

上面的分析可以看出，我们是在利用“数→形→数”的思维模式分析问题，但该过程还要关注“形”的结构，预测哪个结构更有利于画图，以便直观分析问题，因此，“数”的变形是有指向的。这也给我们提出了要求，熟悉两类函数的图象：一是基本初等函数的图象；二是常见的初等函数图象，如“对勾函数”等。另外，对于一些其他类型的函数，要能够快速判断性质，进而根据函数的性质画出示意图。

就函数而言，我们研究其极值、最值、零点的过程中都需要研究函数的单调性，也就是函数的图象，而函数的单调性是使用代数方法研究的，这一切恰好是“数→形→数”的思维模式的体现。

# 第二章
# 数学思想方法是怎样在数学概念课中内化的

如何上好数学概念课？数学概念课不只是学习数学知识，更重要的是体会研究问题的方法以及经历研究问题过程中的思维过程，这些思维过程会逐渐内化成为数学思想方法。

《普通高中数学课程标准（2017 年版）》指出：数学学科核心素养是“四基”（即数学基础知识、基本技能、基本思想、基本活动经验的简称）的继承和发展。“四基”是培养学生数学学科核心素养的沃土，是发展学生数学学科核心素养的有效载体，教学中要引导学生理解基础知识，掌握基本技能，感悟数学基本思想，积累数学基本活动经验，促进学生数学学科核心素养的不断提升。①

在数学教学中，通常说的等量替换、数形结合、递归法、换元法等，可以称为数学方法，但不是数学基本思想。我们建立两个判断数学基本思想的原则：

第一个原则，数学产生和发展所必须依赖的那些思想；

第二个原则，学习过数学的人应当具有的基本思维特征。

根据这两个原则，我们把数学基本思想归结为三个核心要素：抽象、推理、模型。通过抽象，人们把现实世界中与数学有关的东西抽象到数学内部，形成数学的研究对象，思维特征是抽象能力强；通过推理，人们从数学的研究对象出发，在一些假设的条件下，有逻辑地得到研究对象的性

① 《普通高中数学课程标准（2017 年版）》

质以及描述研究对象之间关系的命题和计算结果，促进了数学内部的发展，思维特征是逻辑推理能力强；通过模型，人们用数学所创造的语言、符号和方法，描述现实世界的故事，构建了数学与现实世界的桥梁，思维特征是表述事物规律的能力强。①

数学思想是对数学知识本质的认识，是从某些具体的数学内容和对数学的认识过程中提炼上升的数学的观点，是建立数学和用数学解决问题的指导思想。数学方法，是指人们从事数学活动的程序、途径，是实施数学思想的技术手段。数学思想是内隐的，而数学方法是外显的，数学思想比数学方法更深刻，更抽象地反映了数学对象间的内在联系。②

如果我们在教学中仅仅要求学生记住结论，掌握解题的类型和方法，这样培养出来的学生也只能是“知识型”“记忆型”的，完全背离了数学教育的目标，在认知心理学里，思想方法属于元认知范畴，它对认知活动起着监控、调节作用，对培养能力起着决定性的作用。向学生渗透一些基本的数学思想和数学方法，提高学生的元认知水平，是培养学生分析问题和解决问题能力的重要途径。

## 第一节　数学概念课与数学思想方法

数学概念是构建数学知识体系“大厦”的“基石”，是数学各种规则的逻辑基础，是培养数学核心素养的前提。概念是反映对象本质属性的思维形式，也是简单命题的基本要素，具有抽象性、概括性的特征。

---

① 史宁中《数学思想方法18讲》

② 钱佩玲　邵光华《数学思想方法与中学数学》

因此，要上好数学概念课，首先要思考概念课相关的几个问题，其次要读懂教材中渗透的数学思想方法。

## 一、上好概念课要思考的几个问题

### 1. 理解数学、理解学生、理解教学的含义

理解数学就是要了解数学概念产生的背景，把握概念的逻辑意义，理解内容所反映的思想方法，挖掘知识所蕴含的科学方法、理性思维过程和价值观资源。数学知识是高度抽象的，它的语言（特别是数学符号、图表语言）是高度概括、凝练的。正是这种高度的抽象性才使数学成为连接现实世界与人类智慧的桥梁，使数学语言成为表达客观世界结构的唯一精准语言。数学知识的意蕴就在它的高度抽象性之中。因此，理解数学首先要理解数学知识，只有感知和领悟了数学知识的意蕴，才能理解数学的基本思想，才能领会数学思维的奥秘，才能把握数学的基本方法。

理解学生包括对学生的认知、心理的分析、思维诊断等。

理解教学主要包括教学过程的设计，核心是“问题串”的设计，引导学生的思维活动，化解学习难点等。

### 2. 如何做到理解数学概念

掌握一类事物的本质属性，来龙（抽象概括）去脉（辨析、巩固应用）很重要，通过循环往复，不断深化，加强概念之间的联系，建立概念体系。理解数学概念也是如此。

### 3. 概念课教学应重点关注的问题

（1）如何设置合适的背景（情境），体现概念的发生、发展过程，或发现规则的研究思路；

（2）如何恰当地提出合适的问题，引导学生抽象概括出概念；

（3）如何恰当地辨析、巩固应用概念和规则。

**4. 概念课教学的关键环节**

（1）情景引入。要有典型丰富的具体例证——属性的分析、比较、综合；

（2）概括例证中的共同本质特征。概念的核心是概括共同本质特征，得到概念的本质属性；

（3）用准确的数学语言描述（也就是下定义）；

（4）以实例（正例、反例）为载体分析关键词的含义；

（5）用概念作判断的具体实例——形成用概念作判断的具体步骤；

（6）概念精细化。在概念更精细的过程中需要建立与相关概念的联系，在概念的系统中学习概念，建立概念的“多元联系表示”。

**5. 概念课如何体现问题导向**

教师通过设计自然的教学过程，体现数学知识发生、发展的原过程和学生对数学知识的认识过程，问题引导的核心就是引导学生自己概括出数学的本质，概念课中让学生完成关键的概括活动，使学生保持高水平的数学思维活动。

## 二、读懂教材中渗透的数学思想方法

在高中数学教材中，一方面以抽象性更强的高中数学知识为载体，从更高层次延续初中涉及的那些数学思想方法的学习应用，如函数与方程思想、分类讨论思想、数形结合思想、统计思想和化归思想等。另一方面，结合高中数学知识，介绍了一些新的数学思想方法，如向量思想、极限思想、随机思想、微积分方法等。

如何在常态教学中不断渗透数学思想方法?

高中数学课程应该返璞归真，努力揭示数学概念、法则、结论的发展过程和本质。数学课程要讲逻辑推理，更要讲道理，通过典型例子的分析

和学生自主探索活动，使学生理解数学概念、结论逐步形成的过程，体会蕴涵在其中的思想方法，追寻数学发展的历史足迹，把数学的学术形态转化为学生易于接受的教育形态。①

下面以函数模型、解析几何模型、统计与概率模型为例，分析其渗透的数学思想方法。

**1. 函数模型渗透的数学思想方法**

把函数作为描述客观世界变化规律的重要数学模型，让学生体验建立函数模型来研究实际问题的过程，其目的就是要让学生对变量数学的认识更加深刻，发展学生对事物间的关系的认识，体会函数思想在解决实际问题中的作用。

函数模型及其应用通过比较指数函数、对数函数、幂函数的增长差异，结合实际问题，感受运用函数概念建立函数模型的过程和方法，渗透了数学建模思想、拟合的思想，让学生充分体会数学在实际问题中的应用价值。

二分法在内容上衔接了函数零点与方程根的关系，用到数形结合思想方法，体现了函数的思想以及函数与方程的联系。函数与方程的教学重点是通过用二分法求方程近似解，体会函数的零点与方程根之间的联系，初步形成用函数观点处理问题的意识。在探究过程中，对逼近思想的认识是理解二分法思想的关键。

**2. 解析几何模型中的数学思想方法**

解析几何主要有两大任务：一是根据曲线的几何条件，把它的代数形式表示出来；二是通过曲线的方程来讨论它的几何性质。

完成好第一个任务的关键是：理解几何对象的本质特征。这是实现几

---

① 《普通高中数学课程标准（实验）》

何问题代数化的基础和落脚点。解析几何毕竟是几何，决不能忽视对几何对象特征的认识与理解。

解析几何的另一个主要任务，即“代数结论”向“几何结论”的转化，这一转化突出的是数形结合的思想方法，是“数”向“形”的转化。教学中要注意“数”与“形”的结合，在通过代数方法研究几何对象的位置关系以后，还可以画出其图形，验证代数结果；同时，通过观察几何图形得到的数学结论，对结论进行代数证明，即用解析方法解决某些代数问题，不应割断它们之间的联系。

**3. 统计与概率模型中的数学思想方法**

统计思想主要体现在把握数据的能力，收集数据，整理数据，分析数据，从数据中提取信息，并利用这些信息说明问题，在这个过程中，形成对数据的敏感度，养成会用数据“说事”的习惯。

统计的难点是对样本随机性的理解、体会样本频率分布和数字特征的随机性、体会统计思维与确定性思维的差异以及回归思想的建立。

统计教学中应突出统计思维的特点和作用。统计的特征之一是通过部分数据来推测全体数据的性质，因此统计结果具有随机性，统计推断是有可能犯错误的，这一点与确定性思维不同。统计教学的核心目标正是使学生体会统计思维的特点和作用。教学中应注重通过对数据的分析为合理的决策提供一些依据，以使学生认识统计的作用，体会统计思维和确定性思维的差异。

概率问题中蕴含的随机思想是认识随机现象和统计规律的重要思想。对学生而言理解比较困难的是对随机现象与概率意义的理解。由于缺乏对随机现象的丰富体验，学生往往较难建立随机观念，要让他们亲临原始的随机环境，亲自试验和收集随机数据，使他们在活动中逐步丰富对概率的认识，体会随机现象的特点。为了逐步消除错误的经验，建立正确的概率直觉，必须让学生亲自经历对随机现象的探索过程，收集实验数据，分析

实验结果，并将所得结果与自己的猜测进行比较；最后建立理论的概率模型，并与实际结果联系起来，学生在此过程中不断将自己的最初猜测、实验结果和理论概率进行比较，这将促进他们修正自己的错误经验，建立正确的概率直觉。

## 第二节　数学概念课课例分析（一）

一线的教研团队在数学概念课的教学中，打磨了很多亮眼的研究课，通过数学概念课把学习知识、体会研究方法、内化数学思想方法、培养数学核心素养体现得淋漓尽致。

根据第一节的分析，在概念课教学中，我们可以按图 2.2.1 的过程进行备课和讲课。

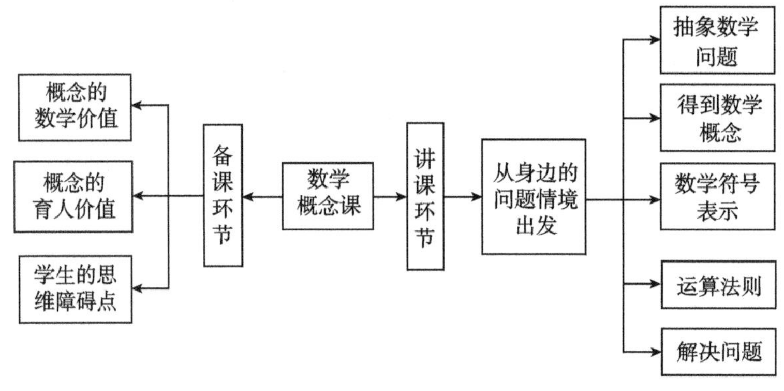


**图 2.2.1　数学概念课的备课环节与讲课环节**

## 第一部分　备课环节

备课环节部分旨在分析概念的数学价值（所处知识体系的作用）、育人价值以及学生的最近发展区，由此确定本节课的“教学重点”“教学难点”“教学目标”，如图 2.2.2 所示。

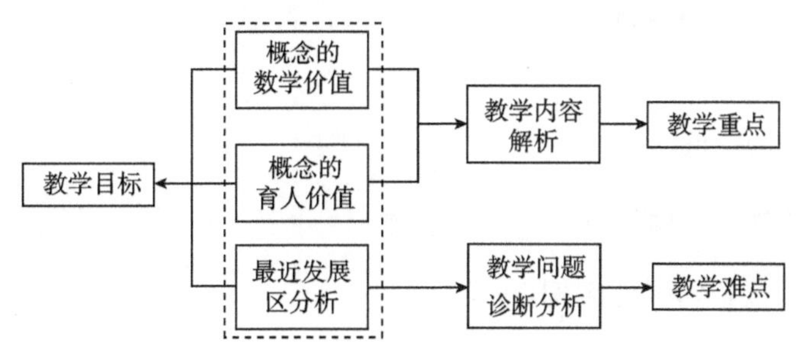


**图 2.2.2**

备课环节可以设置的项目：

（1）教学内容分析。重点分析概念的数学价值，所在知识体系中的价值，还有其育人价值，进而确定教学重点。

（2）教学问题诊断分析。重点分析学生已有的认知水平，确定其最近发展区，进而确定教学难点。

（3）教学目标。由上述的分析，确定教学目标。建议用四或三段式的书写方式：

即“通过……＋理解……＋能……＋发展……”或“通过……＋能……＋发展……”，清晰每一个活动的知识目标、能力目标、素养目标的关联。凸显育人导向，关注目标的适切性，在教学重难点中突出高阶思维培养。

## 第二部分　讲课环节

讲课环节部分旨在设计数学概念的发生、发展过程，引导学生由具体

的情境入手，用数学的方法进行数学抽象，进而得到数学概念、符号表示，运算法则，再解决问题。学生经历数学思维的全过程，既学到知识，又体验研究问题的方法，将思维过程内化为数学思想方法。

讲课环节可以设置的项目：

（1）构建数学概念，突出学生的思维活动，建议根据如下过程进行：

数学情境—观察规律—抽象概念—语言表述—符号表示—感悟数学思想方法。

（2）探究运算法则。

（3）解决新问题。

下面，我们看具体案例。

## 课题　总体百分位数的估计

授课人：北京市朝阳外国语学校　刘嘉

本节课选自人教 A 版教材必修第二册第九章。

### 【备课环节】

**1. 教学内容分析**

本节课的教学内容是“百分位数”。

把一组按大小排列的数据分成相应百分比的两部分，百分位数是对总体中某个“位置”数据的估计。对随机抽样获取的数据，通过用样本的百分位数对总体百分位数进行估计、分析，获取数据中蕴含的信息，从而为制定决策提供依据。其中蕴含了用样本估计总体的数学思想方法。

本节课是“用样本估计总体”单元的第 2 课时，之前已学习了总体取值规律的估计，是对数据的整理以及直观描述；之后将学习总体集中趋势和离散程度的估计，是通过对数据的集中趋势参数和离散程度参数入手去研究数据。



本节课的育人价值体现在：通过本课的学习，学生能够区别统计思维与确定性思维的差异、归纳推断与演绎证明的差异；能够结合具体问题，理解统计推断结果的或然性，正确运用统计结果解释实际问题，提升数据分析、数学建模、逻辑推理等学科素养。

本节课的教学重点为理解百分位数的概念，掌握百分位数的计算方法。

**2. 教学问题诊断分析**

学生在初中已经学习了中位数，从数据可以看出，学生对中位数的计算方法掌握较好，知道当一组数据有奇数个数时，中位数是中间那个数；一组数据有偶数个数时，中位数是中间两数的平均数。这种认识能帮助学生得到一般的百分位数的计算方法。学生在本单元第 1 课时已经学习了频率分布直方图，掌握较好，从数据可以看出有 80% 左右的学生知道频率分布直方图中，每个小直方的面积表示落在这组的数据的频率。另有 20% 的学生认为小直方的高度表示频率。这种错误的认识可能对本课中“根据频率分布直方图估算百分位数”产生影响。但是，是否可以借助中位数理解百分位数，如何找到百分位数，这些都有待于在本节课进行探索。

通过分析学生已有认知基础和将要达到水平间的差异，确定本课的难点为百分位数概念的建构以及总结百分位数的计算方法。

**3. 教学目标**

①通过实例，体会学习百分位数的必要性；

②经历百分位数概念的建构过程，知道百分位数的统计含义；

③通过计算具体的百分位数并画出程序框图，总结百分位数的计算方法；

④结合实例，用样本估计总体的百分位数，应用百分位数解决实际问

题，体会统计思想。

## 【讲课环节】

### 1. 建构百分位数的概念

**【活动1】**感性认识第 90 百分位数

下表是老师调查的我校 100 名男生的身高数据。请利用这些数据，帮教练组确定一个 $a$ 值，使得只有最高的那 10% 的男生可以报名参加篮球队。

**表 2.2.1　我校 100 名男生的身高数据**　　（单位：cm）

| 162 | 164.9 | 171.4 | 173.4 | 179.5 | 183.4 | 187.6 | 165.5 | 168.4 | 176 |
|---|---|---|---|---|---|---|---|---|---|
| 163.9 | 165.3 | 172 | 175 | 176.5 | 183.1 | 162.5 | 164.7 | 170.2 | 174.5 |
| 162.8 | 166.7 | 168.6 | 175.1 | 182.7 | 177.5 | 189.6 | 166.5 | 171.1 | 172.2 |
| 170.2 | 164.6 | 170.7 | 175.7 | 182.9 | 178.4 | 176.7 | 164.7 | 169.7 | 173 |
| 171.2 | 167.7 | 163.1 | 173.4 | 178.6 | 182.8 | 177.2 | 167.8 | 168.7 | 176 |
| 170.8 | 164.7 | 162.7 | 175.3 | 173.7 | 180.2 | 177.1 | 169.3 | 174.8 | 171.7 |
| 187.1 | 166.3 | 162.5 | 173.7 | 176.3 | 180.3 | 176.4 | 168.8 | 175.8 | 171.5 |
| 163.6 | 166.3 | 170.1 | 176.2 | 177.4 | 168.7 | 177 | 168.5 | 172.4 | 172.8 |
| 162.3 | 165.4 | 168.2 | 175.8 | 177 | 170.6 | 178.9 | 168.2 | 173.9 | 172.5 |
| 162.6 | 165.3 | 170.7 | 174.9 | 177.7 | 171.3 | 172.4 | 170.5 | 173.3 | 173.3 |

**【师生活动】**学生演示，先将 100 个数据排序，找到排序后第 90 个数是 179.5，第 91 个数是 180.2，$a$ 定在这之间都行。教师顺势介绍，不妨取 $a=\dfrac{179.5+180.2}{2}=179.85$，称它为这组数据的第 90 百分位数。

**【追问1】**（追问，是思维递进，引发认知冲突）为了操作方便，能否将 $a$ 值定为 180?

**【师生活动】**学生回答，179.85 本身也是估计值，在实际生活中为了操作方便取整是可以的。

**【追问2】**标准定在 180，一定能保证只有最高的 10% 男生才能报名吗?

**【师生活动】**学生回答，不一定，样本的随机性等可能产生误差。

**【设计意图】**通过活动1，使学生经历寻找100个数据的第90百分位数的过程，对第90百位数形成感性具体的认识。通过追问，使学生体会统计推断结果的或然性，样本的随机性可能导致样本估计值和总体的真实值之间存在误差。

**【活动2】**理性认识第50百分位数

我们称一组数据的中位数为这组数据的第50百分位数，那么你认为下列关于中位数的说法哪个是正确的呢？对于不正确的你能举出反例吗？

一组数据的中位数是这样一个值：在这组数据中，(　　)。

A. 有50%的数据小于它，有50%的数据大于它

B. 有50%的数据小于等于它，有50%的数据大于等于它

C. 至少有50%的数据小于等于它，至少有50%的数据大于等于它

**【师生活动】**学生都选C。一组学生举例说明理由，比如100个1，那么中位数也是1，有100%的数据大于等于它，有100%的数据小于等于它。

**【设计意图】**百分位数从直观上比较容易理解，它把一组从小到大排列的数据按相应百分比分成两部分。但是为了使任意一组数据的百分位数都有意义，其概念却不是那么容易理解。比如概念中的“至少有”“小于等于”等词语。通过这个活动2，引导学生借助熟悉的中位数，完成对概念建构中难点的突破。

**【活动3】**建构第$p$百分位数的概念

你能从这些特殊的百分位数出发，归纳出一组数据的第$p$百分位数是怎样一个值吗？

**【师生活动】**通过活动2的启发，学生容易回答，一组数据的第$p$百分位数是这样一个值，它使得这组数据中至少有$p\%$的数据小于等于这个值，至少有$(100-p)\%$的数据大于等于这个值。

**【设计意图】**经历前两个活动，学生对百分位数已经有了一定的认识。通过活动3使学生完成百分位数概念的建构，突破本课的第一个难点。

**点评：**

本阶段的主要任务是完成百分位数概念的建构。百分位数对学生而言非常陌生，如何设计学生活动，帮助学生建构百分位数的概念呢？教师首先通过实际情境，借助图形使学生对百分位数形成模糊直观的认识，如图2.2.3所示。

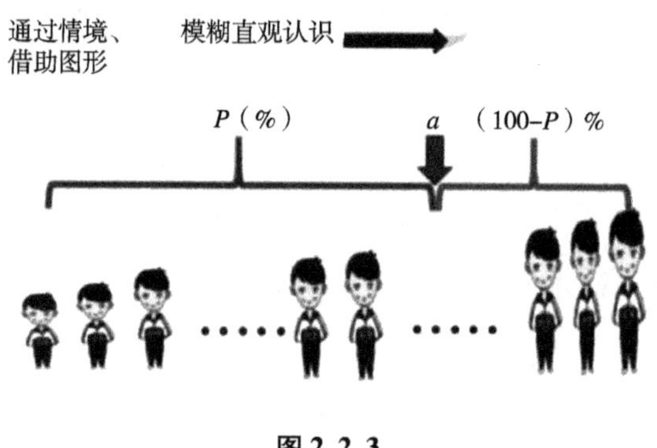


图2.2.3

之后通过活动、借助技术，使学生形成对百分位数的感性具体的认识。教师给出事先调查的100个数据，请学生根据这些数据帮助教练组确定合适的$a$值，使得只有最高那10%的男生可以参加选拔。

如何使学生对百分位数的认识逐渐从感性上升到理性呢？教师借助中位数为桥梁进行过渡。

结合实例，在学生理解中位数所在位置的基础上，引出百分位数，进一步归纳第$p$百分位数的定义，体会由特殊到一般的数学思想。在从中位数的求法得到百分位数的求法过程中，体会类比思想。

**2. 总结百分位数的计算方法**

实际生活中，我们得到的样本容量往往不是恰好为100，那么当数据个数不是100时，如何确定其某个百分位数呢？

【**活动4**】回顾中位数的计算方法

假设有 $n$ 个数据，怎样确定其中位数呢？

【**师生活动**】学生对中位数知识非常熟练，容易回答。先将数据排序，当 $n$ 是偶数时，中位数是第$\frac{n}{2}$和$\frac{n}{2}+1$个数据的平均数；当 $n$ 是奇数时，中位数是大于$\frac{n}{2}$的比邻整数。

【**设计意图**】通过回顾中位数的确定方法，为引导学生寻找第 $p$ 百分位数的方法作铺垫。

【**活动5**】计算第 $p$ 百分位数

我国是世界上严重缺水的国家之一，北京缺水问题尤为突出。为了解我市家庭用水情况，老师提前调查我们年级家庭月均用水量的数据（单位：吨），得到了210个数据（如表2.2.2）。请同学们选定一个 $p$ 值，计算这组数据的第 $p$ 百分位数。汇报时说清楚你的步骤是什么？结果是什么？这个过程中有什么需要特别说明的？

**表2.2.2　我们年级家庭月均用水量数据**　　（单位：吨）

| 3.5 | 5 | 7.5 | 13.2 | 16.2 | 18.1 | 20.6 | 23.4 | 28 | 5.7 | 9.7 | 5.3 | 2.6 |
|---|---|---|---|---|---|---|---|---|---|---|---|---|
| 1.4 | 6.1 | 7.9 | 11.1 | 15.6 | 17.5 | 20.5 | 22.8 | 27.9 | 6.8 | 7.3 | 5.8 | 5.2 |
| 4 | 6.1 | 8.4 | 12 | 14 | 17.3 | 19.3 | 23.2 | 26.2 | 4.3 | 8.9 | 7 | 4.6 |
| 1.2 | 6.7 | 7.5 | 12.5 | 16.1 | 18 | 21.2 | 22.2 | 3.2 | 9.5 | 9.6 | 4.3 | 7 |
| 3.1 | 4.5 | 10.1 | 12.6 | 14.8 | 16.8 | 20.9 | 24.7 | 4.3 | 10 | 8.5 | 4.6 | 6.1 |
| 2.9 | 5 | 7.5 | 12.8 | 13.4 | 18.6 | 20.1 | 24.6 | 6.6 | 8.5 | 1.2 | 14.1 | 6 |
| 1.9 | 6.1 | 7.4 | 12.1 | 16 | 18.4 | 3.6 | 25.2 | 6.7 | 7.2 | 8.3 | 1.9 | |
| 4.2 | 6.8 | 8.8 | 11.9 | 14.3 | 16.7 | 3.2 | 23.5 | 5.5 | 2.9 | 9.4 | 3 | |
| 4.2 | 6.3 | 7.6 | 12.2 | 13.6 | 16.5 | 3.5 | 4.3 | 6.2 | 3.6 | 4.6 | 1.5 | |
| 1.8 | 6.2 | 9.2 | 13 | 14.5 | 5 | 2.8 | 5.6 | 5.7 | 2 | 6.4 | 3.5 | |
| 1.8 | 6.7 | 8.7 | 11 | 16.1 | 5.8 | 2.7 | 6.2 | 5 | 2.1 | 6.8 | 4.6 | |
| 2.1 | 5.5 | 8.9 | 12.7 | 15.2 | 5.2 | 1.3 | 6 | 6.7 | 2.6 | 7.1 | 6.9 | |
| 1.8 | 5.6 | 8.5 | 12.9 | 15.5 | 5.1 | 4.2 | 4.8 | 7.3 | 2.6 | 4.4 | 7 | |
| 2.8 | 5.6 | 7.6 | 11.1 | 15.5 | 6.3 | 3 | 7.2 | 9.8 | 2.6 | 5.4 | 7.1 | |
| 3.4 | 5 | 8.4 | 11.4 | 14.3 | 6.1 | 1.4 | 5.9 | 8.9 | 3.9 | 6.3 | 6.7 | |
| 1.2 | 6.2 | 9.2 | 5.4 | 13.6 | 5.2 | 1.5 | 7.2 | 3.2 | 1.2 | 6.3 | 3.2 | |

**【师生活动】** 让学生自选一个百分位数进行计算，然后请学生汇报。

（课堂实录）一组学生计算的是第 75 百分位数。根据活动 2 所得百分位数的概念，这 210 个数据中，至少有 75% 的数据小于等于这个数，至少有 25% 的数据大于等于这个数。因此学生先将这 210 个数据从小到大排序，然后计算 210 × 75% = 157.5，结果不是整数。学生类比中位数，认为应该取第 158 个数——12.1，作为这组数据的第 75 百分位数，但是不确定是否正确。

教师紧扣概念，请学生思考至少有 157.5 个数据小于等于它，那么到底是至少有 157 个数据，还是 158 个数据小于等于第 75 百分位数呢？学生抓住“至少”两字，意识到应该有 158 个数据小于等于它。而 12.1 正好是这组数据的第 158 个数，因此符合第 75 百分位数的定义。另一方面，210 × 25% = 52.5，即至少有 53 个数据大于等于第 75 百分位数。而 12.1 正好是这组数据的倒数第 53 个数，因此也符合第 75 百分位数的定义。从而确定第 75 百分位数为 12.1。

**【设计意图】** 学生通过小组活动，探索第 $p$ 百分位数的计算方法。在此过程中，一方面巩固百分位数的概念，提升逻辑推理、数据分析等素养，另一方面使学生经历计算百分数的过程，并产生大量课堂生成，为归纳第 $p$ 百分位数的计算程序积累经验。

**【活动 6】** 总结第 $p$ 百分位数的计算方法

请归纳概括任意 $n$ 个数据的第 $p$ 百分位数的计算方法。

**【师生活动】** 学生回答，首先对数据从小到大排序，然后记 $np\% = i$，当 $i$ 为整数时，第 $p$ 百分位数为 $\frac{a_i + a_{i+1}}{2}$；当 $i$ 不是整数时，设大于 $i$ 的比邻整数为 $k$，则第 $p$ 百分位数为 $a_k$。

**【设计意图】** 学生经历了活动 4 和活动 5，已经从操作层面对百分位数有了感性认识。本活动引导学生将这种认识从感性上升到理性，归纳出一般的计算方法。

**【活动7】**根据直方图估算百分位数

现实生活中，如果不是自己亲自调查，很难获得原始数据。获得的数据往往是处理过的统计表或统计图。请同学将这些数据整理成直方图，并通过直方图估计样本的第80百分位数。

**【师生活动】**首先学生用计算器快速绘制出频率分布直方图，教师引导学生思考这组数据中至少有80%的数据小于等于第80百分位数，至少有20%的数据大于等于第80百分位数。那么第80百分位数在直方图中的什么位置呢？学生回答第80百分位数应该将直方图分成两部分，左侧小长方形面积和为0.8，右侧小长方形面积和为0.2，并按照此标准估计第80百分位数。

有学生将数据分7组，组距定为4，如图2.2.4。

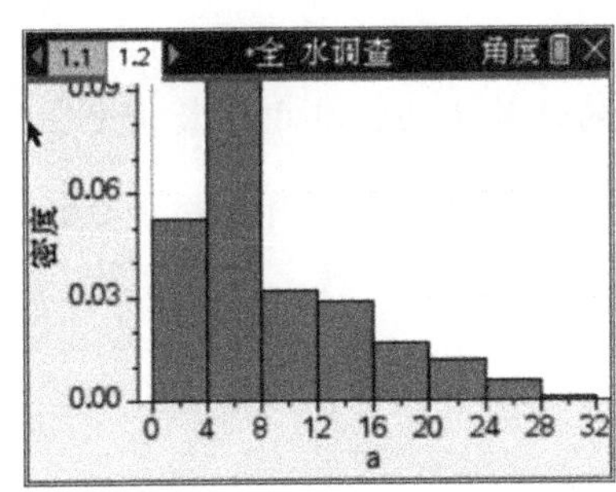


**图2.2.4**

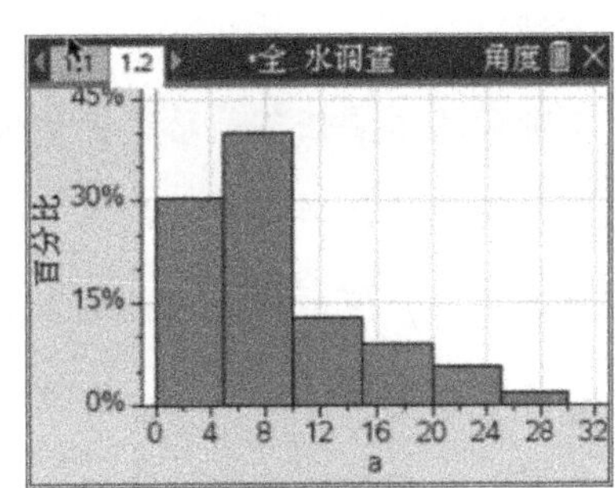


**图2.2.5**

前3个直方面积为 $0.20952+0.40476+0.12875=0.74303<0.8$；前4个直方面积为 $0.74303+0.11429=0.85732>0.8$，故第80百分位数应该位于［12，16）之间。

计算得 $12+\dfrac{0.8-0.74303}{0.85714-0.74303}\times 4\approx 14$，即样本的第80百分位数估计

值为14 吨。

有学生分 6 组，组距定为 5，如图 2. 2. 5。

同理估计样本的第 80 百分位数为 $10+\frac{80\%-70.48\%}{12.86\%}\times 5\approx 13.7$。

**【追问 1】**为什么用原始数据和直方图估计所得的第 80 百分位数不一致呢?

**【师生活动】**学生回答，直方图损失了原始数据的一些信息，因此用直方图估算的第 80 百分位数与原始数据计算得到的第 80 百分位数完全可能不相同，用不同分组的直方图估算样本的第 80 百分位数也可能不同。教师指出，一般的组距越小，直方图损失的信息越少，估计得到的百分位数可能越接近样本的百分位数。

**【设计意图】**通过本活动，一方面巩固学生已有的直方图的知识。另一方面探索根据直方图估算样本百分位数的方法，加深对百分位数和其统计含义的理解。

**点评:**

本阶段的主要任务是总结百分位数的计算方法，从中位数出发，组织学生进行探索，教师给出事先调查的年级 210 户家庭 9 月份用水数据，请学生自选一个 $p$ 值，确定这组数据的第 $p$ 百分位数，再让学生进行汇报，学生展开了热烈的讨论，进一步归纳得到一组 $n$ 个数据的第 $p$ 百分位数的计算步骤，体会类比和由特殊到一般的数学思想。

在利用直方图估计第 80 百分位数过程中，追问为什么用原始数据和直方图估计所得的 80 百分位数不一致呢? 体会用样本百分位数估计总体百分位数的统计思想。探究由一组数据的频率分布直方图估计这组数据的百分位数的方法，解题的关键是假定样本在区间内是均匀分布的。

## 【专家点评环节】

### 1. 体会由特殊到一般和类比的研究问题的方法

本节课有两个难点，一个是建构百分位数的概念，另一个是总结百分位数的计算方法。引导学生从熟悉到陌生，从特殊到一般，从具体到抽象的探究新知。比如学生对第 $p$ 百分位数的直观理解是有 $p\%$ 的数据比它小，剩下 $(100-p)\%$ 的数据比它大。而第 $p$ 百分位数的概念却是“至少有 $p\%$ 的数据小于等于它，至少有 $(100-p)\%$ 的数据大于等于它”。如何让学生在建构概念时，主动将“至少有”“小于等于”“大于等于”等这些关键词加入呢？让学生辨析中位数的准确描述，顺利引导学生完成了百分位数概念的建构。

### 2. 在活动中感受统计的思想方法

关注统计思维和确定性思维的差异，让学生结合自身经验及所学知识来感受统计结果的不确定性，进一步强化样本估计总体中的“估计”一词。通过从真实问题出发引导学生思考、评价，让学生用数学眼光看世界，借助数据支撑观点，用数学语言表达世界。

### 3. 以学生为主体，落实学科育人

通过从熟悉到陌生、从特殊到一般、从具体到抽象的研究方法，引导学生通过独立思考、小组合作，完成百分位数概念的建构和百分位数计算方法的总结；借助图形计算器快速完成数据收集、整理，鼓励学生借助技术手段进行数据处理，通过独立思考、小组交流做出决策等，这些过程都体现以学生为主体，关注学生的发展，有利于学生理性思维的发展。

# 第三节 数学概念课课例分析（二）

在第二节中，我们提出概念课教学可以按图 2.2.1 的过程进行备课和讲课。本节我们仍按照此过程进行课例分析。

我们看下面这个案例。

## 课题 导数的概念

授课人：北京市陈经纶中学 王小平

本节课选自新教材人教 A 版选择性必修二。

### 【备课环节】

#### 1. 教学内容分析

在中学数学中，导数具有相当重要的地位和作用，导数是众多知识的交汇点，是解决函数、不等式、数列、几何等多章节相关问题的重要工具，它是函数学习的延续和深化，也是对极限知识的发展，同时为后续研究导数的几何意义及应用打下必备的基础，起了承前启后的重要作用。

自 17 世纪牛顿和莱布尼兹发明微积分之后，微积分得到了突飞猛进的发展，并广泛应用于物理学、天文学、经济学等其它学科和生产生活的各个领域，推动了科学技术的迅猛发展，揭开了人类事业发展的新篇章。导数的概念是导数这一章的重点内容，用导数处理函数的相关问题更具普遍性，把运算对象作用于导数上，可使我们扩展知识面，感悟无限逼近的极限思想，从而运用更为一般的方法解决或简化中学数学中的问题。

导数的概念这一节课在教学中和学生一起从几何直观和数值逼近两个角度感知瞬时变化率，结合不同情境中的问题，抽象概括出导数概念，进而应用导数概念解决具体问题。教学设计重在对“四基”“四能”（基础知识、基本技能、基本思想、基本活动经验，发现和提出问题的能力、分析和解决问题的能力）的培养，突出数学抽象、直观想象、数学运算和数据分析四大数学核心素养。从学生认识发展的角度讲，教学设计重在让学生经历从感性到理性、从猜测到验证、从具体到抽象的过程。

导数的概念通过将实际问题数学化，学生能在情境中抽象出数学概念，积累从具体到抽象的活动经验；运用数学抽象的思维方式解决问题，自觉地把教学目标的落实、融入教学过程之中。通过演绎导数的形成、发展和应用过程，帮助学生主动建构概念，重点突出概念教学，突出研究过程。从系统的高度去理解、把握每一个概念，着眼于每个环节的内涵和与它以外事物的关联以及相互联系的规律。

依据高中生的认知水平，利用三个不同领域的例子创设情境，从解决问题的数学表达式的结构出发，经历从平均变化率到瞬时变化率的过程，用直观形象的“无限逼近”方法引入瞬时变化率，从而定义导数，深入浅出地展示导数概念的要领和实质。

本节课的教学重点为：导数定义的形成过程和导数的内涵。

**2. 教学问题诊断分析**

通过对高一物理中平均速度、瞬时速度及上节课中平均变化率、数学中的无限逼近的学习，学生已经对变化率的概念有了初步的了解和直观的认知，这些将对本节课（导数的概念）的学习起到重要的铺垫作用。此外，我所任教班级的学生思维活跃，学习积极性高，已经基本具备了对数

学问题进行合作探究的意识与能力。学生能够应用图形计算器，可以借助 Excel 进行计算，解决简单的数学问题。

在课前（讲平均变化率之前）进行了如下问题的问卷调查：

（1）生活中需要研究瞬时变化率的情况（　　）。

A. 很少，几乎没有

B. 有一些

C. 很多领域都有

（2）在高台跳水运动中，$t$ 时刻运动员相对于水面的高度 $h(t)=-4.9t^2+6.5t+10$，运动员在 $0\leqslant t\leqslant\frac{65}{49}$ 这段时间里的平均速度为（　　）。

A. 0

B. 1

C. 没有办法计算

（3）你认为能准确描述物体运动状态的物理量是（　　）。

A. 平均速度

B. 瞬时速度

C. 不能确定

（4）在某一时间段内物体运动的平均速度与在这一时间段内某一时刻的瞬时速度之间的关系如何？（　　）。

A. 没有关系

B. 有紧密关系

C. 根据具体运动，没有确定的结论

统计学生作答的数据，反映出来的状况如图 2.3.1 所示。

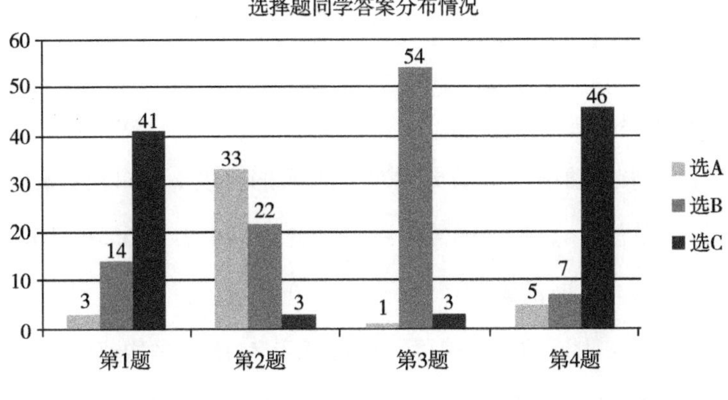


图 2.3.1

可以看出，许多学生在求平均速度时，不太会用函数的方法解决问题，对求高台跳水问题中 $0\leqslant t\leqslant\frac{65}{49}$ 的平均速度，思路不够清晰，不能结合物理中所学的方法，很好地解决这个问题，进一步的，再从实际问题抽象出导数的概念可能会有一定的困难。

教学难点：对导数概念的理解。

**3. 教学目标**

根据课程标准，基于上述分析，确定本课时的教学目标如下：

（1）通过对不同背景的分析，与学生共同体验由平均变化率到瞬时变化率的过程，体会导数概念的形成过程。

（2）领会瞬时变化率的实质，形成导数概念，给出导数的严格数学定义，了解导数的内涵。

（3）通过导数概念的形成过程，学习归纳、类比的推理方式；体验有限与无限、特殊与一般、化归与转化的数学思想；提高广泛联系、抽象概括能力；培养正确认识量变与质变、运动与静止等对立统一观点，形成正确的数学观。

## 【讲课环节】

### 研究瞬时速度

在高台跳水运动中，运动员相对于水面的高度 $h$（单位：m）与起跳后的时间 $t$（单位：s）存在函数关系 $h(t) = -4.9t^2 + 6.5t + 10$。请同学们求运动员在 $t = 2$s 时的瞬时速度。

先计算 $t = 2$s 附近的平均速度，然后感受 2s 附近平均速度的变化。

（1）引导学生采用简洁的数学表达式计算运动员在 $[2 + \Delta t, 2]$（$\Delta t < 0$）及 $[2, 2 + \Delta t]$（$\Delta t > 0$）的平均速度。

（2）教师根据课堂情况，合理调整四个学习小组的探究任务，努力做到学生动手计算的过程中，既有从左边逼近 2s 时平均速度的数值，也有从右边逼近 2s 时平均速度的数值，两次体会无限逼近的数学思想。

（3）教师收集方案，请小组派代表在台前展示探究结果或历程，教师在选择展示方案时，注意安排展示的次序，引导学生在思维及解决问题的方式上面均有提升。

### 方案展示

**方案 1**：首先动手算 $\bar{v} = \dfrac{h(2 + \Delta t) - h(2)}{\Delta t} = -13.1 - 4.9\Delta t$，当 $\Delta t \to 0$ 时，$-13.1 - 4.9\Delta t$ 的极限值就是运动员在 $t = 2$s 时的瞬时速度。

**方案 2**：部分同学用图形计算器逼近，其他同学用电脑计算。

（1）首先利用 $\bar{v} = \dfrac{h(2 + \Delta t) - h(2)}{\Delta t} = -13.1 - 4.9\Delta t$ 得到最简结果，然后利用图形计算器或电脑进行计算，大大简化计算过程。

（2）计算运动员在 $[2 + \Delta t, 2]$（$\Delta t < 0$）和 $[2 + \Delta t, 2]$（$\Delta t > 0$）的平均速度，既有从左边逼近、也有从右边逼近 2s 时平均速度的数值，两次体会无限逼近的数学思想。

**方案 3**：利用图形计算器进行探究，追踪函数图象上一些点的横坐标及在这点处的切线的斜率，形成二维表格，再利用表格中的数据，生成出散点图，观察散点的分布情况，拟合出关于时间 $t$ 与其对应的瞬时速度 $v$ 的函数图象，如图 2.3.2。

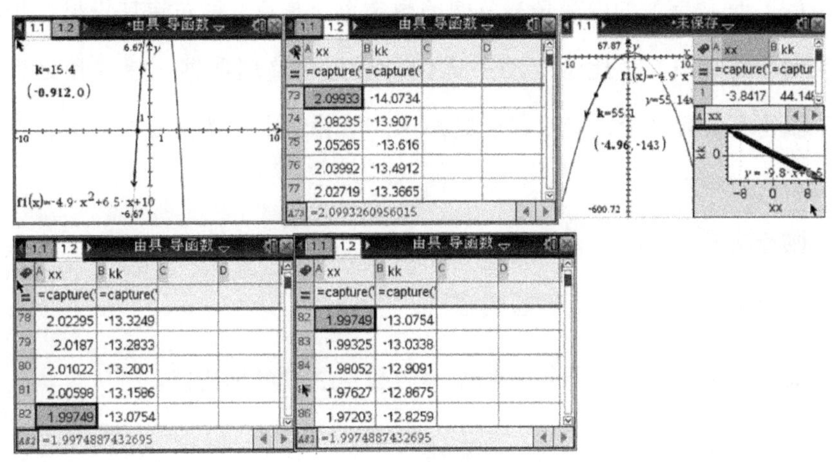


**图 2.3.2**

**师生活动**：

（1）组长或小组代表上台展示本组的具体实施步骤、计算过程、计算结果以及从中发现的规律。

（2）教师结合学生展示情况，作必要的说明和讲解。

（3）解决了我们提出的问题，当 $\Delta t$ 趋于 0 时，运动员的平均速度趋于一个确定的值 -13.1，即：运动员在 $t=2\text{s}$ 时的瞬时速度为 $-13.1\text{m/s}$。

（4）教师介绍符号表示，学生解释符号含义。为了表述方便，数学中用简洁的符号来表示，即 $\lim\limits_{\Delta t \to 0}\dfrac{h(2+\Delta t)-h(2)}{\Delta t}=-13.1$。

**设计意图**：（1）熟悉符号，鼓励学生尝试用 $\bar{v}=\dfrac{h(2+\Delta t)-h(2)}{\Delta t}$ 来计算高台跳水运动员在 $t=2\text{s}$ 前后的平均速度，通过动手计算，培养学

生分析、比较和推理能力；

（2）让学生在亲自计算的过程中感受和观察逼近的趋势，这种计算非常美妙，用静态的计算刻画了动态过程的瞬间，就像高速摄影的定格一样；

（3）理解导数的内涵是本节课的教学重、难点，通过层层设疑，把学生推向问题的中心，让学生动手操作，收集和整理数据，理解和处理数据，获得和解释结论，概括和形成知识，培养学生的数据分析素养，突出重点，突破难点。

**师生活动：**

引导学生对无限逼近思想的感悟：

对 $\bar{v}=\frac{h(2+\Delta t)-h(2)}{\Delta t}=-4.9\Delta t-13.1$ 的再认识。

引导学生从一次函数的角度解释：

$\bar{v}=\frac{h(2+\Delta t)-h(2)}{\Delta t}=-4.9\Delta t-13.1$，当 $\Delta t\to 0$ 时，$\bar{v}=-4.9\Delta t-13.1\to -13.1$

通过数与形的结合，扫清了学生的思维障碍，更好地突破了教学的难点，让学生感受数学的简洁美，加深学生对知识的认识和理解。

**设计意图：**（1）学生对概念的认知需要借助大量的直观数据，以便观察、比较、归纳、提炼实质。

（2）让学生经历观察、分析、比较、归纳、发现规律的过程，体会瞬时速度的含义。

**备注：**在这里应给予学生充分思考、讨论的时间和空间，引导他们说出自己的发现，并逐步修正到最终的结论为止。

从瞬时速度抽象到瞬时变化率：

平均速度：$\bar{v}=\frac{h(2+\Delta t)-h(2)}{\Delta t}=-4.9\Delta t-13.1$

瞬时速度：$\lim\limits_{\Delta t\to 0}\frac{h(2+\Delta t)-h(2)}{\Delta t}=-13.1$

从具体抽象到一般：从 $t=2\text{s}$ 到 $t=t_0$ 时的瞬时速度表示。

**师生活动：**

（1）带领学生回顾探求 $t=2\text{s}$ 时瞬时速度的全过程。

（2）引导学生继续思考：运动员在某个时刻 $t_0$ 的瞬时速度如何用式子表示？

（3）引导学生意识到将 $t_0$ 代替2，可类比得到：$\lim\limits_{\Delta t\to 0}\frac{h(t_0+\Delta t)-h(t_0)}{\Delta t}$。

**设计意图：**从特殊点 $t=2$ 上升到任意点 $t=t_0$ 瞬时速度的表示，从数量与数量关系、从事物的具体背景中抽象出一般规律和结构，并用数学语言予以表征，发展学生的数学抽象素养。

**此环节的点评：**

教学应该回归真实情境，促进学生有效学习。教学中设计学生探究活动：如何求运动员在 $t=2\text{s}$ 时的瞬时速度？课堂上以学生为主体，把时间留给学生，学生在观察和计算的过程中感受逼近的趋势，还有的同学利用图形计算器进行探究，追踪函数图象上一些点的横坐标及在这点处的切线的斜率，形成二维表格，再利用表格中的数据，生成出散点图，观察散点的分布情况，拟合出关于时间 $t$ 与其对应的瞬时速度 $v$ 的函数图象。

在上述过程中，教师注重引导学生把瞬时速度与熟悉的平均速度相联系，并进一步通过对测速仪原理的分析，使学生获得解决瞬时速度的思想方法。学生不断获得感受。同时，从数值、解析式和物理学三个角度考察平均速度的变化趋势，使学生多维度地认识了瞬时速度的意义。在探究活动中，教师始终把活动的落脚点放在从具体抽象到一般的过程上，使导数

概念的生成水到渠成。

根据上面的探究，对于一般函数 $v=f(x)$ 在 $(x_0, f(x_0))$ 处的切线斜率该怎么表示呢？学生第一次完成从具体抽象到一般：$\lim\limits_{\Delta x \to 0}\dfrac{\Delta y}{\Delta x}=\lim\limits_{\Delta x \to 0}\dfrac{f(x_0+\Delta x)-f(x_0)}{\Delta x}$。

你会表示运动员在 $t=t_0$ 时的瞬时速度吗？

学生第二次完成从具体抽象到一般：$\lim\limits_{\Delta \to 0}\dfrac{h(t_0+\Delta t)-h(t_0)}{\Delta t}$。

本节课的流程如图 2.3.3 所示。

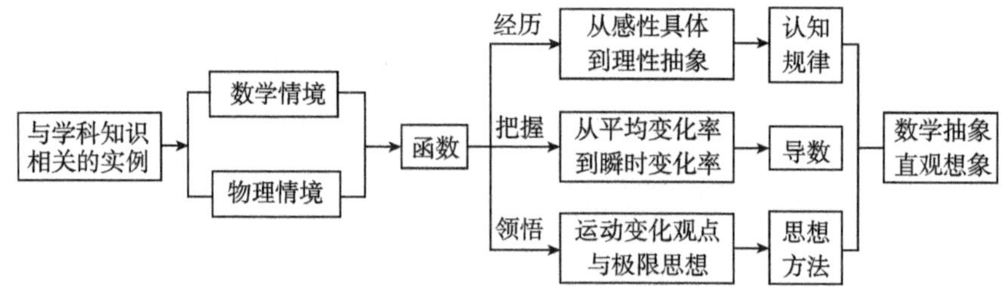


**图 2.3.3**

**【专家点评】**

本节课以学生为主体，在导数概念生成过程中获得数学抽象的体验；在知识建构过程中感悟研究问题的方式、方法，积累活动经验；在解决问题的过程中，深化对知识的理解与应用。

本节课初步实现了课标的要求："了解导数是如何刻画瞬时变化率的，进而感悟极限的思想"，"能够通过具体情境，直观理解导数的概念，感悟极限思想，知道极限思想是人类深刻认识和表达现实世界必备的思维品质"。

教师采用直观、学生易于接受的方式铺垫必要的思想方法，为导数的概念及微积分定义的教学打下良好的基础，并突出导数概念形成过程中数学思想方法的内化，如：体会极限思想，感悟从量变到质变的辩证思想，通过了解微积分的创立与发展的过程，激发学生的学习兴趣。本节课也关注“四基”“四能”的培养，设置了自主探索、动手实践、小组合作交流等多种学习活动方式，“能表达”“会表达”，发展学生“做数学”“用数学”的意识，从而突出“四基”中的“基本活动经验”，把培养数学抽象和直观想象素养落到了实处。

本节课按照概念教学的一般流程，在对两个不同类型的典型实例进行分析的基础上，对它们进行比较、综合，并舍去其物理背景和几何背景，得出它们的共同本质特征，从而得到其本质属性，进而抽象概括出导数的概念，并用准确的数学语言予以表述，概念的形成和概念的明确与表示一气呵成。

## 第四节　数学概念课课例分析（三）

在前两节中，我们提出概念课教学可以按图 2. 2. 1 的过程进行备课和讲课。本节课我们仍按照此过程进行课例分析。

我们看下面这个案例。

### 课题　方程的根与函数的零点

授课人：北师大附属实验中学　白玉娟

本课节选自人教 A 版教材必修第一册第三章

## 【备课环节】

### 1. 教学内容分析

本节课是必修一第三章“函数的应用”的第一课时。主要内容是学习函数零点的概念，应用数形结合思想方法，发现函数与方程的联系，探究零点存在性定理并进行应用，为下一节“用二分法求方程的近似解”做准备。

零点可以看作函数概念的一个子概念，是函数概念外延的一次扩充。它从不同的角度，将数与形，函数与方程有机地联系在一起。

从零点本身看，它为方程与函数提供了连接点，揭示了两者之间的本质联系。

从与函数相关的知识网络看，函数的零点是对函数概念的延续和拓展。

从高中数学学习看，用函数的观点解方程问题，是将局部放在整体中研究，将“静态”的结果放在“动态”的过程中研究，将确定的方程的根通过一种不确定的解来逼近，用联系的观点看待数学对象。

本节课是在学习了基本初等函数的基础上，通过对函数与方程的探究，对函数的应用进行进一步的认识，解决方程根的存在性问题，也为今后进一步学习函数与其他知识的联系奠定了基础。

### 2. 教学问题诊断分析

**知识基础：**

在初中阶段，学生已经熟练掌握一元一次方程、一元二次方程的求解方法，掌握了一次函数、二次函数的图象，并且初步认识到方程与函数的联系（如：可将求二次函数与 $x$ 轴交点问题转化为求一元二次方程根的问题）。在高中阶段，学生已经学习了函数概念，掌握了部分基本初等函数的图象、性质及其简单应用。

**能力基础：**

通过前面的学习，学生已经具备一定的看图、识图能力，可将图象中的部分信息进行代数表示，这为本节课利用函数图象推导零点存在性定理提供了一定的能力基础。

**情感基础：**

方程是初中数学的重要内容，但是以现有知识可解出的方程种类有限，而利用函数知识解决方程问题，扩充可求解方程的种类，学生是存在内在动机的，因此学生具备了学习本节课的情感基础。

**可能遇到的困难：**

（1）学生在高一学习函数时，在认识函数在高中数学学习中的核心地位、建立起函数与其他知识的联系上存在困难；

（2）在解决函数问题时应用方程知识学生比较熟悉，而利用函数知识解决方程问题学生比较陌生；

（3）由于函数的连续性，简单逻辑用语等知识还未学习，学生在借助函数图象发现零点存在性定理并进行准确表述时会遇到困难。

从前面获得的数据可以看出，学生对于方程根的概念，解一元一次方程、一元二次方程和画简单函数图象掌握较好，初步体会了数形结合的思想方法。通过访谈，我还发现学生具有较强的求知欲，能够使用几何画板画一些简单函数图象。但是学生对利用函数知识解决方程问题比较陌生，借助函数图象发现零点存在性定理并进行准确表述时会遇到困难。

根据课程标准，结合以上分析，确定本节课的教学重点是方程的根与函数的零点的关系，零点存在性定理；教学难点是函数零点存在性定理的发现。

**3. 教学目标**

（1）能针对具体方程（如二次方程），说明方程的根、相应函数图象

与 $x$ 轴的交点以及相应函数零点的关系。

（2）能借助具体函数的图象，发现零点存在性定理，并能利用函数的图象与性质判断某些函数的零点个数和求出零点所在区间。

（3）通过研究具体的二次函数到研究一般的函数，经历“类比→归纳→应用”的过程，提高观察、分析、概括的能力，初步形成从具体到抽象，从特殊到一般的思维习惯。

（4）通过函数与方程的联系，体验数形结合思想方法和转化思想方法的意义和价值，感受对立与统一的辩证观点。

**【讲课环节】**

**1. 复习引入，铺垫新课**

提出问题：求下列方程的根。

$2x+3=0$，$x^2-2x-3=0$，$\ln x+2x-6=0$。

**【预案】**

（1）学生用以前学习过的方程解法进行尝试。

（2）学生用特殊值法进行估算。

（3）学生将方程进行变形，如变形为 $\ln x=-2x+6$，转化为两个函数交点的问题。

（4）学生会建立方程与函数 $f(x)=\ln x+2x-6$ 的联系，并尝试画出函数图象解决问题。

**【设计意图】**从学生最熟悉的问题入手，从“最近发展区”提问，为学生认识方程与函数的关系打下基础。第三个方程源于对教材例 1 进行的二次处理，但是对于函数 $y=\ln x+2x-6$ 学生会感到有些陌生，很难通过它建立起方程与函数的联系，所以在前面设置了两个学生熟悉的方程进行铺垫。

### 2. 初步探索，概念形成

探究任务 1：函数零点与方程的根的关系

（1）画出函数 $y=x^2-2x-3$ 的图象，观察与方程 $x^2-2x-3=0$ 的联系。

教师引导学生将方程的左边与函数建立联系，再通过作图，引导学生发现：方程 $f(x)=0$ 的根即函数 $y=f(x)$ 与 $x$ 轴交点的横坐标。

初步提出零点的概念：$-1$、$3$ 既是方程 $x^2-2x-3=0$ 的根，又是函数图象与 $x$ 轴交点的横坐标，也是函数 $y=x^2-2x-3$ 在 $y=0$ 时 $x$ 的值。$-1$、$3$ 在方程中称为实数根，在函数中称为零点。

零点定义：对于函数 $y=f(x)$，我们把使 $f(x)=0$ 的实数 $x$ 叫做函数 $y=f(x)$ 的零点。

（2）分析下列两个一元二次方程和其对应的二次函数，分别说出方程的根、函数与 $x$ 轴的交点和函数的零点，并找到其中的关系。

方程 $x^2-2x+1=0$，

方程 $x^2-2x+3=0$。

**【设计意图】**以学生熟悉的二次函数图象和一元二次方程为平台，观察方程和函数形式上的联系，从而得到方程实数根与函数零点之间的关系。

如图 2.4.1，通过观察，引导学生发现方程 $f(x)=0$ 的实数根、函数 $y=f(x)$ 的图象与 $x$ 轴的交点、函数 $y=f(x)$ 的零点三者之间有什么关系。

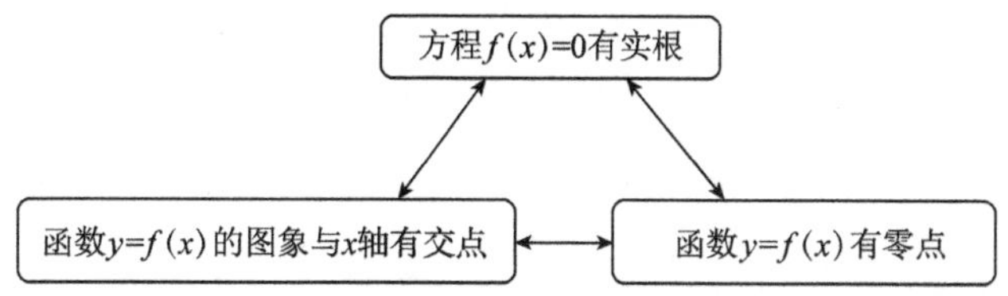


**图 2.4.1**

**【设计意图】** 利用已有知识发现新知识，这个环节的设计遵循从特殊到一般的认知规律，从二次函数入手，建立函数零点与方程根的联系，从而理解有些方程问题可以转化为函数问题来求解。

再回到本节课开始提出的问题，求方程 $\ln x+2x-6=0$ 的根，我们可以将方程问题转化为函数问题进行解决。

**【点评】**

本阶段的主要任务是探究函数零点的概念，发现函数的零点与方程的根的关系。如何设计活动帮助学生完成这个探究呢？教师从学生最熟悉的问题入手，从“最近发展区”提问，利用已有知识发现新知识，遵循从特殊到一般的认知规律，为学生归纳方程与函数的关系打下基础。

**3. 探究定理，完善辨析**

探究任务 2：零点存在性定理

提出问题：满足什么条件的函数才有零点？如果一个函数有零点，图象会有什么特征呢？你能用数学语言描述吗？

借助二次函数 $y=x^2-2x-3$ 的图象进行分析，引导学生从特殊到一般进行归纳。

**【预案】**

（1）学生的思维局限于刚才探究中的二次函数，因此提出“$\Delta\geqslant0$”，此时进一步追问：对于一般函数呢？

（2）学生根据等价关系回答函数有零点，即函数图象与 $x$ 轴有交点，此时引导学生观察函数图象，借助函数 $f(x)=x^2-2x-3$ 在区间 $[-2,1]$ 和区间 $[2,4]$ 内各有一个零点，在这两个区间内，函数图象有什么特点？函数值的变化有什么特点？将图象特征代数化，得到二次函数在闭区间内有零点的函数值的变化规律。进一步追问：是不是满足这一规律就一定有零点（对于二次函数）？

（3）推广到一般函数，是不是也成立？为什么？需要添加什么条件？

引导学生推导出零点存在性定理。

一般地，我们有：如果函数 $y=f(x)$ 在区间 $[a,b]$ 上的图象是连续不断的一条曲线并且有 $f(a)\cdot f(b)<0$，那么函数 $y=f(x)$ 在区间 $(a,b)$ 内有零点，即存在 $c\in(a,b)$，使得 $f(c)=0$，这个 $c$ 也就是方程 $f(x)=0$ 的根。

**【设计意图】**证明函数在某个区间内存在零点，是一个从图象的直观到抽象的代数证明的理性思维过程。从学生现有的知识出发，教学应立足于从图象直观来认识，但学生的思维往往会局限于二次函数中，因此要引导学生从整体到局部观察函数图象特征，再进行抽象的代数表示，让学生体验从特殊到一般、从形到数的探究过程。

**【思考】**

①若 $f(a)f(b)>0$，函数 $y=f(x)$ 在区间 $(a,b)$ 上一定没有零点吗？

②若 $f(a)f(b)<0$，函数 $y=f(x)$ 在区间 $(a,b)$ 上只有一个零点吗？可能有几个？

③若 $f(a)f(b)<0$ 时，增加什么条件可使函数 $y=f(x)$ 在区间在 $(a,b)$ 上只有一个零点？

学生通过画图，小组讨论，寻找问题的答案。

**【设计意图】**通过这三个问题，让学生对定理进行深入思考和理解，并得到结论。当连续函数单调且在两端点处的函数值异号时，函数存在唯一零点。这为后面问题的解决作了铺垫。

**【点评】**

本阶段的主要任务是对零点存在性定理的探究。通过设计问题串，借助二次函数 $y=x^2-2x-3$ 的图象进行分析，引导学生从特殊到一般进行归

纳。同时设计辨析问题，打破学生的思维局限，引导学生从整体到局部观察函数图象特征，再进行抽象的代数表示，让学生体验从特殊到一般、从形到数的探究过程，深入理解和掌握定理。

**4. 应用定理，解决问题**

求函数 $f(x)=\ln x+2x-6$ 的零点个数。

引导学生结合函数性质，判断零点个数，利用零点存在性定理确定零点所在区间。

**【预案】**

让学生计算以下函数值，$f\left(\frac{1}{e}\right)=\frac{2}{e}-7<0$；$f(1)=-4<0$；$f(2)=\ln 2-2<0$；$f(e)=2e-5>0$；$f(3)=\ln 3>0$；$f(e^2)=2e^2-4>0$ 等，再应用零点存在性定理，发现零点所在区间。

**【设计意图】** 再次回到本节课开始提出的问题，体会本节课内容的价值，即方程问题转化为函数问题，应用函数的性质及零点存在性定理解决方程根的问题。

**5. 课堂小结，布置作业**

**课堂小结：**

知识：函数的零点，方程的根，零点存在性定理

思想方法：转化，数形结合，函数与方程

**【设计意图】** 再次明确这节课所解决的问题，并希望通过这样的提问帮助学生将所学新知识内化为解决问题的方法。

**【专家点评】**

本节课采用启发与探究相结合的教学方式，有如下三个突出特点：

1. 以问题解决串联整节课的过程

本节内容的核心是函数的应用，首先要解决的问题就是让学生认识到学习函数零点这一内容的必要性，因此，用方程 $\ln x+2x-6=0$ 的研究过程串联了本节课的主要内容，通过探究等价关系转换研究角度，使零点存在性定理的学习增加了函数的“应用点”，最终解决了方程根的问题，整个过程体现了函数的广泛应用性。

2. 给予充足时间和空间，让学生参与数学活动

在学习零点存在性定理的过程中，概括图象特征，把图象特征转化为代数表示是本节课的难点。在定理探究时，老师创设了较大的思维空间，让学生任意画函数图象，并且在这个环节留给学生充足的时间体验知识的形成过程，让学生进行全面深入的思考，经历完整的定理探究过程，实现了由“形”到“数”的跨越。

3. 移动小黑板使课堂互动更加及时、有效

在本节课中，学生展示环节没有采用传统的实物投影，而是使用了移动小黑板，让学生将探究的过程和结果以动态的形式展现。在探究中，应当关注的不仅是画图的结果，还要关注学生绘制的过程；在问题解决中可能会产生分歧，因此还需要即时地反映学生思维变化和小组讨论的过程，这些都是传统的方式无法展现的，学生都积极动手在小黑板上留下自己的想法，提高了课堂的效率和学生的参与度，激发了学生的表现欲。

总之，在概念教学时，我们要考虑数学概念的发生过程，创设并有效依托具体情境，着重关注抽取出概念特征的过程。引导学生体验概念产生的过程，帮助学生了解知识产生过程，内化蕴含在其中的数学思想方法。

在高中数学课程中，核心概念在发展学生的数学抽象等数学学科核

心素养方面发挥着不可替代的作用。在核心概念的教学中，应注重对典型丰富实例细致地解剖麻雀，引导学生展开观察、分析各实例的属性的数学活动，并挖掘其中所蕴含的科学方法、理性思维过程和价值观资源，进而分析出实例中蕴含的概念的本质属性，为抽象概括出概念奠定坚实的基础。①

① 李龙才《典型实例解剖麻雀　导数意义昭然若揭》中学数学教育 2019 年第 5 期

# 第三章 研究问题的思维方法是怎样在定理教学中内化的

学生在数学学习中，除了获得必要的数学知识和技能之外，还需要感悟数学基本思想，积累数学思维活动和实践活动的经验。思想的感悟和经验的积累是一种隐性的东西，但恰恰就是这种隐性的东西在很大程度上影响人的思想方法，因此，对学生，特别是对那些未来不从事数学工作的学生的重要性是不言而喻的，这是学生数学素养的集中体现，也是“育人为本”教育理念在数学学科中的具体体现。显然，思想的感悟和经验的积累仅仅依赖教师的讲授是不行的，更主要的是依赖学生亲自参与其中的数学活动，依赖学生的独立思考，这是一种过程的教育。

依据上面的说法，对于数学教育，“过程教育”所说的“过程”，不是数学知识产生的过程，也不是数学家所描述的数学思维过程，而是学生自己理解数学的思维过程。

一个人会想问题，不是学习的结果，而是经验的积累，是学生在独立思考的过程中逐渐形成的思维习惯。因此，在基础教育阶段，一个好的数学教育应当更多地倾向于培养学生数学思维的习惯，像我们在前面谈到过的那样：会在错综复杂的事物中把握本质，进而抽象能力强；会在杂乱无章的事物中理清头绪，进而推理能力强；会在千头万绪的事物中发现规律，进而建模能力强。这些，恰恰是数学基本思想的核心。①

① 史宁中《数学基本思想 18 讲》

怎么把学习数学知识的过程变为学生自己理解数学的思维过程？理解，这就需要有理解的方法，下面，我们试着从案例中，感受一下在学习定理过程中如何形成学生自己理解数学的思维过程。

## 第一节　研究定理的案例

如何探究几何中的定理？可以参照如图 3.1.1 的思维过程，其中研究几何问题的思维方法是统领。

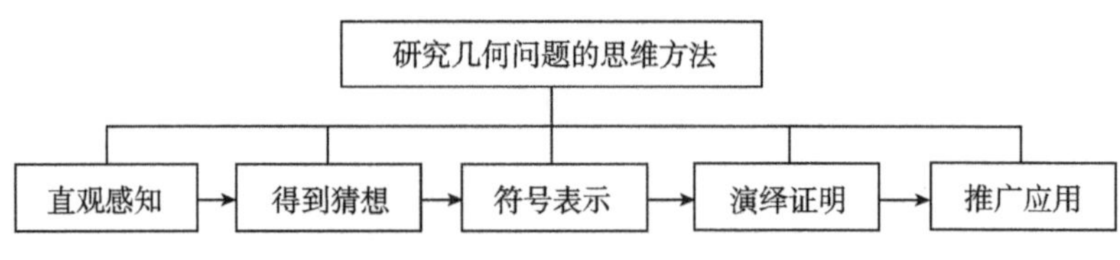


**图 3.1.1　探究几何中定理的思维过程**

**【案例 1】**探究三角形全等的判定方法

**活动一：复习旧知，回忆方法**

教师：同学们思考一下，知道平行线定义之后我们是如何学习两直线平行的判定方法的？

点评：这个问题值得思考，学习三角形全等的判定方法之前，应该复习全等三角形的定义，为什么先要复习如何学习两直线平行的判定方法？这里指向的是平面几何的研究方法，即：

研究流程：定义——基本事实——判定定理。

研究方法：利用研究角的数量关系，决定两条直线的位置关系（即数量关系决定了位置关系）。

学生结论（老师协助）：通过实验验证得到“同位角相等，两直线平行”的基本事实，并且在这个基本事实推理的基础上得到另外两个判定定理。教师再次引导学生发现，我们是通过角的数量关系决定了两直线平行的位置关系，为后续探究提供思路。

教师：现在我们已经知道了全等三角形的定义，你能根据学习平行线判定方法的经验，谈谈如何探究三角形全等的判定方法吗？

点评：在学习平行线时，已经有了研究几何问题的经验，而再用此经验研究新知识——全等三角形的判定，这种经验的积累，一次次地内化，促成学生在独立思考的过程中逐渐形成平面几何的思维习惯。

学生有些无从下手。

教师：全等三角形是研究两个图形的位置关系（是否重合问题），平行线也是研究两个图形的位置关系，我们类比一下二者的研究方法（如表3.1.1所示）：

**表3.1.1　平行线和全等三角形研究方法类比**

| 研究内容 | | 平行线 | 全等三角形 |
| --- | --- | --- | --- |
| 定义 | | 在同一平面内，没有公共点的两条直线，叫平行线。 | 三条边及三个角都对应相等的三角形为全等三角形。<br>此时，两个三角形能够完全重合。 |
| 判断方法 | 基本事实 | 两条直线被第三条直线所截，如果同位角相等，那么这两条直线平行。 | 用哪些几何要素的数量关系来研究其是否完全重合呢？ |
| | 判定定理1 | 两条直线被第三条直线所截，如果内错角相等，那么两直线平行。 | |
| | 判定定理2 | 两条直线被第三条直线所截，如果同旁内角互补，那么两直线平行。 | |

总体思路：定义—基本事实—判定定理，而基本事实和判定定理都是判断方法，我们是通过研究角的数量关系（即图形基本元素的数量关系）来得到两条直线位置关系的。

学生：我们也可以从角的数量关系来判断两个三角形全等。

一名学生举起两个内角分别为30°，60°，90°但大小不一样的三角板，说：只用角不能说明两个三角形全等，因为这两个三角形有可能大小不一样。

教师：怎么解决这个问题呢？

学生：再加上边，应该可以了。

教师：为什么要加上边？

学生：如果只有角，则三角形大小会改变，可能不重合。加上边，可以把大小固定。

教师：精彩！三角形的基本元素是边与角，下面，试试从边与角的数量关系入手，探究两个三角形全等的条件。

**活动二：实践操作，猜测结论**

教师：画出两个全等的三角形，并且在画图过程中猜想两个三角形全等的判定方法。

有的学生通过画图举反例的方式，说明满足一个条件和两个条件以及三个角分别相等的两个三角形不能作为三角形全等的判定方法。有的学生画图猜想“SSS”“SAS”“ASA”“AAS”可以作为三角形全等的判定方法。

教师引导学生从元素少的“边边边”开始探究，满足三边分别相等的两个三角形是否可以作为三角形全等的判定方法。

**操作**：画一个三条边长分别是4cm，5cm和7cm的三角形，把你画的三角形剪下来，并且与同伴所画的三角形进行比较，你能得到什么结论吗？

学生交流画法：先画一条7cm长的线段$AB$，另外一点$C$怎么找呢？学生通过合作，运用圆规成功找到点$C$，并剪下来画的三角形，比较发现可以重合，由此猜想三条边分别相等的两个三角形全等。

教师：我们通过剪纸，得到一个数学结论“三条边分别相等的两个三角形全等”。

学生小声说：不行吧，我们剪的是三边分别为4cm，5cm和7cm的三角形，如果换一组边长，不知道还行不行？

点评：由特殊到一般，需要多组实例，一组不能说明问题，学生能提出此疑惑，难能可贵，要放大这个疑惑，上升到抽象的方法。

教师：思维很缜密！可以试试用计算机画出多组三角形来验证我们的猜想。

点评：这个操作很有意义，既然要抽象多个实例，怎么才能得到多个实例呢？借助信息技术是很好的途径，既可以直观感知，又能合理进行数学抽象。

先任意画出一个$\triangle ABC$，再画出一个$\triangle A_1B_1C_1$，使$A_1B_1=AB$，$B_1C_1=BC$，$A_1C_1=AC$。运用GeoGebra进行合理操作，如图3.1.2所示，观察是否与另一个三角形重合。然后改变$\triangle ABC$的大小与形状，再进行相同的操作，你能发现什么结论？

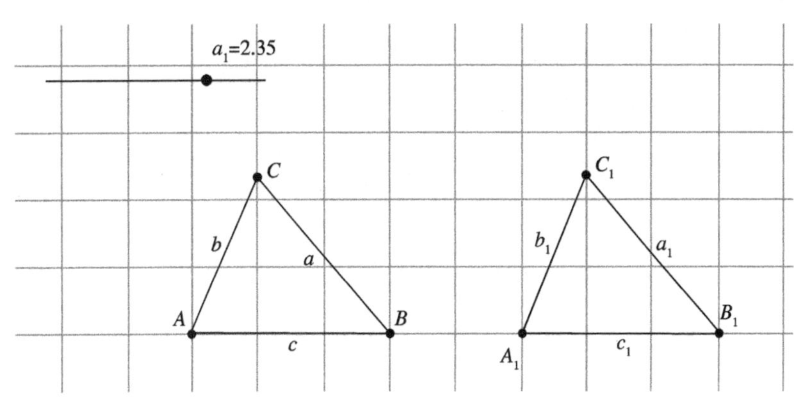


**图3.1.2**

结论：无论两个三角形的大小和形状如何改变，只要三边相等的关系不变，两个三角形就可以完全重合。

教师：我们用实验验证的方式得到了“三条边分别相等的两个三角形全等（SSS）”的基本事实。

**活动三：归纳规律，语言描述**

教师：你能概括得到结论吗？

点评：刚刚是利用实验验证的方法得到的基本事实，是第一次数学抽象，下面要进行第二次数学抽象，即符号化，如表 3.1.2 所示。

学生归纳，相互补充，教师板书。

表 3.1.2 “边边边”的符号比

| 文字语言 | 符号语言 | 图形语言 |
| --- | --- | --- |
| 三条边分别相等的两个三角形全等（可以简写成“边边边”或“SSS”） | 在$\triangle ABC$与$\triangle A_1B_1C_1$中，<br>$\begin{cases}A_1B_1=AB\\B_1C_1=BC\\A_1C_1=AC\end{cases}$<br>所以$\triangle ABC\cong\triangle A_1B_1C_1$（SSS）。 |  |

教师：我们回忆一下刚刚得到基本事实的探究过程。

学生独立思考，小组交流展示，师生共同总结出“边边边”的探究过程是：

实验操作—猜想结论—利用计算机验证—得出“边边边”的基本事实—符号表示。

教师：为什么要用计算机验证呢？

点评：问得好！再次指向数学抽象是要由多个实例中发现其共同规律。

这个基本事实的得到是靠观察、抽象逐渐得到的，但要有思维方法。

首先，利用类比，得到研究问题的方法。对比研究对象的性质，类比得到研究方法。既然都是平面几何问题，那么，类比前面的研究方法就可以得到新对象的研究思路；这节课，从回忆两直线平行的判定方法的思路出发，类比到探究两个三角形全等的判定方法，引导学生发现数学规律，提出有价值的问题。并且注重在探究过程中对数学方法的渗透以及重论据、有条理的思维品质的培养。

其次，利用信息技术，实现数学抽象的客观性。抽象，就是从许多事物中，舍弃个别的、非本质的属性，抽取出共同的、本质的属性。一个例子是个案，得到结论的正确性会受到质疑，如何得到“许多事物”？这时，信息技术的价值就凸显出来了。信息技术的使用，可以提供大量的、丰富的实验，帮助学生更好地理解基本事实，增强学生的学习兴趣，适当地改变学习方式。

最后，利用数学语言表述得到的数学规律。利用直观感受得到的数学规律，还需要用数学符号语言进一步抽象，才能进行运算或推理。

数学知识的学习要依靠情境，这是极为重要的，因为无论是情境的创设，还是问题的提出、思维的引导，都应当源于数学的本质，这个本质就是数学基本思想。

**【案例 2】**平面与平面平行的判定定理设计片段

**活动一：复习旧知，建立联系**

教师：如何得到直线与平面平行的判定方法？

依然是平行问题，我们类比研究直线与平面平行的判定方法来研究平面与平面平行的判定方法，如表 3. 1. 3 所示。

**表 3. 1. 3 “直线与平面平行”“平面与平面平行”判定方法类比**

| | 直线与平面平行 | 平面与平面平行 |
|---|---|---|
| 定义 | 直线与平面无公共点 | 当平面 $\alpha$ 与平面 $\beta$ 没有公共点时，平面 $\alpha$ 与平面 $\beta$ 平行，记作 $\alpha /\!/ \beta$。 |
| 判定方法 | 线线平行→线面平行。 | 能否：<br>线面平行→面面平行？ |

我们用平面外一条直线与平面内一条直线平行，得到直线与平面平行，能否用直线与平面平行得出平面与平面平行呢？

**活动二：类比研究，得到猜想**

1. 定义出发，问题转化

为了解决这个问题，我们还是先看一下两个平面平行的定义，即两个平面平行，则其没有公共点。于是发现：

两个平行平面没有公共点，所以一个平面内的任意一条直线都与另一个平面没有公共点，也就是说如果两个平面平行，那么一个平面内的任意一条直线都与另一个平面平行。

换句话说，如果一个平面内的任意一条直线都与另一个平面平行，那么这两个平面一定平行，如何判定一个平面内的任意一条直线都平行于另一个平面呢？

我们无法做到验证一个平面内的任意一条直线都与另一个平面平行，能不能只验证一个平面内某几条直线与另一个平面平行呢？

2. 实验操作，修正猜想

（1）1 条直线：

若其中一个平面内的一条直线与另一个平面平行，能得出两个平面平行吗？显然不行，如图 3.1.3。

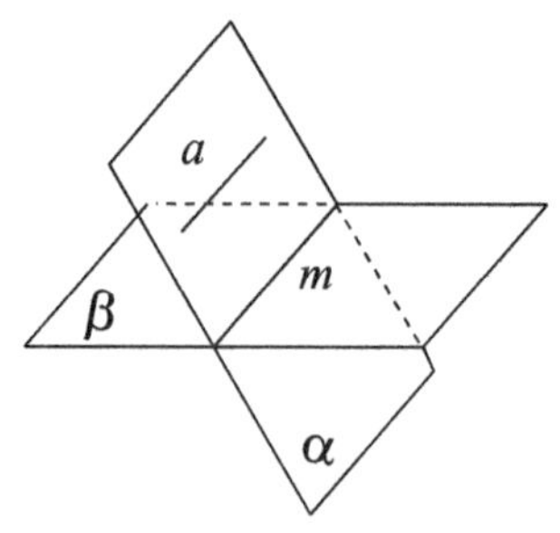


**图 3.1.3**

（2）2 条直线：

由基本事实知，两条平行线可以确定一个平面，两条相交线也可以确定一个平面。

①若其中一个平面内的两条平行线与另一个平面平行，能得出两平面平行吗？显然不行，如图 3.1.4。

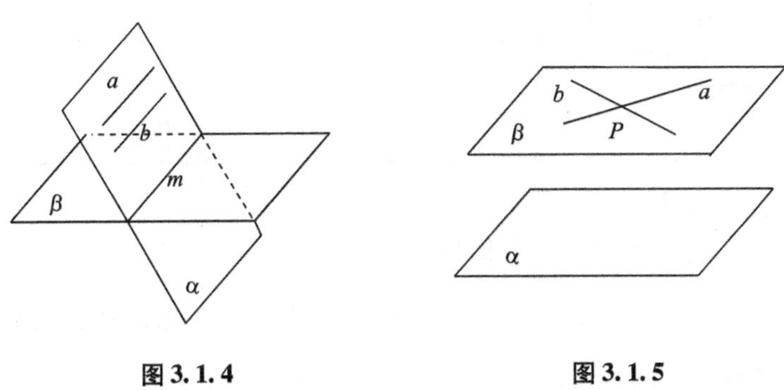


**图 3.1.4** **图 3.1.5**

②若其中一个平面内的两条相交线与另一个平面平行，又如何呢？

即：若 $a\subset\beta$，$b\subset\beta$，$a\cap b=P$，$a/\!/\alpha$，$b/\!/\alpha$，能否得到 $\beta/\!/\alpha$？（实验操作似乎可以，如图 3.1.5）

3. 演绎推理，得到定理

因为两个平面的位置关系有两种，即平行和相交，故我们用反证法试一试。

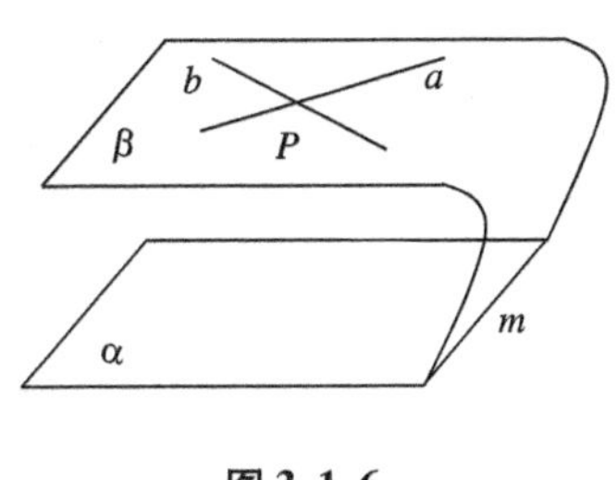


**图 3.1.6**

假设 $\alpha\cap\beta=m$，如图 3.1.6。

因为 $a/\!/\alpha$，$a\subset\beta$，$\alpha\cap\beta=m$，得 $a/\!/m$；

又 $b/\!/\alpha$，$b\subset\beta$，$\alpha\cap\beta=m$，得 $b/\!/m$；

故 $a/\!/b$，与 $a\cap b=P$ 矛盾。

所以假设不成立，即得 $\beta/\!/\alpha$。

4. 数学语言，描述定理

于是，我们得到平面与平面平行的判定定理，如表 3. 1. 4 所示。

**表 3. 1. 4　平面与平面平行的判定定理**

| 文字语言 | 符号语言 | 图形语言 |
|---|---|---|
| 如果一个平面内的两条相交直线与另一个平面平行，那么这两个平面平行。 | 若 $a\subset\beta$，$b\subset\beta$，$a\cap b=P$，$a/\!/\alpha$，$b/\!/\alpha$，则 $\beta/\!/\alpha$。 |  |

在定理学习过程中，我们既内化了研究问题的思维过程，提炼了数学思想方法，也理解了定理之间的逻辑关系，逐渐形成知识网，这个日渐完善的知识网使得我们对数学知识的理解更深刻，面对新的数学研究对象，我们也能很快入手了。

比如，通过研究直线与平面、平面与平面的判定定理的过程，可以得到图 3. 1. 7 的知识网。

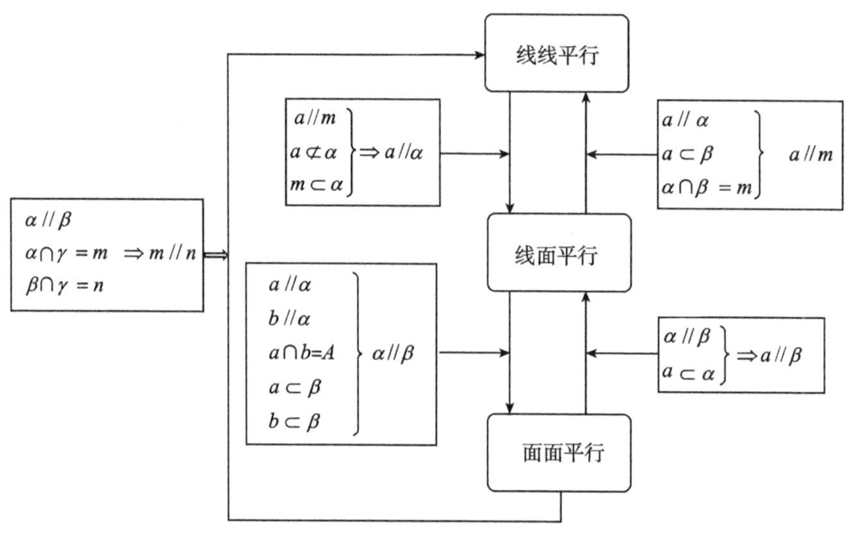


**图 3. 1. 7**

## 第二节 打开立体图形中添加辅助线的“黑匣子”

在定理探究的过程中，我们可以利用直观想象发现规律，进而由基本的几何要素（点、线、面、角、边等）的关系推导出几何图形的位置关系，最终得到定理。这个过程中，我们知道了定理的每个条件都是有作用的，不能少，也不能多，要恰到好处。而应用定理时，要根据演绎推理，凑出这些条件，凑出这些条件的过程，就是构造。

经常听到学生说：“老师，你只要告诉我怎样添加辅助线，我就会证明了。”也就是说，对学生而言，证明的难点在构造辅助线，到底如何添加辅助线呢？

添加辅助线是构造的过程，是在构造一个定理的模型。因此，理解定理的结构、本质、建立定理体系是适当添加辅助线的必要条件。

数学模型是参照某种事物系统的特征或数量依存关系，采用数学语言，概括地或近似地表述出的一种数学结构。数学模型搭建了数学与外部世界联系的桥梁，是数学应用的重要形式。各种概念、公式、法则、定理、方程、函数都可以成为数学模型。而演绎推理的结构是“大前提、小前提、结论”，演绎证明就是在构造大前提（定理）的结构准确的情况下，推理才是正确的。

下面，以立体几何中的平行问题为例，看一下如何添加辅助线以构造定理的结构。

**例 3.2.1** 如图 3.2.1，在正方体 $ABCD-A_1B_1C_1D_1$ 中，点 $N$ 在 $BD$ 上，点 $M$ 在 $B_1C$ 上，且 $CM=DN$，求证：$MN//$平面 $AA_1B_1B$。

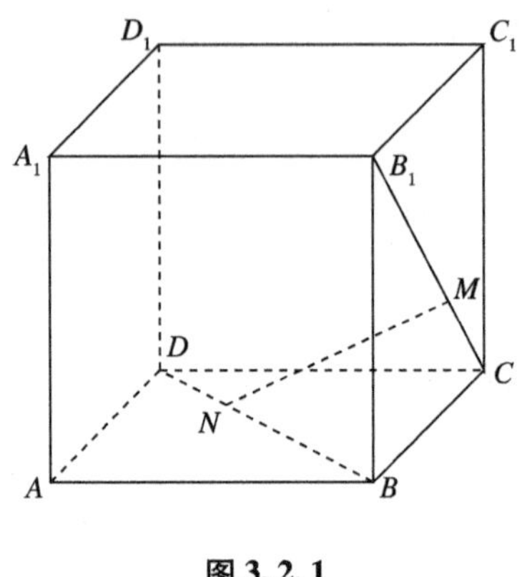


图 3.2.1

【整体步骤】

第一、建立定理体系；理解各种位置关系的联系；如图 3.1.7 所示。

第二、分析解题思路；

三种平行，恰好构成“低”“中”“高”三个层级关系，三个层级可以相互转化，我们要证的是“线面平行”，因此我们可以考虑：是从线线平行出发证明线面平行，还是由面面平行出发证明线面平行。

第三、实施解题过程。

**第一个思路　由线线平行证明线面平行，即由“低”到“中”。**

“线”“线”平行，第一个“线”指平面外的直线，我们要证的就是此直线与平面平行，那么，第二个“线”又是哪一条呢？我们知道它是平面内的一条直线，但到底是哪一条呢？这一条就是我们要添加的辅助线。

这条线是平面内任意一条直线吗？当然不是。

我们反过来想，如果一条直线与平面平行，那么，该直线是否平行于平面内任意一条直线呢？一定不是。

我们再看看直线与平面平行的性质定理：

一条直线与一个平面平行，则过这条直线的任一平面与此平面的交线与该直线平行。

因此，思维过程如表 3.2.1 所示。

**表 3.2.1**

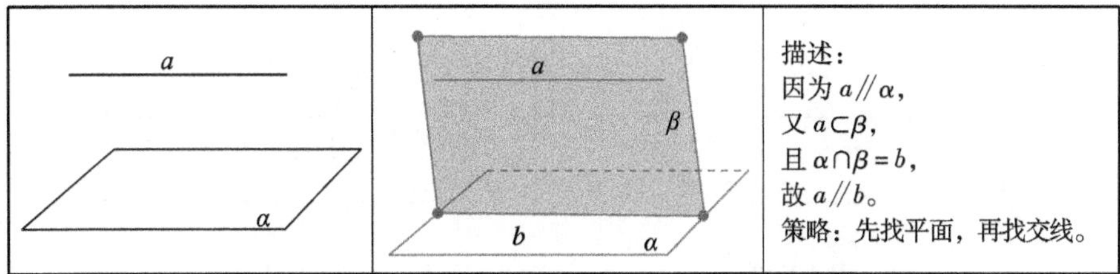


| | | |
|---|---|---|
| | | 描述：<br>因为 $a /\!/ \alpha$，<br>又 $a \subset \beta$，<br>且 $\alpha \cap \beta = b$，<br>故 $a /\!/ b$。<br>策略：先找平面，再找交线。 |

也就是说，线线平行中的第二个“线”应该为平面与平面的交线。

综上，利用线线平行来证明线面平行，关键是找到两个平面的交线，而找这条线的思维过程是：

找一个过平面外直线的一个平面→再找到此平面与已知平面的交线，这条交线就是我们要找的平面内的那条线。

下面，我们按此思路尝试找平面内的那条线。

1. 将问题特殊化，抽象一般性思路

变式：如图 3.2.2，不妨设点 $M$ 为线段 $B_1C$ 的中点，点 $N$ 为线段 $BD$ 的中点，求证：$MN /\!/$ 平面 $AA_1B_1B$。

多数同学的做法为：

连接 $AC$，如图 3.2.3，因为正方形 $ABCD$ 中，$N$ 为 $AC$ 的中点，

故 $A$，$N$，$C$ 三点共线。

连接 $AB_1$，又在 $\triangle CAB_1$ 中，$M$ 为 $B_1C$ 中点，

故 $MN /\!/ AB_1$，

而 $MN \not\subset$ 面 $AA_1B_1B$，$AB_1 \subset$ 面 $AA_1B_1B$，

得 $MN /\!/$ 平面 $AA_1B_1B$。

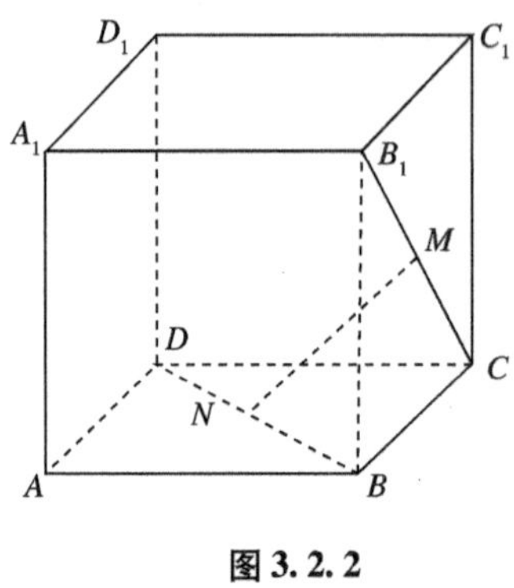


图 3.2.2

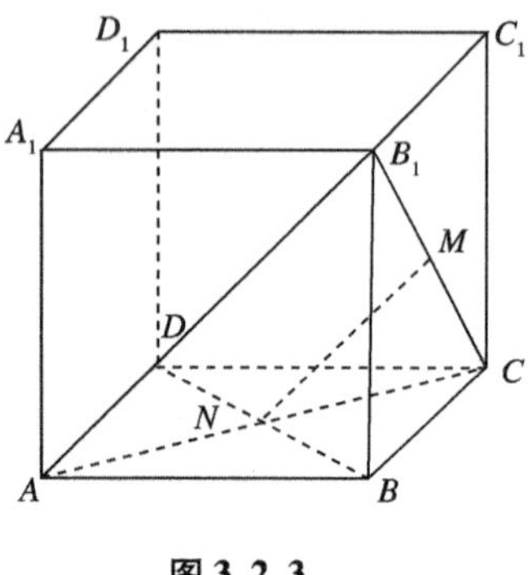


图 3.2.3

反思：为什么我们在平面 $AA_1B_1B$ 内找的那一条直线是 $AB_1$？这条线看似很巧合。平面 $AA_1B_1B$ 内还有没有其他直线与 $MN$ 平行呢？

由前面的分析，我们知道：所谓找平面 $AA_1B_1B$ 内的那条直线就是找过直线 $MN$ 的平面与平面 $AA_1B_1B$ 的交线。步骤如下：

①在平面 $AA_1B_1B$ 上找一点 $B_1$，则得到过直线 $MN$ 和点 $B_1$ 的平面 $B_1MN$，如图 3.2.4 和图 3.2.5。

②平面 $B_1MN$ 与平面 $AA_1B_1B$ 已有一个交点 $B_1$，我们再找另一个交点。

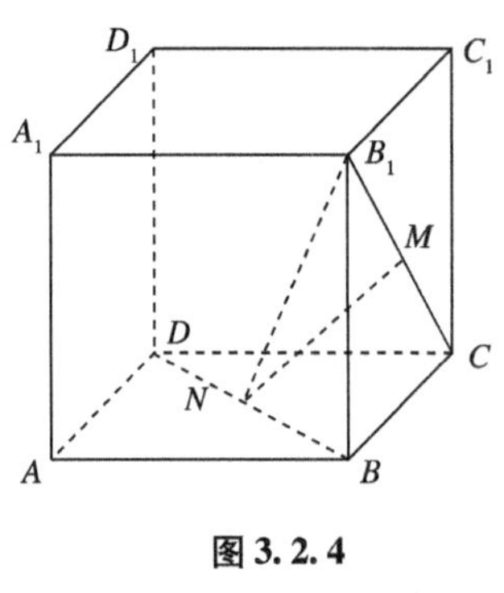


图 3.2.4

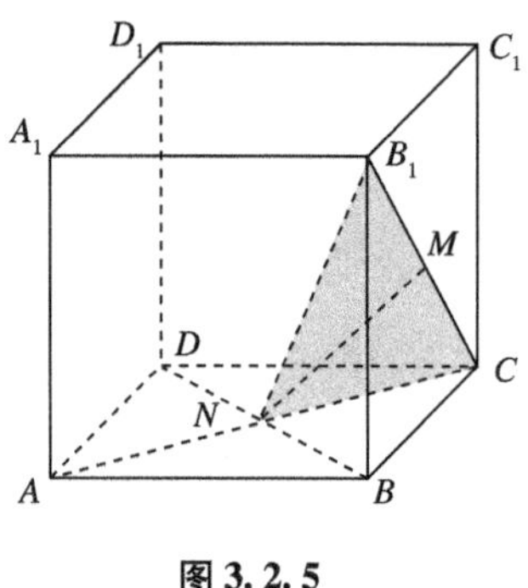


图 3.2.5

找另一个交点的思路是：

在平面 $B_1MN$ 与平面 $AA_1B_1B$ 内各找一条直线，这两条直线的交点就是我们要寻找的点。

如图 3.2.6，我们发现，平面 $B_1MN$ 也就是平面 $B_1NC$，平面 $B_1NC$ 中的直线 $NC$ 与平面 $AA_1B_1B$ 中的直线 $AB$ 在同一平面 $ABCD$ 内。因为在正方形 $ABCD$ 内，$N$ 为 $AC$ 的中点，故 $NC\cap AB=A$，于是，找到了另一个交点 $A$。

③平面 $B_1MN\cap$ 平面 $AA_1B_1B=AB_1$。

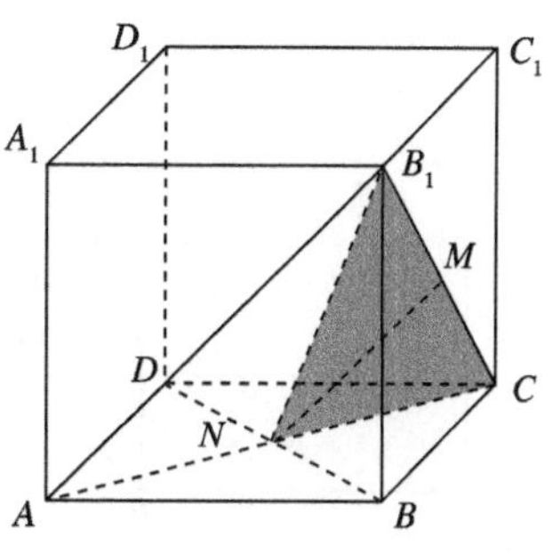

图 3.2.6

至此，我们找到了平面 $AA_1B_1B$ 内的另一条直线，与学生直觉找到的直线一致。

思维过程如图 3.2.7 所示。

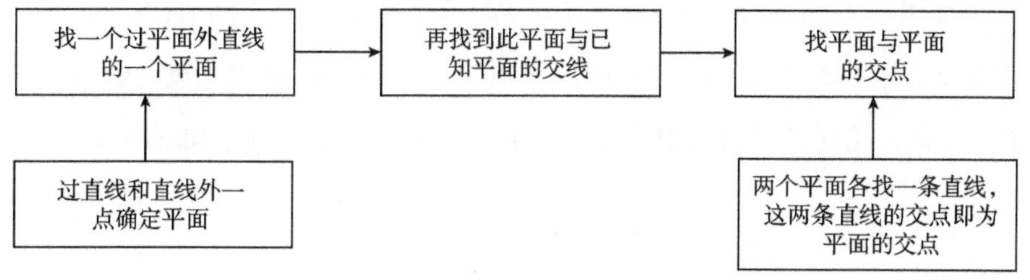

图 3.2.7

接下来，我们用这个思维过程解决开始的问题。

2. 回到原题

构造平面的依据一：经过直线和直线外一点有且只有一个平面。

**想法 1：**

首先，找到过平面外直线且和已知平面有交点的平面。

如图 3.2.8，我们在平面 $AA_1B_1B$ 上找一点 $B_1$，则得到过直线 $MN$ 和点 $B_1$ 的平面 $B_1MN$，这时平面 $B_1MN$ 与平面 $AA_1B_1B$ 已有一个交点 $B_1$，我们再找另一个交点。

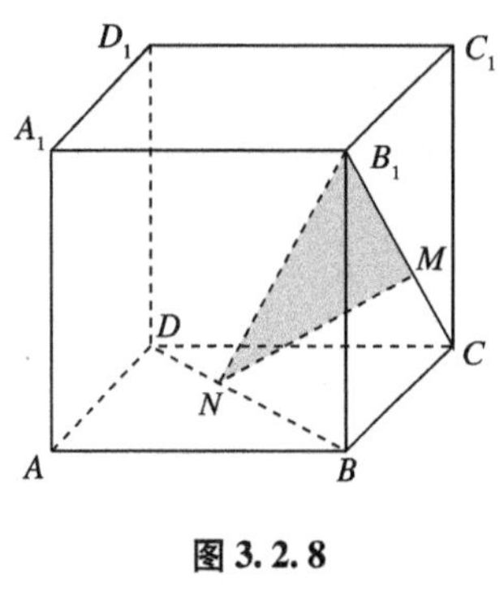


图 3.2.8

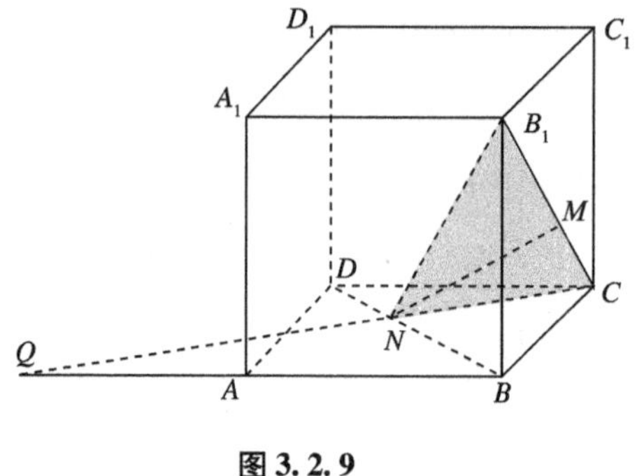


图 3.2.9

找交点的思路是：在平面 $B_1MN$ 与平面 $AA_1B_1B$ 内各找一条直线，这两条直线的交点就是两个平面的我们要寻找的点。

如图 3.2.9，我们发现，平面 $B_1MN$ 就是平面 $B_1NC$，平面 $B_1NC$ 中的直线 $NC$ 与平面 $AA_1B_1B$ 中的直线 $AB$ 在同一平面 $ABCD$ 内。设 $NC \cap AB = Q$，于是，找到了平面 $B_1MN$ 与平面 $AA_1B_1B$ 另一个交点 $Q$，如图 3.2.10。

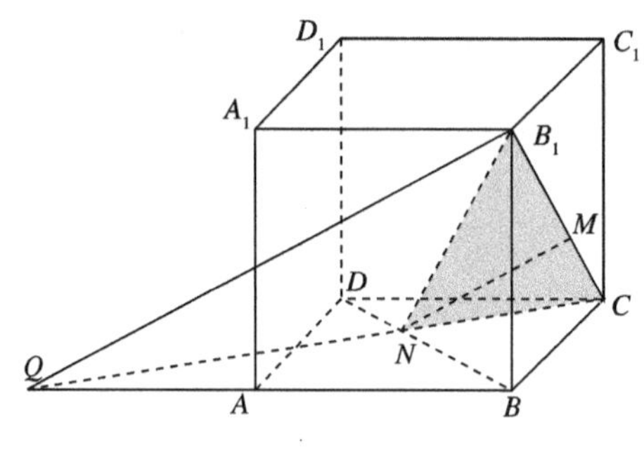


图 3.2.10

当点 $N$ 靠近点 $D$ 时，点 $Q$ 在 $BA$ 的延长线上；当 $N$ 为 $BD$ 中点时，$Q$ 与 $A$ 重合；当 $N$ 靠近 $B$ 时，点 $Q$ 在线段 $AB$ 上。

我们以点 $N$ 靠近点 $D$ 为例，大家自己试试其他情况。

接上面分析，得到平面 $B_1MN$ 与平面 $AA_1B_1B$ 的两个交点 $B_1$ 和 $Q$，所以，平面 $B_1MN \cap$ 平面 $AA_1B_1B = B_1Q$。

接下来证明 $MN /\!/ B_1Q$。

在正方体中，$B_1C = BD$，且由已知 $CM = DN$，因此 $MB_1 = NB$，

故 $\dfrac{CM}{MB_1} = \dfrac{DN}{NB}$，

又在正方形 $ABCD$ 中，$AB /\!/ CD$，如图 3.2.11。

故 $\dfrac{CD}{QB} = \dfrac{CN}{NQ} = \dfrac{DN}{NB}$，因此，在 $\triangle CB_1Q$ 中，$\dfrac{CM}{MB_1} = \dfrac{CN}{NQ}$，

所以 $MN /\!/ B_1Q$。

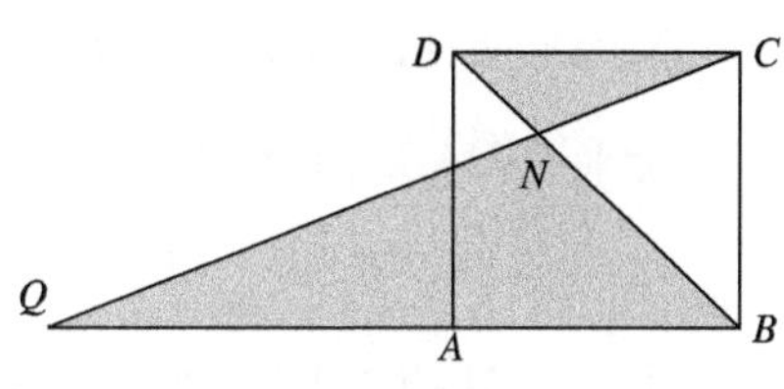


**图 3.2.11**

又因为 $MN \not\subset$ 面 $AA_1B_1B$，$B_1Q \subset$ 面 $AA_1B_1B$，

所以 $MN /\!/$ 平面 $AA_1B_1B$。

是不是只有这一种添加辅助线的方法呢？肯定不是，因为过直线 $MN$ 有无数个平面，当然会找到无数条交线，辅助线也应该有多种做法。

**想法 2：**

我们在平面 $AA_1B_1B$ 上找一点 $B$，则过直线 $MN$ 和点 $B$ 得到平面 $MNB$，这时平面 $MNB$ 与平面 $AA_1B_1B$ 已有一个交点 $B$，我们再找另一个交点，如图 3.2.12。

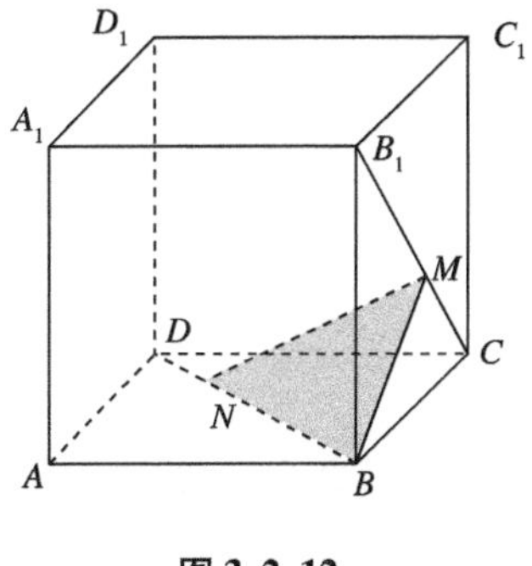


**图 3.2.12**

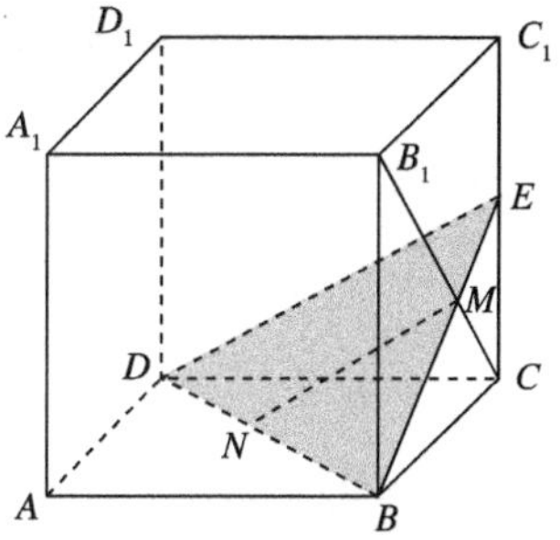

**图 3.2.13**

但另一个交点不好找，我们发现，平面 $MNB$ 与平面 $DCC_1D_1$ 的交线容

易找，而平面 $AA_1B_1B$ // 平面 $DCC_1D_1$，两个平行平面与第三个平面相交，其交线是平行的。因此，可以尝试先找到平面 $MNB$ 与平面 $DCC_1D_1$ 的交线，再找平面 $MNB$ 与平面 $AA_1B_1B$ 的交线。

具体过程如下。

如图 3.2.13：

因为平面 $AA_1B_1B$ // 平面 $DCC_1D_1$，

设平面 $MNB \cap$ 平面 $AA_1B_1B = l$，

在平面 $BCC_1B_1$ 内，延长 $BM$，使得 $BM \cap CC_1 = E$，连接 $DE$，

则平面 $MNB \cap$ 平面 $DCC_1D_1 = DE$，所以 $DE // l$。

下面证明 $MN // DE$。

在正方形 $BCC_1B_1$ 中，$EC // BB_1$，如图 3.2.14，

故 $\dfrac{EC}{BB_1} = \dfrac{CM}{MB_1} = \dfrac{EM}{MB}$，

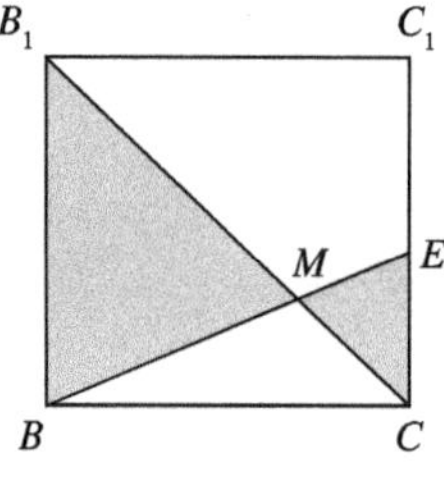

图 3.2.14

在正方体中，$B_1C = BD$，且由已知 $CM = DN$，因此 $MB_1 = NB$，

故 $\dfrac{CM}{MB_1} = \dfrac{DN}{NB}$，

因此，在△$BED$ 中，$\dfrac{EM}{MB} = \dfrac{DN}{NB}$，

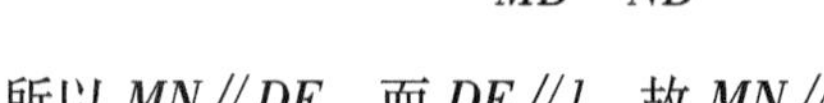
所以 $MN // DE$，而 $DE // l$，故 $MN // l$

又因为 $MN \not\subset$ 平面 $AA_1B_1B$，$l \subset$ 平面 $AA_1B_1B$，

得 $MN //$ 平面 $AA_1B_1B$。

**想法 3：**

我们在平面 $AA_1B_1B$ 上找一点 $A$，则过直线 $MN$ 和点 $A$ 得到平面 $MNA$，这时平面 $MNA$ 与平面 $AA_1B_1B$ 已有一个交点 $A$，我们再找另一个交点，如图 3.2.15。

我们再试试以当点 $N$ 靠近点 $B$ 为例，其他大家自己研究。

我们发现，此时不易找到平面 $MNA$ 与平面 $AA_1B_1B$ 的交线，但容易找到平面 $MNA$ 与平面 $ABCD$ 以及平面 $A_1B_1C_1D_1$ 的交线，而在正方体中，一个平面与一组互相平行的侧面的交线是平行的。因此，下面，我们尝试着先找到平面 $MNA$ 与其他平面的交线，再间接找到平面 $MNA$ 与平面 $AA_1B_1B$ 的交线。

在平面 $ABCD$ 内，延长 $AN$，使得 $AN \cap BC = P$，如图 3.2.16，连接 $PM$，交 $B_1C_1$ 于点 $Q$，如图 3.2.17。

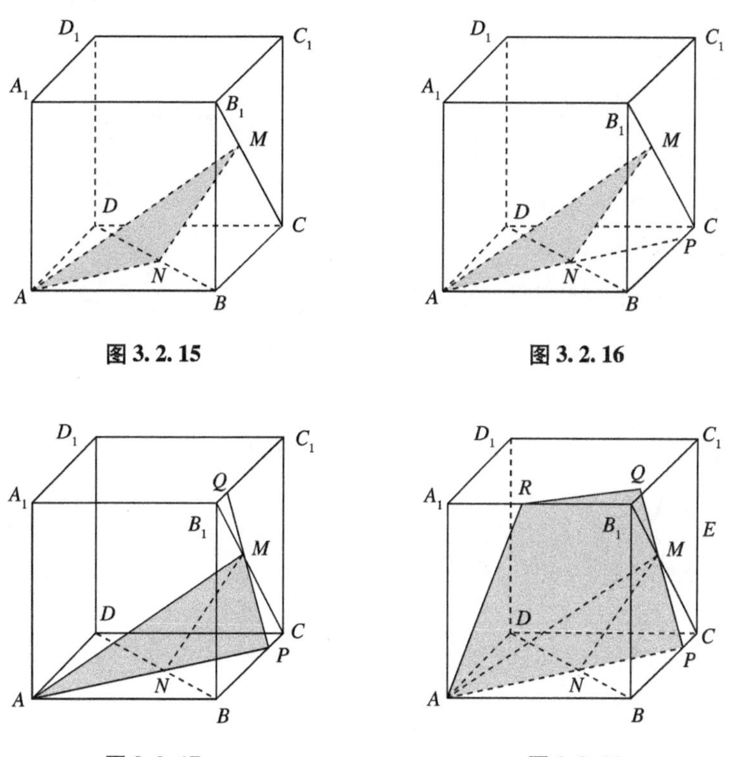


图 3.2.15

图 3.2.16

图 3.2.17

图 3.2.18

则平面 $MNA \cap$ 平面 $ABCD = AP$，

设平面 $MNA \cap$ 平面 $A_1B_1C_1D_1 = l$，则 $l$ 过点 $Q$，设 $l$ 交 $A_1B_1$ 于 $R$，如图 3.2.18。

因为平面 $A_1B_1C_1D_1 \mathbin{/\!/}$ 平面 $ABCD$，所以 $AP \mathbin{/\!/} QR$。

连接 $AR$，可知，$AR$ 是平面 $MNA$ 与平面 $AA_1B_1B$ 的交线。

下面证明 $MN /\!/ AR$。

在正方形 $BCC_1B_1$ 中，$PC /\!/ QB_1$，如图 3. 2. 19。

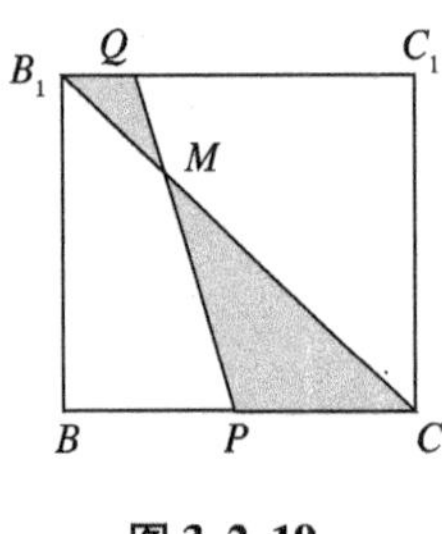


**图 3. 2. 19**

**图 3. 2. 20**

故 $\dfrac{PC}{QB_1}=\dfrac{CM}{MB_1}=\dfrac{PM}{MQ}$，

又在正方形 $ABCD$ 中，$AD /\!/ BP$，如图 3. 2. 20。

故 $\dfrac{AD}{BP}=\dfrac{DN}{NB}=\dfrac{AN}{NP}$，

在正方体中，$B_1C=BD$，且已知 $CM=DN$，因此 $MB_1=NB$，

因此 $\dfrac{CM}{MB_1}=\dfrac{DN}{NB}=\dfrac{PM}{MQ}=\dfrac{AN}{NP}$，似乎进行不下去了，这时，我们可以尝试把此梯形截面 $APQR$ 补成三角形，即用一下割补法，构造出三角形。

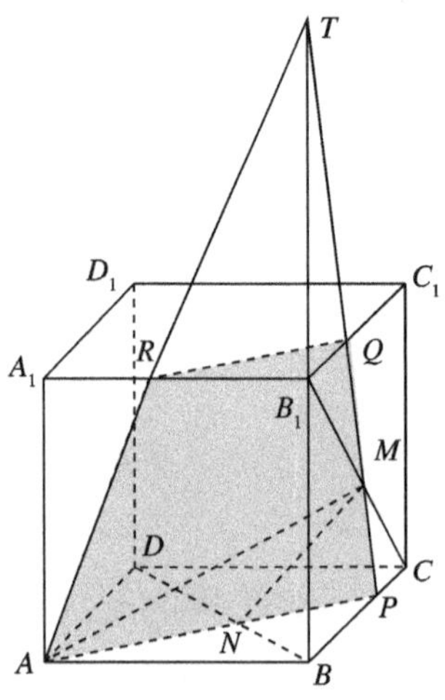


**图 3. 2. 21**

如图3.2.21，设 $AR\cap PQ=T$，则 $\begin{cases} T\in AR \\ AR\subset 平面 AA_1B_1B \end{cases}$

$\Rightarrow T\in 平面 AA_1B_1B$，

同理 $T\in$ 平面 $BCC_1B_1$，所以 $T$ 在直线 $BB_1$ 上。

因此设 $\dfrac{DN}{NB}=\dfrac{u}{v}$，则 $DN=ut$，$NB=vt$，$AD=$

$ua$，$BP=va$，那么，$PC=(u-v)a$，

由于 $CM=DN$，$B_1C=BD$，

所以$\frac{CM}{MB_1}=\frac{u}{v}$，所以$\frac{CP}{B_1Q}=\frac{u}{v}=\frac{(u-v)a}{B_1Q}$，得到 $B_1Q=\frac{v(u-v)a}{u}$，

再设 $PM=uy$，$MQ=vy$，因为 $B_1Q/\!/BP$，

得 $\frac{TQ}{TP}=\frac{B_1Q}{BP}$，即 $\frac{TQ}{TQ+QM+MP}=\frac{B_1Q}{BP}$，代入得 $\frac{TQ}{TQ+vy+uy}$

$=\frac{\frac{v(u-v)a}{u}}{va}$，

解得 $TQ=\frac{u^2-v^2}{v}y$。

于是$\frac{MP}{MT}=\frac{uy}{vy+\frac{u^2-v^2}{v}y}=\frac{v}{u}=\frac{NP}{NA}$，故 $MN/\!/AT$，即 $MN/\!/AR$。

又因为 $MN\not\subset$面 $AA_1B_1B$，$AR\subset$面 $AA_1B_1B$，

得 $MN/\!/$平面 $AA_1B_1B$。

注意：当点 $N$ 靠近点 $D$ 时，截面的形状也会发生变化。

当然，我们还可以通过找过 $MN$ 的其他平面与已知平面的交线来证明此问题，但是，我们发现，“找平面进而找交线”的思路还是清晰的，证明过程却是有难有易，需要优化选择。

想法 1—想法 3 中找平面的方法是“经过直线与直线外一点有且只有一个平面”。除此之外，确定平面的方法还有“经过两条平行线有且只有一个平面”，我们再试试这个构造平面的方法又会出现什么情况。

构造平面的依据二：经过两条平行线有且只有一个平面。

**想法4：**

如图3.2.22，在正方形$BCC_1B_1$中，过点$M$作$ME//BC$，交$BB_1$于点$E$，

在正方形$ABCD$中，过点$N$作$NF//BC$，交$AB$于点$F$，

连接$EF$，如图3.2.23。

得$ME//NF$，

下面证明$ME=NF$。

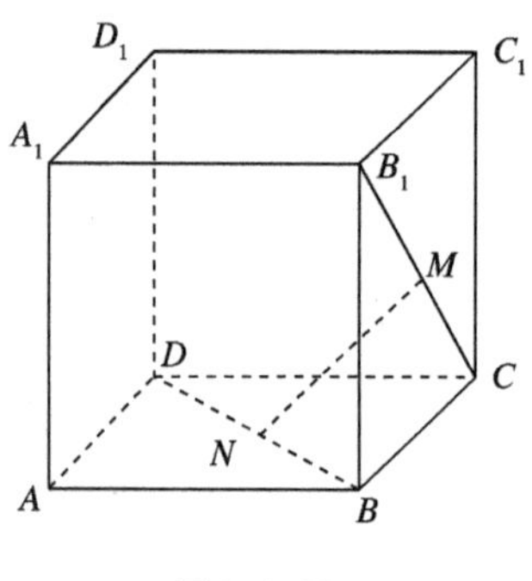


图3.2.22

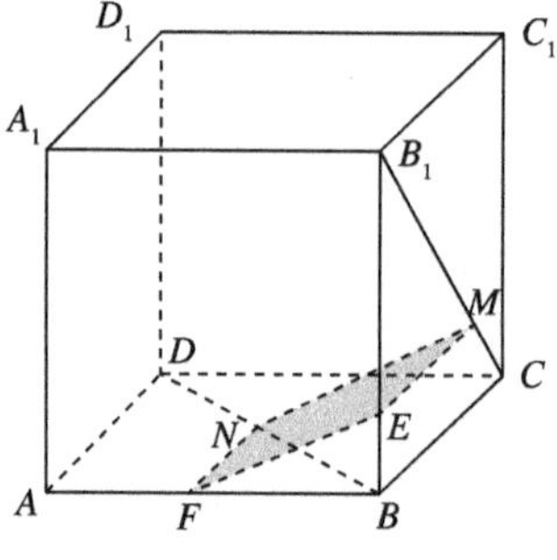


图3.2.23

因为在正方体中，$B_1C=BD$，且已知$CM=DN$，因此$MB_1=NB$，

在$\triangle B_1BC$中，$\dfrac{EM}{BC}=\dfrac{B_1M}{B_1C}$，

在$\triangle BAD$中，$\dfrac{FN}{AD}=\dfrac{BN}{BD}$，

因为$MB_1=NB$，$B_1C=BD$，

故$\dfrac{EM}{BC}=\dfrac{FN}{AD}$，又因为$BC=AD$，

得$ME=NF$，

因此，四边形$MNFE$为平行四边形。

所以$MN//EF$。

又因为 $MN\not\subset$ 平面 $AA_1B_1B$，$EF\subset$ 平面 $AA_1B_1B$，

所以 $MN$//平面 $AA_1B_1B$。

利用直线与平面平行的判定定理，关键是找平面内的“那一条直线”，怎么找这条直线？思维过程如下：

第一步，观察几何图形的特征，只有用心观察后，才能找到简捷的构造途径。

第二步，根据直线与平面平行的性质定理找到“那一条线”，即构造一个平面，使其过已知直线且和已知平面相交，当然，这个构造要建立在观察的基础上。

**第二个思路　由面面平行证明线面平行，即由“高”到“中”。**

由两个平面平行推直线与平面平行，即把平面平行作为已知，首先，我们还是先来回顾面面平行的性质。

平面与平面平行的性质：如果两个平行平面，一条直线在其中一个平面内，则此直线平行于另一个平面。

这个性质提示我们：先找到一个平面，使得 $MN$ 在该平面内，同时，还要保证这个平面与已知平面 $AA_1B_1B$ 平行。

如何能找到既经过直线 $MN$ 又与平面 $AA_1B_1B$ 平行的平面呢？“找平面”的过程是构造，我们构造的平面要与已知平面平行，这就要依靠两个平面平行的判定定理。

平面与平面平行的判定定理 1：一个平面内的两条相交直线与另一个平面平行，则这两个平面平行。

平面与平面平行的判定定理 2：如果一个平面内的两条相交直线分别平行于另一个平面内的两条相交直线，那么这两个平面平行。

也就是说，我们要找两条相交直线与平面 $AA_1B_1B$ 平行，这两条相交直线又与直线 $MN$ 共面即可。而线面平行的前提是线线平行，所以，这两

条相交直线必须与平面 $AA_1B_1B$ 内两条相交直线平行。具体解题过程如下：

在正方形 $BCC_1B_1$ 中，过点 $M$ 作 $MT/\!/BB_1$，交 $BB_1$ 于点 $T$，

连接 $NT$，如图 3.2.24。

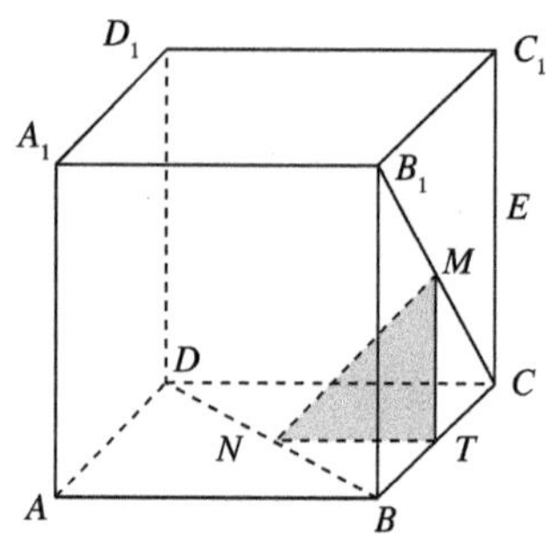

图 3.2.24

下面证明 $NT/\!/AB$。

在正方形 $BCC_1B_1$ 中，因为 $MT/\!/BB_1$，则 $\frac{CM}{B_1M}=\frac{CT}{TB}$,

又在正方体中，$B_1C=BD$，且已知 $CM=DN$，得 $MB_1=NB$，

所以，$\frac{DN}{NB}=\frac{CM}{B_1M}$

因此，在三角形 $\triangle BDC$ 中，$\frac{DN}{NB}=\frac{CT}{TB}$,

故 $NT/\!/CD/\!/AB$。

因为 $MT\not\subset$ 平面 $AA_1B_1B$，$BB_1\subset$ 平面 $AA_1B_1B$，

得 $MT/\!/$ 平面 $AA_1B_1B$。

又因为 $NT\not\subset$ 平面 $AA_1B_1B$，$AB\subset$ 平面 $AA_1B_1B$，

得 $NT/\!/$ 平面 $AA_1B_1B$。

而 $MT\cap NT=T$，$MT\subset$ 平面 $MNT$，$NT\subset$ 平面 $MNT$，

故此，平面 $MNT/\!/$ 平面 $AA_1B_1B$。

又因为 $MN\subset$ 平面 $MNT$，所以得 $MN/\!/$ 平面 $AA_1B_1B$。

在刚学习立体几何时，有的同学由于空间想象能力还不成熟，再加上定理体系不完整，出现了在证明线面平行时，用直尺平移面外直线到面内的做法，有些特殊图形也是可以找到面内直线的，但换一个图形就不行了。通过上面的分析，可以领悟到：

添加辅助线的方法不唯一，添加过程中不是靠感觉，而是依据完整的定理体系及正确的推理模式。找辅助线的过程，其实就是构造定理模型的过程。

因此，在学习立体几何时，要真的理解每一个定理，对其图形表示、符号表示、逻辑关系要弄清楚，建立完整的定理体系，这样，我们在添加辅助线时才能得心应手。

## 第三节　打开立体几何中存在性问题的“黑匣子”

立体几何是研究现实世界中物体的形状、大小与位置关系的数学分支。要求学生能够运用直观感知、操作确认、推理论证、度量计算等方法认识和探索空间图形的性质，建立空间观念，提升直观想象、逻辑推理素养。

我们常常会遇到这样的问题：是否存在一点或一条直线满足某个条件。

有没有呢？若有，怎样找到这个位置呢？

与添加辅助线一样，定理会提示我们该怎样找到满足条件的那个位置。

**引例**：已知直线 $PO\perp$ 平面 $\alpha$，垂足为 $O$，斜线为 $PA$，斜足为 $A$，问 $\alpha$ 内是否存在一条直线 $l$ 使得 $l\perp PA$？

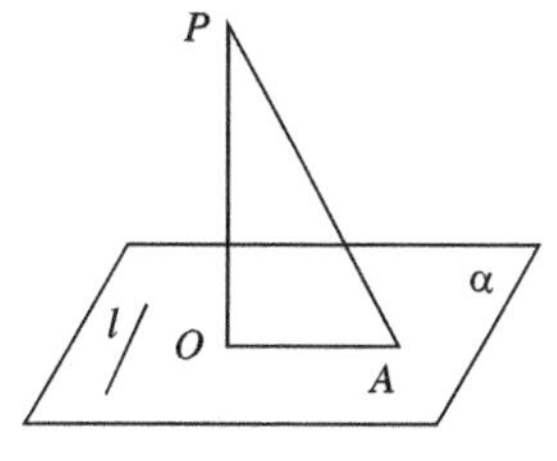


**图 3.3.1**

**【分析】** 如图 3.3.1，这是一个研究两条直线能否垂直的问题。

我们已经知道：直线 $PO\perp$ 平面 $\alpha$，且 $l\subset\alpha$，因此 $PO\perp l$。

换句话说，我们已经知道了 $l\perp PO$，如果再满足 $l\perp PA$，由 $PA\cap PO=P$，则必须会有 $l\perp$ 平面 $PAO$，

而 $OA\subset$ 平面 $PAO$，故 $l\perp OA$。

也就是说，若 $l\perp PA$，则必有 $l\perp OA$。

即当 $l\perp OA$ 时，才能使直线 $l\perp PA$。

**【证明】** 当 $l\perp OA$ 时，

因为 $PO\perp\alpha$，且 $l\subset\alpha$，因此 $PO\perp l$。

又 $AO\cap PO=O$，

故 $l\perp$ 平面 $PAO$，

又因为 $PA\subset$ 平面 $PAO$，

因此 $l\perp PA$。

不难发现，整个寻找条件的过程，就是根据定理条件进行转化的过程，当然，需要有清晰的定理体系。图 3.3.2 为立体几何中直线与平面三种垂直的定理体系。

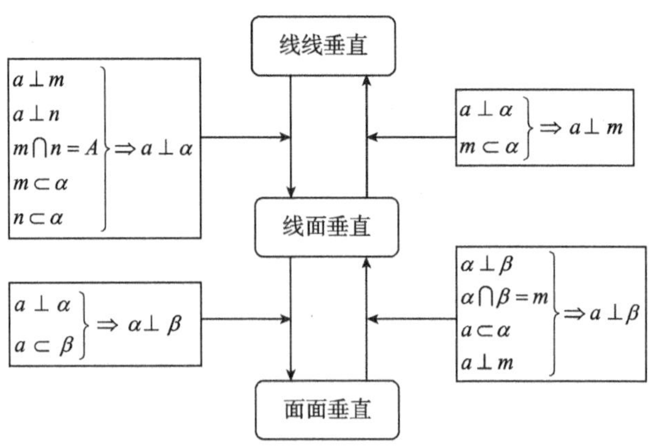


**图 3.3.2**

这是一个执果索因的过程。

**例3.3.1** 在四棱柱 $ABCD-A_1B_1C_1D_1$ 中，$AA_1\perp$底面 $ABCD$，底面 $ABCD$ 为菱形，$O$ 为 $A_1C_1$ 与 $B_1D_1$ 交点，已知 $AA_1=AB=1$，$\angle BAD=60°$。设点 $M$ 在 $\triangle BC_1D$ 内（含边界），且 $OM\perp B_1D_1$，说明满足条件的点 $M$ 的轨迹，并求 $OM$ 的最小值。

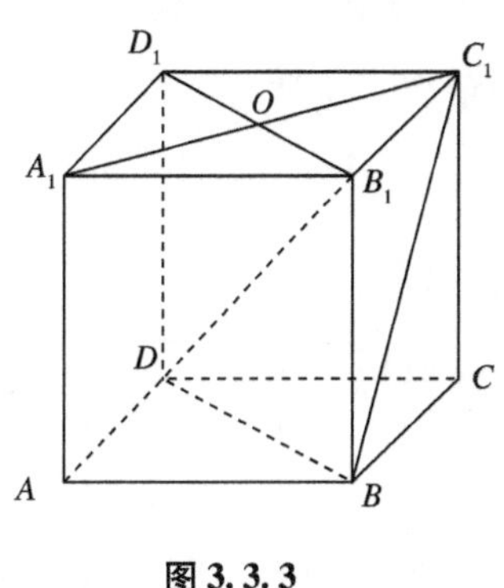


图 3.3.3

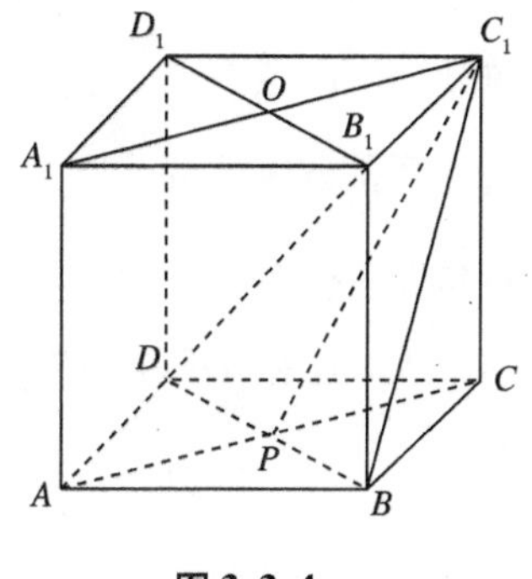


图 3.3.4

【分析】如图3.3.3，点 $M$ 满足的条件是 $OM\perp B_1D_1$，而 $B_1D_1$ 与点 $O$ 是固定的，而点 $M$ 是运动的。我们知道，动点要关注怎么动，即找到运动的轨迹。

第一步，找到动点 $M$ 的轨迹。

点动成线，线动成面。因为点 $M$ 运动，故射线 $OM$ 运动，$OM$ 形成的“面”要与固定的线段 $B_1D_1$ 垂直，会出现什么结果呢？我们可以大胆猜出：$OM$ 形成的“面”是平面。

假设点 $M$ 分别运动到 $M_1$，$M_2$，$M_3$ 的位置，这时的结果是：

因为 $OM_1\cap OM_2=O$，故 $B_1D_1\perp$平面 $OM_1M_2$，

而 $OM_1\cap OM_3=O$，故 $B_1D_1\perp$平面 $OM_1M_3$，

因为过点 $O$ 有且只有一个平面与 $B_1D_1$ 垂直，因此，只能是平面 $OM_1M_2$ 与平面 $OM_1M_3$ 重合。

即 $M$ 在过点 $O$ 且与 $B_1D_1$ 垂直的平面内。

易证，此平面为平面 $AA_1C_1C$，故点 $M\in$ 平面 $AA_1C_1C$。

而点 $M\in$ 平面 $BC_1D$，故 $M$ 在平面 $BC_1D$ 与平面 $AA_1C_1C$ 的交线 $C_1P$ 上，如图 3.3.4。

即点 $M$ 的轨迹为线段 $C_1P$。

第二步，求定点 $O$ 到线段 $C_1P$ 上动点 $M$ 的距离的最值。

易知最小值应该是点 $O$ 到直线 $C_1P$ 的距离。这类问题，一般构造三角形，利用等面积方法求解。

我们把矩形 $ACC_1A_1$ 从图 3.3.4 中抽出来，得到图 3.3.5，连接 $OP$，易知 $OP\parallel AA_1$，所以 $OP\perp OC_1$。

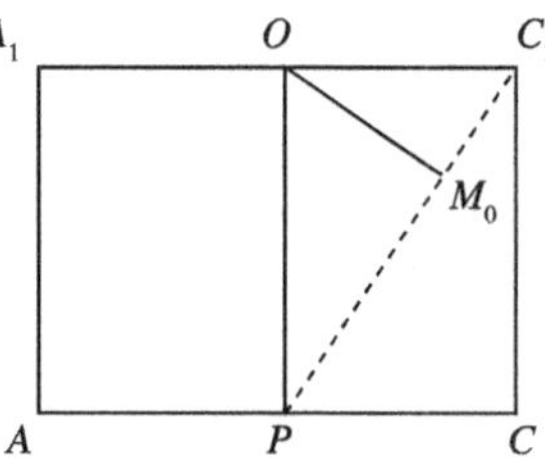


**图 3.3.5**

故在 $\mathrm{Rt}\triangle OPC_1$ 中，$OP=1$，$OC_1=\frac{\sqrt{3}}{2}$，所以 $C_1P=\frac{\sqrt{7}}{2}$，

故点 $O$ 到 $OP$ 的距离 $|OM_0|$ 即为点 $O$ 到动点 $M$ 的最短距离：

$d\times\frac{\sqrt{7}}{2}=1\times\frac{\sqrt{3}}{2}$，因此 $d=\frac{\sqrt{21}}{7}$。

当然，也能观察出最大值是 $|OP|$。

在空间中，点动成线，线动成面，而在 $OM$ 运动过程中，$B_1D_1$ 总保持着既不动又与所有的 $OM$ 垂直的特征，这一不变的特征使得点 $M$ 在一个平面内运动。

这个思维过程是执果索因。用到了线面垂直的判定定理，还有过一点垂直于直线的平面的唯一性定理，综合考虑，使得问题得以解决。思路如图 3.3.6 所示。

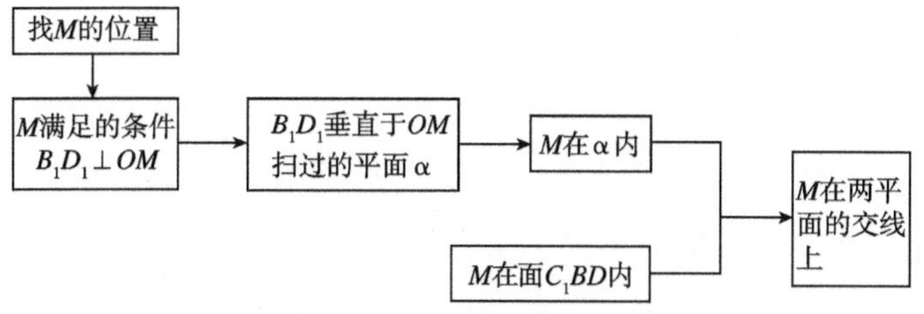


**图 3.3.6**

**例 3.3.2** 如图 3.3.7，在 Rt$\triangle ABC$ 中，$\angle ABC = 90°$，$D$ 为 $AC$ 中点，$AE \perp BD$ 于点 $E$（不同于点 $D$），延长 $AE$ 交 $BC$ 于点 $F$，将$\triangle ABD$ 沿 $BD$ 折起，得到三棱锥 $A_1 - BCD$，如图 3.3.8 所示。若平面 $A_1BD \perp$ 平面 $BCD$，试判断直线 $A_1B$ 与直线 $CD$ 能否垂直？并说明理由。

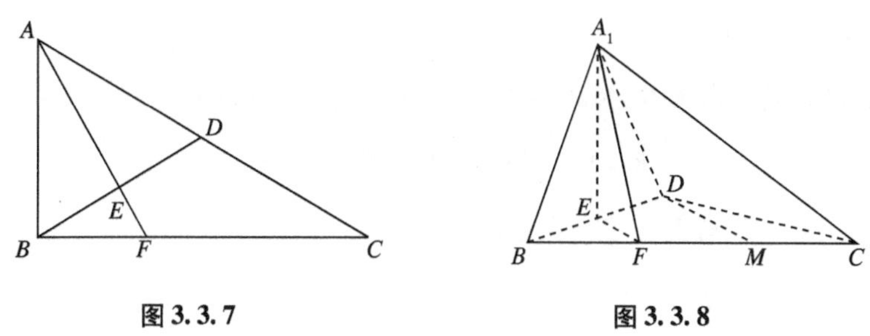


**图 3.3.7** **图 3.3.8**

【**分析**】我们还是执果索因。

先分析一下：哪个条件能使 $A_1B \perp CD$？或者说如果 $A_1B \perp CD$，会产生什么结果?

我们就围绕此想法进行分析。

判断直线 $A_1B$ 与直线 $CD$ 能否垂直前，要看一看已经有什么条件了，而且已有的条件与直线 $A_1B$ 或直线 $CD$ 最好要有关系。

已经有什么条件了呢？图 3.3.7 中的 $AE \perp BD$ 与图 3.3.8 中的平面 $A_1BD \perp$ 平面 $BCD$，这两个垂直与直线 $A_1B$ 或直线 $CD$ 有什么联系呢?

从定理体系（图 3.3.2）可以知道，面面垂直是可以转化为线面垂直

的，线面垂直是可以转化为线线垂直的。

图 3.3.7 中，$AE \perp BD$ 于点 $E$，

因此，在图 3.3.8 中，$A_1E \perp BD$ 于点 $E$，

又由已知平面 $A_1BD \perp$ 平面 $BCD$，

且平面 $A_1BD \cap$ 平面 $BCD = BD$，$A_1E \subset$ 平面 $A_1BD$，

所以 $A_1E \perp$ 平面 $BCD$，

而 $CD \subset$ 平面 $BCD$，故 $A_1E \perp CD$。

若 $A_1B \perp CD$，而 $A_1E \cap A_1B = A_1$，

则有 $CD \perp$ 平面 $A_1BD$，

而 $BD \subset$ 平面 $A_1BD$，

所以 $CD \perp BD$。

换句话说，若 $A_1B \perp CD$，则产生的结果是 $CD \perp BD$。

在图 3.3.7 中，$AE \perp BD$，那么 $AE /\!/ CD$，矛盾，

故直线 $A_1B$ 与直线 $CD$ 不能垂直。

整理思路如图 3.3.9 所示。

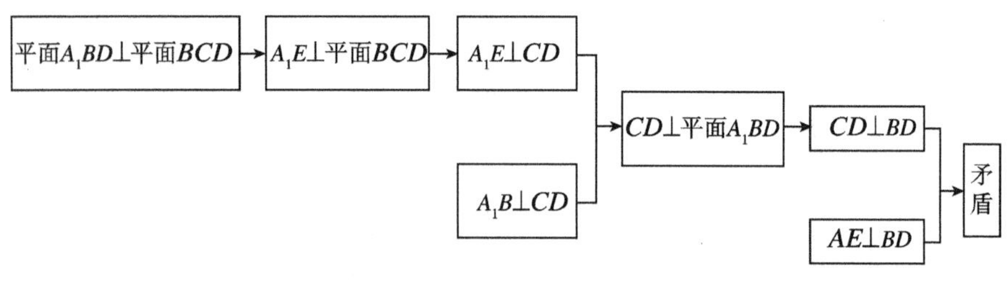


**图 3.3.9**

“是否存在”问题的思维过程：执果索因。

算法如图 3.3.10 所示。

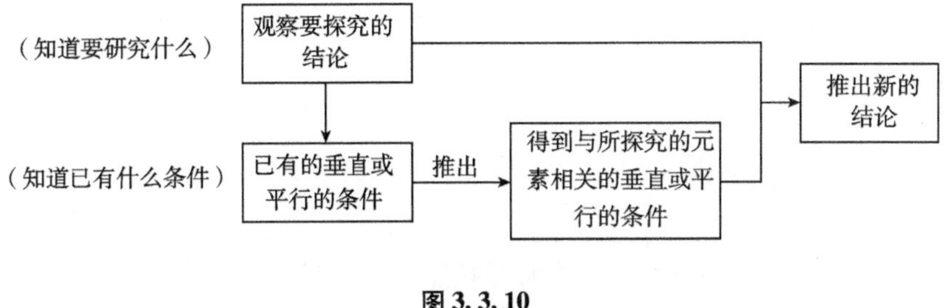


图 3.3.10

在这个过程中，我们经历着线线、线面、面面三种位置关系的转化，有时可能推出矛盾，也有可能推出成立的特殊位置，这个流畅的思维过程也是基于对线线、线面、面面三种位置关系的理解以及推理模式的灵活运用。

## 第四节　立体几何中如何演绎推理

证明题采用的推理模式是演绎推理，即从一般性的原理出发，推出某个特殊情况下的结论的推理形式，三段论是演绎推理的一般模式，包括：

（1）大前提——已知的一般原理；

（2）小前提——所研究的特殊情况；

（3）结论——根据一般原理，对特殊情况做出的判断。

在演绎推理中，只要前提和推理形式是正确的，那么结论必然是正确的。

在立体几何证明中，大前提就是定理、公理，小前提就是符合定理条件的几何体中的点、线、面之间的位置关系，结论就是欲证明的位置关系。

下面，我们看看学生学习立体几何时经常出现的演绎推理过程中的问题。

## 一、没“说到点上”

即学生在写证明过程时，常常是把意思说到了，但不严密。

**【错因】**①没掌握证明题的推理形式；②没有记准定理的条件，这是基础知识掌握不牢造成的；③空间想象能力不强，想象不出几何体中的点线面的位置关系。

**【应对策略】**多看模型，理解并熟记定理内容。证明时一定要严格按照定理内容，把条件找全，也就是“说到点上”，如证明线面平行，就要保证三个条件，即 $l\not\subset\alpha$，$m\subset\alpha$，$l/\!/m$，又如证明线面垂直，就要保证五个条件，即 $l\perp m$，$l\perp n$，$m\subset\alpha$，$n\subset\alpha$，$m\cap n=A$，缺一不可。

**例 3.4.1** 已知直线 $a$，$b$ 和平面 $\alpha$，其中 $a/\!/b$，$a/\!/\alpha$，$b\not\subset\alpha$，求证：$b/\!/\alpha$（如图 3.4.1）

**【学生的书写过程】**

因为 $a/\!/b$，$a\subset\beta$，$b\not\subset\beta$，所以 $b/\!/\beta$，

又 $\alpha\cap\beta=c$，所以 $a/\!/c$，

$a\not\subset\alpha$，$c\subset\alpha$，所以 $a/\!/\alpha$，

因为 $a/\!/b$，$a/\!/c$，故 $b/\!/c$，

又 $b\not\subset\alpha$，$c\subset\alpha$，

所以 $b/\!/\alpha$。

**【评注】**这个证明过程有两个问题，第一，学生看到条件中有 $a/\!/\alpha$，有朦胧的利用线面平行的性质定理的意识，但平面 $\beta$ 是怎么引出的？第二，证明 $a/\!/\alpha$ 是何用意？没有价值，这是已知条件。

我们看一看直线和平面平行的性质定理：若 $a/\!/\alpha$，$a\subset\beta$，$\alpha\cap\beta=b$，则 $a/\!/b$。根据定理，将证明修正如下：

**【修改后的书写】** 如图3.4.2，过 $a$ 作平面 $\beta$，使得 $\beta\cap\alpha=c$，因为 $a/\!/\alpha$，得 $a/\!/c$，

又 $a/\!/b$，得 $b/\!/c$，

又 $b\not\subset\alpha$，$c\subset\alpha$，所以 $b/\!/\alpha$。

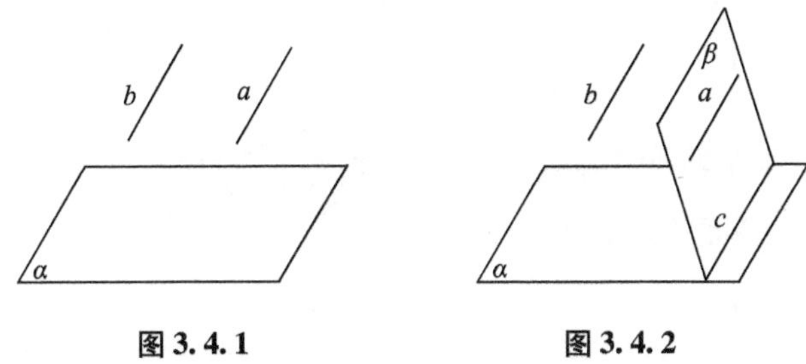


图 3.4.1　　图 3.4.2

## 二、什么该省略，什么不该省略

在学生的证明过程中，经常出现推理过程是正确的，但没必要说的条件展示过多或者条件不足就得出结论的现象。如等腰三角形 $\triangle ABC$ 中，已知 $AB=AC$，取 $BC$ 中点 $M$，连接 $AM$，则直接可以得 $AM\perp BC$，这是由等腰三角形的性质得到的，若再说 $AM$ 是角分线、高线、中线，则就显得多余了，这些就是没必要说的条件，可以不用写出。

**【错因】** 对基础知识理解不透，记忆不牢，具体说就是，对几何体的概念及性质不熟，更谈不上利用其解决问题了。

**【应对策略】** 理解定理、几何体的定义及其几何性质，在解题时，能够正确利用其几何性质。要在概念课上下功夫，要让学生参与探究，发现规律，尝试自己用数学符号表达规律。（在本书第二章中有阐述）

**例 3.4.2** 如图 3.4.3，在正方体 $ABCD-A'B'C'D'$中，$O$ 是底面的中心，$B'H\perp D'O$，$H$ 为垂足，求证：$B'H\perp$ 平面 $AD'C$。

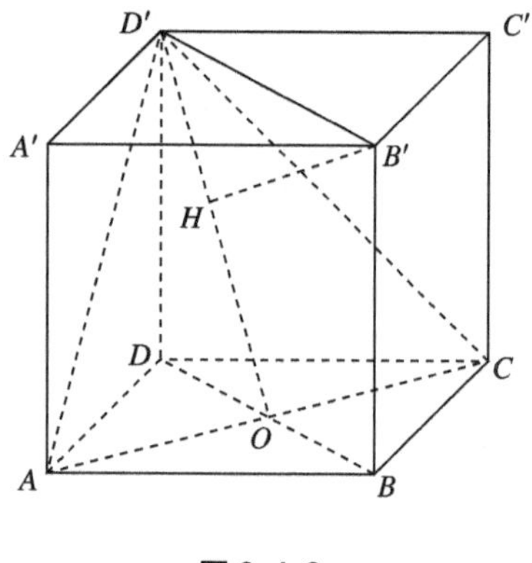


**图 3.4.3**

**【学生的证明过程】**

因为正方体 $ABCD-A'B'C'D'$，

| 所以 $D'D\perp AD$，$D'D\perp DC$，<br>因为 $AD\subset$ 平面 $ADC$，$CD\subset$ 平面 $ADC$<br>$AD\cap DC=D$ |
|---|

此处可以省略不写.

所以 $D'D\perp$ 平面 $ADC$。

因为 $AC\subset$ 平面 $ADC$，

所以 $D'D\perp AC$，

因为四边形 $ABCD$ 为正方形，故 $AC\perp DB$。

因为 $D'D\subset$ 平面 $D'DBB'$，$BD\subset$ 平面 $D'DBB'$，$D'D\cap BD=D$，

所以 $AC\perp$ 平面 $D'DBB'$，因为 $B'H\subset$ 平面 $D'DBB'$，

故 $AC\perp B'H$，又 $B'H\perp D'O$，$D'O\subset$ 平面 $AD'C$，$AC\subset$ 平面 $AD'C$，$D'O\cap AC=O$，

所以 $B'H\perp$ 面 $AD'C$。

**【评注】** 定理和概念不清晰，导致写的层次不清淅并且有多余的论述。正方体是直棱柱，由直棱柱的定义，侧棱垂直于底面的棱柱叫直棱柱，可直接得到侧棱垂直于底面，即 $D'D\perp$ 平面 $ADC$，故标注的部分可以省略不写。

另外，条件中已经有了 $B'H\perp D'O$，若证明直线与平面垂直，只需再找与 $B'H$ 垂直的另一条直线即可。观察图形结构，应该是 $B'H\perp AC$，下面我们看看修改后的证明过程：

**【修改后的证明过程】**

**表 3.4.1**

因为正方体$ABCD\text{-}A'B'C'D'$，

所以$D'D\perp$平面$ADC$，

又因为$AC\subset$平面$ADC$

所以$D'D\perp AC$。

因为四边形$ABCD$为正方形，故$AC\perp DB$。

又因为$D'D\subset$平面$D'DBB'$，$BD\subset$平面$D'DBB'$，$D'D\cap BD=D$，

所以$AC\perp$平面$D'DBB'$，

因为$B'H\subset$平面$D'DBB'$，故$AC\perp B'H$，

又$B'H\perp D'O$，

又因为$D'O\subset$平面$AD'C$，$AC\subset$平面$AD'C$，$D'O\cap AC=O$，

所以$B'H\perp$平面$AD'C$.

表 3.4.1 中，为了说明方便，我们从外向里，命名为第 1 –6 层：

第 1 层：是目标，此题的目标是证明 $B'H\perp$平面 $AD'C$。

第 2、3、4 层：是寻找直线与平面垂直的 5 个条件，是凑大前提的条件。

即 $B'H\perp AC$，$B'H\perp D'O$，$D'O\subset$平面 $AD'C$，$AC\subset$平面 $AD'C$，$D'O\cap AC=O$。

第 5、6 层：是为了凑大前提而利用线面垂直来寻找直线与直线垂直的过程。

即构造 $AC\perp$平面 $D'DBB'$，来寻找 $AC\perp B'H$。

这个过程中，用到直线与平面垂直的判定定理和直线与平面垂直的定义，其中，第 1 ~4 层用直线与平面垂直的判定定理，是解题目标；第 5 ~

6层，也用了直线与平面垂直的判定定理，但目的是找直线与直线垂直；第4~5层，用到直线与平面垂直的定义，即若直线与平面垂直，则其垂直于平面内所有直线。

在教学过程中，要让学生体会演绎推理的过程，尝试先由结论向条件分析，即执果索因。

**例 3.4.3** 如图 3.4.4，过△$ABC$ 所在平面 $\alpha$ 外一点 $P$，作 $PO\perp\alpha$，垂足为 $O$，连接 $PA$，$PB$，$PC$，若 $PA\perp PB$，$PB\perp PC$，$PC\perp PA$，则点 $O$ 是△$ABC$ 的____心。

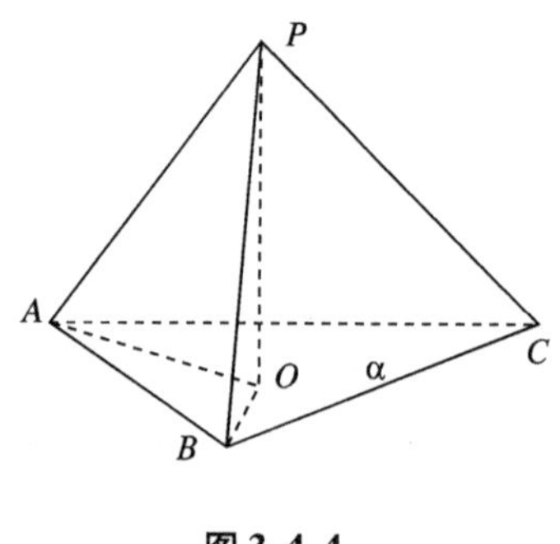


**图 3.4.4**

**【学生的解答过程】**

因为$\left\{\begin{array}{l}PA\perp PB,\\PC\perp PA,\\PB\cap PC=P\end{array}\right\}\Rightarrow PA\perp$平面 $PBC$，又 $BC\subset$平面 $PBC$，得 $PA\perp BC$，

由已知，$PO\perp\alpha$，$BC\subset\alpha$，所以 $PO\perp BC$，

又 $PA\cap PO=P$，得 $BC\perp$平面 $PAO$，因为 $AO\subset$平面 $PAO$，

因此得，$BC\perp AO$

所以点 $O$ 是△$ABC$ 的垂心。

**【评注】** 我们要证明点 $O$ 是△$ABC$ 的垂心，什么是垂心？三角形高线的交点即为垂心。这里只证明了点 $O$ 在一条高线上，故还需证明点 $O$ 在另一条高线上，即证 $BO\perp AC$，这是不能省略的。

**【修正后的解答过程】** 略。

## 三、"淘宝店"式的解答

有一种解答的特点很有意思，即把所有的条件统统列出，继而得出所有结论，层次不清晰，我们把其称之为“淘宝店”式的解答，该解答方式是让阅读者自己去寻找条件和结论。

**【错因】**对演绎推理的模式不理解，同时，对定理体系不清晰。

**【应对策略】**利用概念课，通过积极参与研究，逐步形成正确的定理体系。可以先分析后证明，即根据欲证结论，按照定理逐条寻找使之成立的条件，一条一条，凑足条件再得结论，也就是执果索因。

**例 3.4.4** 如图 3.4.5，在四棱锥 $O-ABCD$ 中，底面 $ABCD$ 是菱形，$M$ 为 $OA$ 的中点，$N$ 为 $BC$ 的中点，求证：直线 $MN\,/\!/$ 平面 $OCD$。

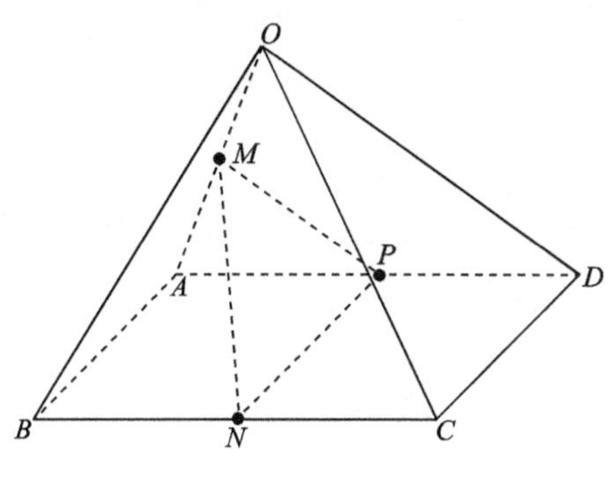


**图 3.4.5**

**【学生的证明过程】**

取 $AD$ 中点 $P$，连接 $MP$，$NP$

| 因为底面 $ABCD$ 是菱形，$P$，$N$ 分别为 $AD$，$BC$ 的中点，<br>所以 $NP\,/\!/\,DC$<br>因为 $P$，$M$ 分别为 $OA$，$AD$ 中点，<br>故 $MP\,/\!/\,OD$<br>因为 $MP$，$NP\subset$平面 $PMN$，$OD$，$DC\not\subset$平面 $PMN$ |
|---|

所以 $MN\,/\!/$ 面 $OCD$。

【评注】大家注意画框的部分，可以看出，学生是利用面面平行来证明线面平行，但平面与平面平行需要 5 个条件，即 $m\subset\alpha$，$n\subset\alpha$，$m\cap n=A$，$m/\!/\beta$,$n/\!/\beta$，还可以利用另外一个判定定理，“若 $a/\!/a'$，$b/\!/b'$，$a\cap b=A$，$a'\cap b'=A'$，$a\subset\alpha$，$b\subset\alpha$，$a'\subset\beta$，$b'\subset\beta$，则 $\alpha/\!/\beta$”，但学生在证明面面平行时没按定理的条件逐条证明，而是把所有条件一同罗列出来，继而又得出所有结论，显得层次不清晰。

**【修改后的证明过程】**

取 $AD$ 中点 $P$，连接 $MP$，$NP$

因为底面 $ABCD$ 是菱形，$P$，$N$ 分别为 $AD$，$BC$ 的中点，

所以 $NP/\!/CD$，又 $NP\not\subset$ 平面 $OCD$，$DC\subset$ 平面 $OCD$

故 $NP/\!/$ 平面 $OCD$ ……………………………………（第一个条件）

又因为 $M$，$P$ 分别为 $OA$，$AD$ 中点，

故 $MP/\!/OD$。

又 $MP\not\subset$ 平面 $OCD$，$OD\subset$ 平面 $OCD$，

故 $MP/\!/$ 面 $OCD$。 ……………………………………（第二个条件）

又 $MP\cap NP=P$，且 $MP$，$NP\subset$ 平面 $PMN$， …（第三、四、五个条件）

所以平面 $PMN/\!/$ 平面 $OCD$， ……………………………（得到面面平行）

因为 $MN\subset$ 平面 $PMN$，

所以 $MN/\!/$ 平面 $OCD$。

高考考查的能力中包含推理论证能力，推理论证能力指会根据已知的事实和已获得的正确数学命题来论证某一数学命题的正确性。

推理论证能力要求学生掌握数学基础知识要牢固，要具备必要的逻辑知识，对数学命题证明的能力也有较高要求，数学语言表达能力是必须具备的基本能力，同时推理论证过程中自我反思的能力是不可少的。

因此，建议教师在平时教学过程中要关注以下几方面：

①夯实数学基础知识。基础不牢，地动山摇，若对定理记不准、理解不透，会直接影响到证明过程的准确性、简洁性和条理性。同时，学习新知识时，老师要讲清知识背景，更有助于学生理解并记忆基础知识。华罗庚曾指出，如果一位数学教师，只是给学生们讲清楚一些数学定理的形式演绎论证步骤，不指出那些定理的直观背景和整个来龙去脉，就好比带领一个人进入森林中只看到了一些个别树木，但对整片森林的形貌还是一无所知，这就是所谓的“见树不见林”。

②理解数学证明的模式。通常所说的数学证明的论证过程，主要是指演绎推理（当然也包括数学归纳法和完全归纳法），也叫论证推理，既然如此，证明过程必须逐条找全小前提所具备的大前提的特征。归纳、类比等合情推理不能叫做数学证明，它们往往得出数学猜想。当然，数学证明并不是三段论法的简单的堆积，而是三段论按一定次序放置。放置它们的次序比这些三段论法本身重要得多，这就是证明的逻辑性和层次感。

③使用规范的数学语言。教师多演示，也可以将学生的证明过程板书在黑板上，大家共同点评，体会如何按正确的推理模式书写。

当然，若有条件，可以先向学生介绍一些演绎推理与合情推理的知识，效果会更好。

# 第四章
# 解析几何问题中的“黑匣子”是如何打开的

说起平面解析几何，大家马上会想到笛卡尔。笛卡尔把“点”与“实数对”对应起来，就有了平面直角坐标系，于是就有了用坐标法研究几何问题。

直线、圆及圆锥曲线等几何研究对象，都是动点运动形成的轨迹。我们在面对几何图形时，关注图形中的几何要素“点”是动还是不动的，如果是动的，怎么动（运动的规律）？对于不同轨迹之间（直线、圆、圆锥曲线等）的位置关系，关注的是确定的位置关系还是不确定的位置关系？这些思维活动，都是由图形到图形的抽象过程。

我们通过将这些几何对象代数化（坐标化），实现由几何图形抽象到数量关系的转换，进而建立曲线方程，并运用曲线方程研究曲线的性质及不同曲线之间的位置关系等。

具体思维过程如表 4. 1. 1 所示。

**表 4. 1. 1**

| 几何对象或位置关系 | 代数表示 |
|---|---|
| 点 | 实数对 |
| 曲线（直线、圆、圆锥曲线等） | 二元方程 |
| 直线与直线的位置关系、直线与圆锥曲线的位置关系等 | 利用二元方程组来研究 |
| 图形的形状 | 利用角和距离来研究 |

# 第一节 拨开迷雾，找到“动点”的行踪

研究几何图形，我们关注的是其形状、大小、位置关系，还有运动变化过程中的不变量和不变关系以及最值问题。我们可以将这些研究对象转化为对点的研究。而动点，就要关注它怎样动，即运动轨迹，当然，还要求出这个轨迹。

下面，我们体会一下为什么要求点的运动轨迹，怎么求点的运动轨迹。

**例 4.1.1** 过定点 $M$（4，2）任作两条互相垂直的直线 $l_1$ 和 $l_2$，$l_1$ 与 $x$ 轴交于 $A$ 点，$l_2$ 与 $y$ 轴交于 $B$ 点，$P$ 为 $AB$ 的中点，求 $|OP|$ 的最小值。

**【解析】** 我们先通过图 4.1.1 与图 4.1.2 直观感知一下此题的几何条件。

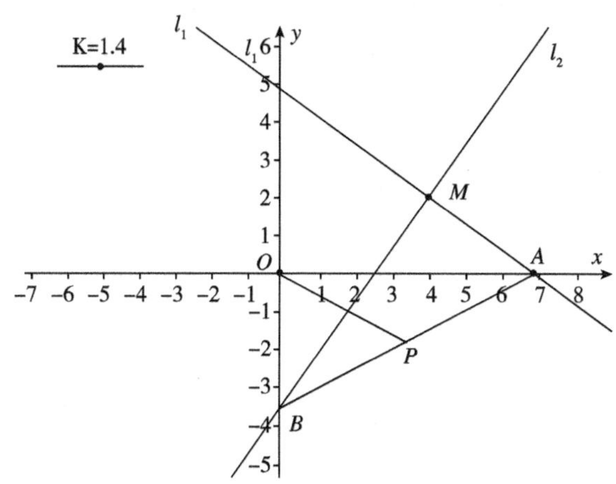


**图 4.1.1**

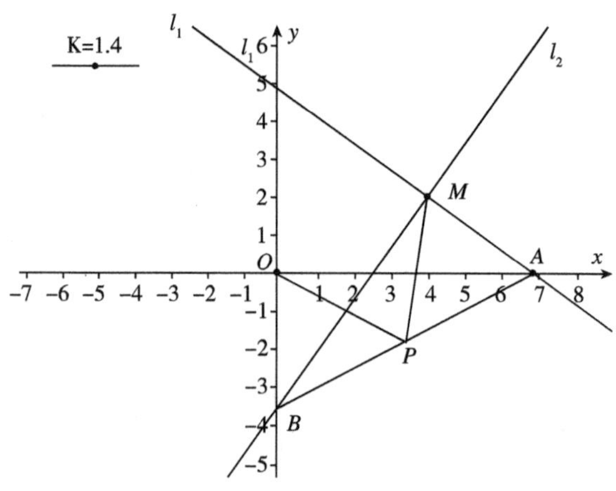


图 4.1.2

过定点 $M$（4，2）任作两条互相垂直的直线 $l_1$ 和 $l_2$，得知 $l_1$ 和 $l_2$ 是动直线，所以点 $A$，$B$ 为动点，进而点 $P$ 也是动点，如图 4.1.1。

要求动点 $P$ 到原点 $O$ 的距离的最小值，首先要得到动点 $P$ 的运动规律（轨迹）。

为了求点 $P$ 的轨迹，下面我们先找一找关于点 $P$ 的限制条件。

观察可知，当两条动直线 $l_1$ 和 $l_2$ 运动时，有两个不变的关系：即 $OA \perp OB$，$MA \perp MB$，而 $AB$ 恰好是 Rt△$AMB$和 Rt△$AOB$ 的公共斜边。

因为 $P$ 为 $AB$ 的中点，故 $|PO| = |PM|$，如图 4.1.2，即找到点 $P$ 的限制条件。

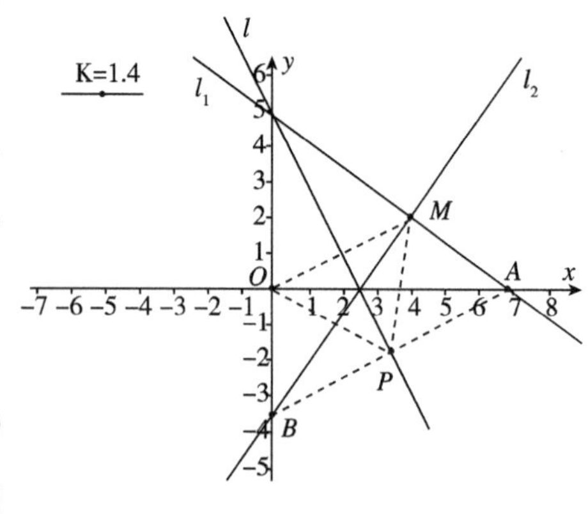


图 4.1.3

所以点 $P$ 的轨迹为线段 $OM$ 的垂直平分线。

易求得其方程为 $l$：$y = -2x + 5$，如图 4.1.3。

显然，$|OP|$ 的最小值即为点 $O$ 到 $l$ 的距离，所以 $|OP|_{min}=d=\frac{5}{\sqrt{5}}=\sqrt{5}$。

我们梳理一下思维过程：

**表 4.1.2 例 4.1.1 思维过程**

| 思维过程 | 内容 |
|---|---|
| 确定研究目标 | 求 $|OP|$ 的最小值 |
| 分析研究思路 | 最值问题是函数问题，所以要求出函数关系式。此问题中，因变量是“$|OP|$”，自变量是“点 $P$”，当然，求这个函数的最值问题，首先要找到定义域，即动点 $P$ 的轨迹。 |
| 制定研究路径 | 为了找点 $P$ 的轨迹，就要找点 $P$ 的限制条件。<br>第一步，找到“主动元”。众多的动点或动直线中导致其他元素运动的元素，就称之为“主动元”。<br>$l_1$ 和 $l_2$ 是动直线，也带动了点 $A$、$B$ 运动，进而点 $P$ 也运动，故 $l_1$ 和 $l_2$ 是主动元。<br>第二步，找到运动变化中的不变量或不变关系。<br>$l_1$ 和 $l_2$ 运动时，有两个不变的关系：即 $OA\perp OB$，$MA\perp MB$，而 $AB$ 恰好是 $Rt\triangle AMB$ 和 $Rt\triangle AOB$ 的公共斜边。因为 $P$ 为 $AB$ 的中点，故 $|PO|=|PM|$，即找到点 $P$ 的限制条件。所以点 $P$ 的轨迹为线段 $OM$ 的垂直平分线。 |
| 解决问题 | $|OP|$ 的几何意义是定点 $O$ 到线段 $OM$ 的垂直平分线上任意一点的距离，故垂线段最短。 |

为什么要找到 $|OP|$ 的几何意义？因为 $|OP|$ 是两点间距离，是几何要素，几何上有如下的模型可以使用：两点间最短路径模型、点到直线上动点的最短路径模型、圆外一点到圆上一点的最短距离模型、分别在相离的两个圆上的两个动点的最短距离模型等。当然也可以利用代数法转化为函数问题求解。

算法如下：

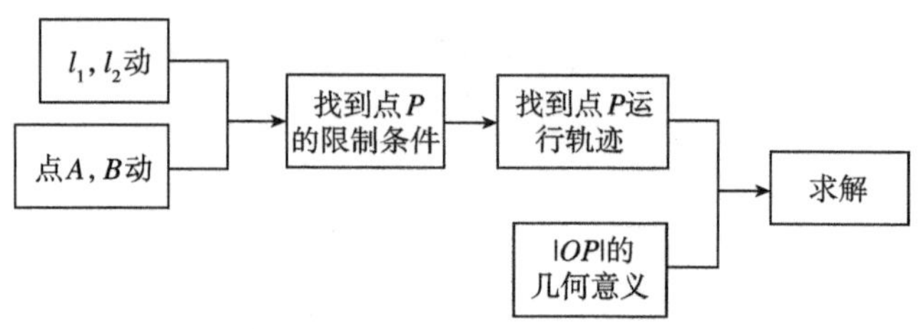


**图 4.1.4　例 4.1.1 的算法**

有的点在两条曲线上，即为两条曲线的交点，这种情况如何处理呢？

**例 4.1.2**　已知圆 $C$：$x^2+y^2=2$，直线 $l$：$x+2y-4=0$，点 $P$（$x_0$，$y_0$）在直线 $l$ 上。若存在圆 $C$ 上的点 $Q$，使得 $\angle OPQ=45°$（$O$ 为坐标原点），则 $x_0$ 的取值范围是（　　）。

A. $[0,1]$　　B. $\left[0,\dfrac{8}{5}\right]$　　C. $\left[-\dfrac{1}{2},1\right]$　　D. $\left[-\dfrac{1}{2},\dfrac{8}{5}\right]$

**【解析】**仔细观察发现，点 $P$ 是直线 $l$ 上的动点，但再读下去，有 $\angle OPQ=45°$，点 $P$ 又出现了，如图 4.1.5，即：

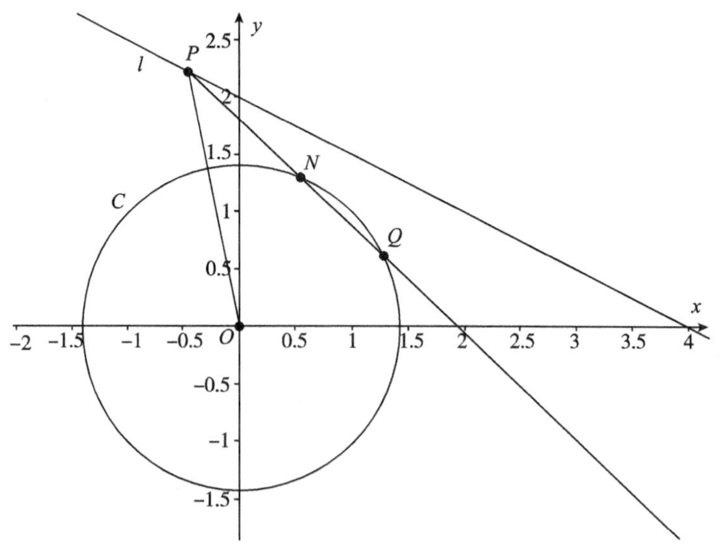


**图 4.1.5**

点 $P$ 出现2次，于是我们大胆猜：点 $P$ 也是另一条曲线 $\Gamma$ 上的点，也就是说，点 $P$ 是直线 $l$ 与曲线 $\Gamma$ 的交点。

下面我们就从“若存在圆 $C$ 上的点 $Q$，使得 $\angle OPQ=45°$”出发，求一下点 $P$ 的另一个轨迹 $\Gamma$ 的方程。

怎么找点 $P$ 的限制条件呢？

把关于点 $P$ 的条件集中起来看一看：“存在圆 $C$ 上的点 $Q$，使得 $\angle OPQ=45°$”包含两个含义：

第一个是直线 $PQ$ 与圆有交点，这个条件可以翻译为“圆心到直线的距离小于或等于半径”，如图4.1.5；

第二个是 $\angle OPQ=45°$。只看这一个条件不好找联系，但和上一条结合在一起，就出现了等腰直角三角形，如图4.1.6。

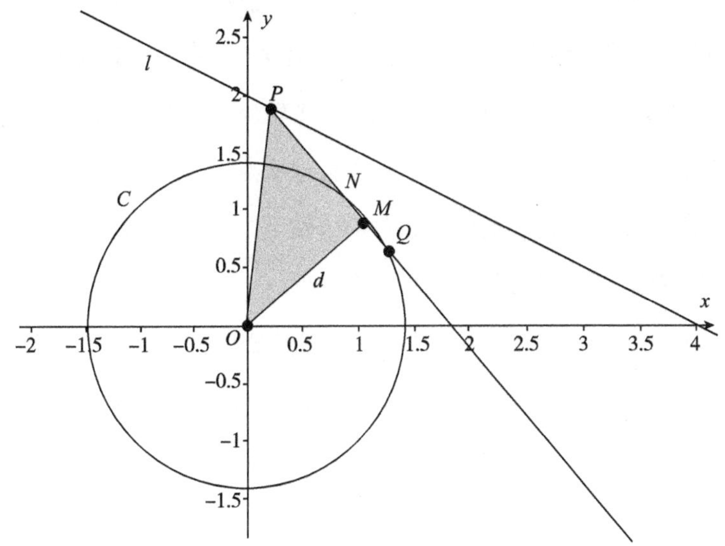


**图4.1.6**

连接 $PO$，设直线 $PQ$ 与圆交于点 $Q$，$N$，记线段 $QN$ 的中点为 $M$，$OM=d$。

表 4.1.3

| 几何 | 代数 |
|---|---|
| 直线 $PQ$ 与圆交于点 $Q$，$N$ | 圆心到直线 $PQ$ 的距离 $d$ 小于或等于半径。故 $d \leqslant r=\sqrt{2}$ |
| $\angle OPQ=45°$ | 结合弦心距 $OM$ 得到 Rt$\triangle OPM$，故 $d=\|OP\|\sin 45°$。 |

于是，在 Rt$\triangle OPM$ 中（如表 4.1.3），

$$\left.\begin{cases} d=|OP|\sin 45° \\ d\leqslant\sqrt{2} \end{cases}\right\}\Rightarrow |OP|\leqslant 2$$，即点 $P$ 的另一个轨迹 $\Gamma$ 是以原点为圆心，半径为 2 的圆面（含圆周）。

因此，直线 $l$ 与圆面 $\Gamma$ 有交点 $P$，$P$ 的横坐标的取值范围即为所求。

$$\begin{cases} x^2+y^2\leqslant 4, \\ x+2y-4=0 \end{cases}\Rightarrow x^2+\left(\frac{4-x}{2}\right)^2\leqslant 4\Rightarrow 5x^2-8x\leqslant 0，故 0\leqslant x\leqslant\frac{8}{5}。$$

通过分析，得出结论：点 $P$ 在直线 $l$ 上运动，又在另一条曲线 $\Gamma$ 上运动，于是，我们根据已知条件，求出点 $P$ 的另一个轨迹 $\Gamma$ 的方程，进而求解。

思维过程与例 4.1.1 相同，但要体会求动点 $P$ 的另一个轨迹 $\Gamma$ 方程的想法，逐渐积累找动点 $P$ 的限制条件的方法。

我们再熟悉一下找限制条件的思维过程。

**例 4.1.3** 已知圆 $C$：$(x-2)^2+y^2=2$，直线 $l$：$y=kx-2$。若直线 $l$ 上存在点 $P$，过点 $P$ 引圆的两条切线 $l_1$，$l_2$，使得 $l_1\perp l_2$，则实数 $k$ 的取值范围是（　　）。

A. $[0, 2-\sqrt{3})\cup(2+\sqrt{3}, +\infty)$

B. $[2-\sqrt{3}, 2+\sqrt{3}]$

C. $(-\infty, 0)$

D. $[0, +\infty)$

**【解析】** 观察发现，点 $P$ 是直线 $l$ 上的动点，但再读下去，又有点

$P$，即：

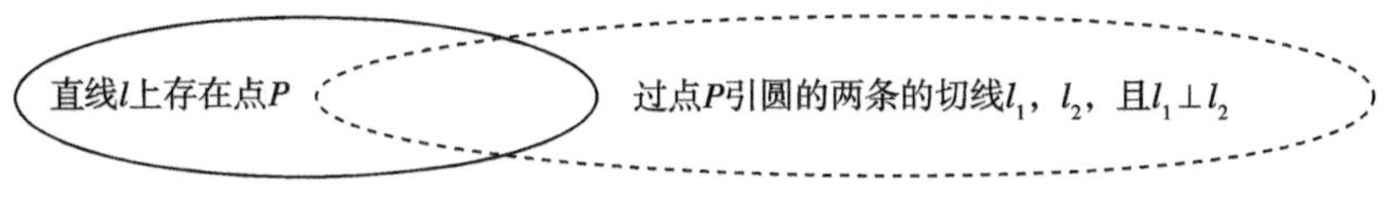


**图 4.1.7**

点 $P$ 出现 2 次，于是我们大胆猜：点 $P$ 是另一条曲线 $\Gamma$ 上的点，也就是说，点 $P$ 应该是直线 $l$ 与曲线 $\Gamma$ 的交点。

下面，就从“过点 $P$ 引圆的两条切线 $l_1$，$l_2$，使得 $l_1 \perp l_2$”出发，求一下点 $P$ 的另一个轨迹 $\Gamma$ 的方程。

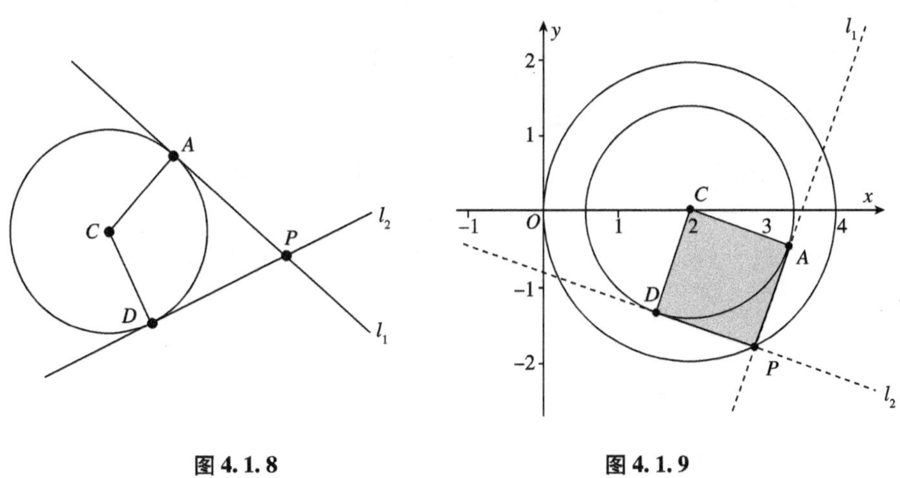


**图 4.1.8**　　　　**图 4.1.9**

如图 4.1.8，点 $P$ 在圆外，引两条切线 $l_1$，$l_2$，切点分别为 $A$，$D$，已知 $l_1 \perp l_2$，则在四边形 $PACD$ 中，$\angle APD = \angle PAC = \angle PDC = 90°$，又因为 $|CA| = |CD| = r$，所以该四边形为正方形，修正后得到图 4.1.9。

既然求点 $P$ 的轨迹方程，就找限制点 $P$ 的几何条件，即关于点 $P$ 的不变的数量关系。

正方形 $PACD$ 中，$C$ 是定点，且 $|CP|=\sqrt{2}r=2$。

即点 $P$ 的轨迹 $\Gamma$ 为以 $C$ 为圆心，2 为半径的圆。

于是，直线 $l$ 与圆面 $\Gamma$ 有交点 $P$，所以圆心 $C$（2，0）到直线 $l$：$y=kx-2$ 的距离 $d\leqslant2$。

$\dfrac{|2k-2|}{\sqrt{k^2+1}}\leqslant2\Rightarrow k\geqslant0$，故实数 $k$ 的取值范围是 $[0,+\infty)$。

动点，就要关注怎么动，即运动轨迹是什么，有了这个轨迹，就可以进一步利用代数方法研究几何问题了，这就是解析几何思维。这个思维方法在利用向量研究几何问题中也是适用的。

**例 4.1.4** 在平面直角坐标系中，记 $d$ 为点 $P$（$\cos\theta$，$\sin\theta$）到直线 $l$：$x-my-2=0$ 的距离，当 $\theta$、$m$ 变化时，$d$ 的最大值为（　　）。

A. 1　　B. 2　　C. 3　　D. 4

**【解析】** 这是双变量问题，点 $P$ 运动，直线 $l$ 也在动。

首先，点 $P$（$\cos\theta$，$\sin\theta$）是动点，怎么动？求其轨迹。

令 $P$（$x$，$y$），则 $\begin{cases}x=\cos\theta\\y=\sin\theta\end{cases}$，得 $x^2+y^2=\cos^2\theta+\sin^2\theta=1$，即点 $P$ 在单位圆上。

其次，再看看直线 $l$：$x-my-2=0$，是动直线，但过定点（2，0）。

于是，这个问题就变成圆 $x^2+y^2=1$ 上动点 $P$ 到动直线 $l$ 距离的最大值问题，两个都在动，怎么办?

最后，利用控制变量法研究此问题。

第一步，先让直线 $l$ 不动，则转化为圆上动点 $P$ 到定直线 $l$ 距离的最大值问题，如图 4.1.10。

过原点 $O$ 作 $OD\perp l$，垂足为 $D$，则 $|PH|_{\max}=|OD|+r$，即把动点 $P$ 到定直线 $l$ 距离最大值问题转化为原点 $O$ 到定直线 $l$ 的距离 $OD$ 的最大值

问题，如图 4. 1. 11。



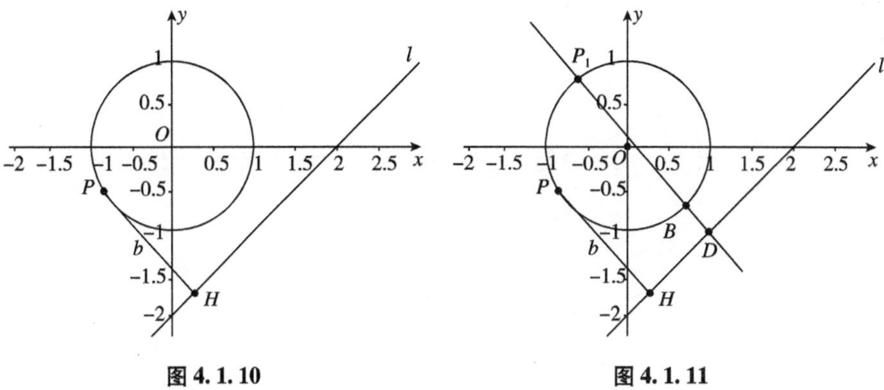


图 4. 1. 10　　图 4. 1. 11

第二步，求原点 $O$ 到动直线 $l$ 的距离 $OD$ 的最大值。因为此时动直线过定点 $A$（2，0），我们再关注一下动直线运动变化过程中的不变量或不变关系。

原点 $O$ 和点 $A$（2，0）均为定点，在直线 $l$ 运动过程中，总有 $OD\perp AD$，垂足为 $D$，如图 4. 1. 12，点 $D$ 是动点，怎么动？由圆的性质可知，动点 $D$ 的轨迹是以 $OA$ 为直径的圆，如图 4. 1. 13。

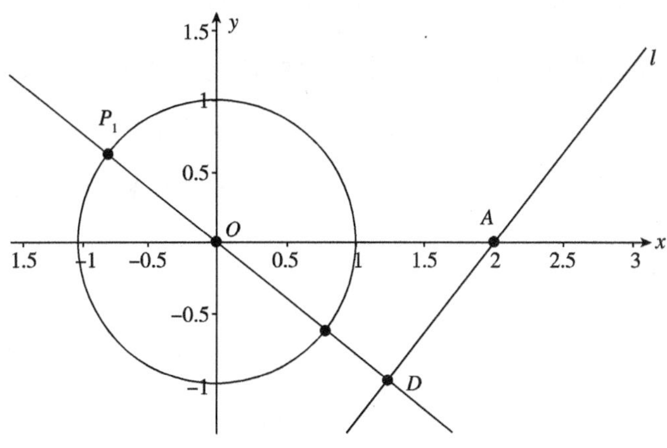


图 4. 1. 12

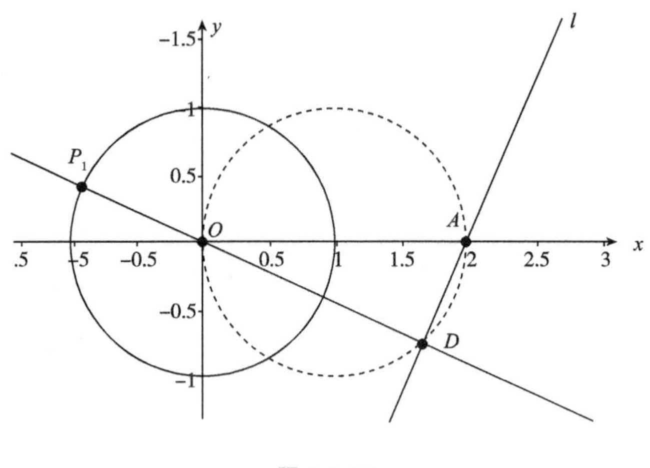


**图 4.1.13**

至此，此题转化为定点 $O$ 到以 $OA$ 为直径的圆上的动点 $D$ 的距离的最大值，显然，由圆的性质可知，最大值为直径 $|OA|=2$，此时直线与 $x$ 轴垂直。

我们梳理一下刚才的思维过程：

首先，点动成线。动点 $P$ 形成单位圆，动直线 $l$ 过定点，将所求问题转化为圆上的动点到动直线的距离的最值；

其次，利用控制变量法把双变量问题转化为单变量问题。先固定直线，研究动点 $P$ 到定直线 $l$ 的距离，找到不变量或不变关系；

最后，将问题转化为定点 $O$ 到动直线的最值问题，研究动点 $D$ 的轨迹，最终得到结论。

我们有时也说，最值之前先有“定值”，这个“定值”就指动点的轨迹。借助不变量或不变关系转化最值问题，然后再求最值问题。

下面我们再体会一个利用向量法研究最值的问题。

**例 4.1.5** 已知梯形 $ABCD$ 中，$AD=DC=CB=\frac{1}{2}AB$，$P$ 是 $BC$ 边上一点，且 $\overrightarrow{AP}=x\overrightarrow{AB}+y\overrightarrow{AD}$。当 $P$ 在 $BC$ 边上运动时，$x+y$ 的最大值是______。

【解析】当 $P$ 在 $BC$ 边上运动，还是几何图形中的动点问题吗，怎么动？

点 $P$ 运动，带动 $x$，$y$ 变化。所以求 $x+y$ 的最大值，自然想到点 $P$ 的运动规律能否用 $x$，$y$ 来描述。

**想法 1：利用三点共线的充要条件找限制条件**

由 $P$ 在 $BC$ 边上运动，得 $B$，$C$，$P$ 三点共线。

由已知，$\overrightarrow{CD}=-\frac{1}{2}\overrightarrow{AB}$，故$\overrightarrow{AD}=\overrightarrow{AC}+\overrightarrow{CD}=\overrightarrow{AC}-\frac{1}{2}\overrightarrow{AB}$，于是得

$$\overrightarrow{AP}=x\overrightarrow{AB}+y\overrightarrow{AD}=x\overrightarrow{AB}+y\left(\overrightarrow{AC}-\frac{1}{2}\overrightarrow{AB}\right)=\left(x-\frac{1}{2}y\right)\overrightarrow{AB}+y\overrightarrow{AC},$$

由于 $B$，$C$，$P$ 三点共线，所以 $x-\frac{1}{2}y+y=1$，即得 $2x+y=2$，且 $0\leqslant y\leqslant 1$。

至此，我们用 $x$，$y$ 描述出点 $P$ 的运动规律。

所以 $x+y=y+\frac{2-y}{2}=1+\frac{y}{2}\leqslant\frac{3}{2}$，因此 $x+y$ 的最大值是$\frac{3}{2}$，此时 $x=\frac{1}{2}$，$y=1$，点与 $P$ 点 $C$ 重合。

当然，此题建立直角坐标系也很漂亮。

**想法 2：建立平面直角坐标系**

为了建立坐标系，首先，研究等腰梯形 $ABCD$ 的性质。

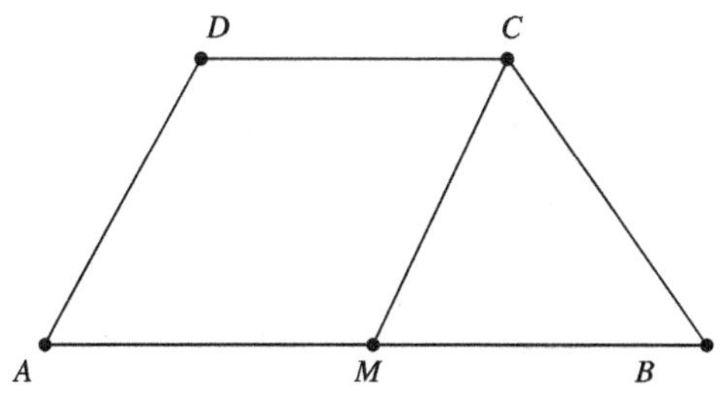


图 4.1.14

如图4.1.14，在等腰梯形 $ABCD$ 中，$AD=DC=CB=\frac{1}{2}AB$。

取 $AB$ 中点 $M$，连接 $CM$，得到菱形 $ADCM$，于是，$CM=CB=MB$，得等边三角形 $\triangle CMB$，故 $\angle A=\angle CMB=\angle B=60°$。

如图4.1.15，建立平面直角坐标系，在等腰梯形 $ABCD$ 中，设 $|\overrightarrow{AB}|=4$，$|\overrightarrow{AD}|=2$。

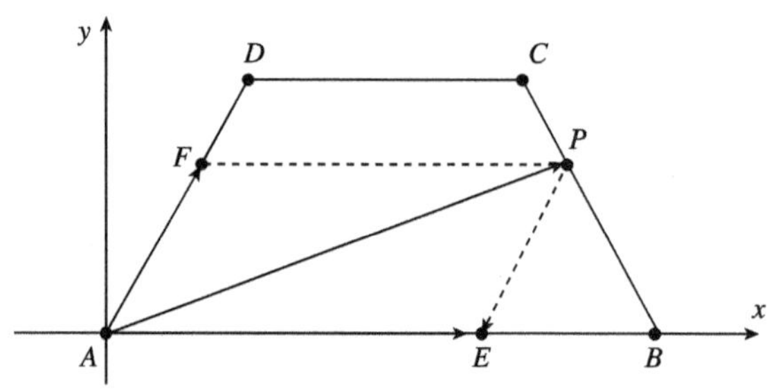


**图4.1.15**

则 $A(0,0)$，$B(4,0)$，$D(1,\sqrt{3})$，$C(3,\sqrt{3})$，

故直线 $BC$ 的方程为 $y=-\sqrt{3}(x-4)$，设 $P(m,-\sqrt{3}(m-4))$，

因为 $\overrightarrow{AP}=x\overrightarrow{AB}+y\overrightarrow{AD}$，故 $(m,-\sqrt{3}(m-4))=x(4,0)+y(1,\sqrt{3})$，

得 $\begin{cases}4x+y=m\\ \sqrt{3}y=-\sqrt{3}(m-4)\end{cases}\Rightarrow 2x+y=2$，且 $0\leqslant y\leqslant 1$，

所以 $x+y=y+\frac{2-y}{2}=1+\frac{y}{2}\leqslant\frac{3}{2}$，因此 $x+y$ 的最大值是 $\frac{3}{2}$，此时 $x=\frac{1}{2}$，$y=1$，点 $P$ 与点 $C$ 重合。

几何问题中，我们主要研究几何图形的运动变化过程中的不变量和不变关系，运动是出发点，而落脚点就是不动，即规律。

## 第二节 重现利用代数方法研究几何问题的过程

《普通高中数学课程标准（2017 年版）》指出，主题二“几何与代数”的内容包括：空间向量与立体几何、平面解析几何。本主题的研究对象是几何图形，所用的主要研究方法是代数方法。

平面解析几何解决问题的基本流程：

（1）根据具体问题，建立适当的平面直角坐标系；（2）根据几何问题和图形的特点，用代数语言把几何问题转化成为代数问题；（3）对几何问题（图形）进行分析，探索解决问题的思路，运用代数方法得到结论；（4）给出代数结论合理的几何解释，解决几何问题。

解析几何问题的出发点是动点（动直线），落脚点是不变关系。

在这里，我们要解决两个问题：

一是运动元素较多，哪一个是主动元；二是我们要用代数方法研究几何问题，则必须先将此几何问题转化为代数问题。

### 一、逐句翻译，实现几何条件代数化

这里，我们体会“十六字”：明确方向，逐句翻译，化简求解，规范答题。

（1）明确方向，即解决什么几何问题。

（2）逐句翻译，即几何问题代数化，或转化为另一个几何条件再代数化，如何代数化？需要我们仔细分析几何图形的几何性质，这点很重要，经验告诉我们，结合几何性质的翻译，运算更简单。

（3）化简求解，这里我们强调“化简”而不是“一味地运算”，运算过程中“化简”是主旋律，这一点在第五章“计算能力是怎样炼成的”中会有详细阐述。

（4）规范答题，就是注重有逻辑的表达，而不是简单的式子和符号。

**例 4.2.1** 在平面直角坐标系中，点 $B$ 与点 $A$（$-1$，1）关于原点 $O$ 对称，$P$ 是动点，且直线 $AP$ 与 $BP$ 的斜率之积等于 $-\frac{1}{3}$。

（Ⅰ）求动点 $P$ 的轨迹方程；

（Ⅱ）设直线 $AP$ 和 $BP$ 分别与直线 $x=3$ 交于 $M$，$N$ 两点，问：是否存在点 $P$，使得△$PAB$ 与△$PMN$ 的面积相等。若存在，求出点 $P$ 的坐标；若不存在，说明理由。（如图 4.2.1）

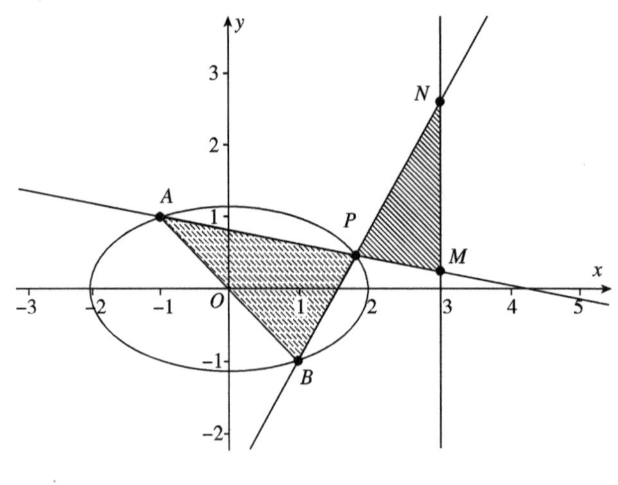


**图 4.2.1**

**【解析】** 易求动点 $P$ 的轨迹方程为 $x^2+3y^2=4$（$x\neq\pm1$），下面主要分析第（Ⅱ）问。

“直线 $AP$ 和 $BP$ 分别与直线 $x=3$ 交于 $M$，$N$ 两点，是否存在点 $P$，使得△$PAB$ 与△$PMN$ 的面积相等”，我们据此画图观察，得到主动元信息：

（1）因为直线 $AP$ 和 $BP$ 运动，带动 $\triangle PAB$ 与 $\triangle PMN$ 的形状也在变化，所以，可以把直线 $AP$ 和 $BP$ 作为主动元。

（2）直线 $AP$ 和 $BP$ 运动，其实是点 $P$ 运动。进而点 $M$，$N$ 运动，那么 $\triangle PAB$ 与 $\triangle PMN$ 的形状也在变化，还可以把点 $P$ 作为主动元。

**思路1** 点 $P$ 为主动元，逐句翻译

表 4.2.1

| 几何 | 代数 |
| --- | --- |
| $P$ 是椭圆上的动点 | 设 $P(x_0, y_0)$，且 $x_0^2+3y_0^2=4\ (x_0\neq\pm1)$ |
| 直线 $AP$ 与直线 $x=3$ 交于点 $M$， | 则直线 $AP$ 的方程为 $y-1=\dfrac{y_0-1}{x_0+1}(x+1)$，<br>$\begin{cases}y-1=\dfrac{y_0-1}{x_0+1}(x+1)\\x=3\end{cases}\Rightarrow y_M=\dfrac{4y_0+x_0-3}{x_0+1}$ |
| 直线 $BP$ 与直线 $x=3$ 交于点 $N$ | 直线 $BP$ 的方程为 $y+1=\dfrac{y_0+1}{x_0-1}(x-1)$<br>$\begin{cases}y+1=\dfrac{y_0+1}{x_0-1}(x-1)\\x=3\end{cases}\Rightarrow y_N=\dfrac{2y_0-x_0+3}{x_0-1}$ |
| $\triangle PAB$ 与 $\triangle PMN$ 的面积相等 | $S_{\triangle PMN}=\dfrac{1}{2}\|y_M-y_N\|(3-x_0)=\dfrac{\|x_0+y_0\|(3-x_0)^2}{\|x_0^2-1\|}$<br>又直线 $AB$ 的方程为 $x+y=0$，$\|AB\|=2\sqrt{2}$<br>点 $P$ 到直线 $AB$ 的距离 $d=\dfrac{\|x_0+y_0\|}{\sqrt{2}}$<br>于是 $S_{\triangle PAB}=\dfrac{1}{2}\|AB\|\cdot d=\|x_0+y_0\|$<br>当 $S_{\triangle PAB}=S_{\triangle PMN}$时，得<br>$\|x_0+y_0\|=\dfrac{\|x_0+y_0\|(3-x_0)^2}{\|x_0^2-1\|}$，又 $\|x_0+y_0\|\neq0$。<br>所以$(3-x_0)^2=\|x_0^2-1\|$，解得 $x_0=\dfrac{5}{3}$。<br>因为 $x_0^2+3y_0^2=4$，所以 $y_0=\pm\dfrac{\sqrt{33}}{9}$。 |
|  | 得 $P\left(\dfrac{5}{3}, \pm\dfrac{\sqrt{33}}{9}\right)$ |

思路很顺畅，但在翻译过程中，没有学生熟悉的“直线与椭圆联立的方程组，进而解方程组、韦达定理等熟悉的运算”，为什么没出现呢？是

因为已知的几何条件中没有“直线与椭圆相交”这样的条件，也就没有了直线与椭圆联立的方程组。

也可以这样说，有什么几何条件（结论），就应该有什么样的代数书写，潜台词就是：我们解答时翻译的过程是受几何条件左右的。

我们再回看一下，发现由 $S_{\triangle PAB}=S_{\triangle PMN}$ 翻译的最终结果是 $(3-x_0)^2=|x_0^2-1|$，只与 $x_0$ 有关，我们就可以大胆猜想：$\triangle PAB$ 与 $\triangle PMN$ 的关键点是 $P$，$A$，$B$，$M$，$N$，应该可以在翻译时，直接用这些点的横坐标翻译三角形的面积。

**思路 2**　点 $P$ 为主动元，先翻译三角形面积（如图 4.2.1）

**表 4.2.2**

| 几何 | 代数 |
|---|---|
| $P$ 是椭圆上的动点 | 设 $P(x_0,y_0)$，且 $x_0^2+3y_0^2=4$（$x_0\neq\pm1$） |
| $\triangle PAB$ 与 $\triangle PMN$ 的面积相等 | 因为 $S_{\triangle PAB}=S_{\triangle PMN}$，则<br>$\frac{1}{2}\|PA\|\cdot\|PB\|\sin\angle APB=\frac{1}{2}\|PM\|\cdot\|PN\|\sin\angle MPN$。<br>因为 $\sin\angle APB=\sin\angle MPN$，<br>所以 $\frac{\|PA\|}{\|PM\|}=\frac{\|PN\|}{\|PB\|}$，<br>而三点 $P$，$B$，$N$ 共线，三点 $P$，$A$，$M$ 共线。<br>故 $\frac{\|x_0+1\|}{\|3-x_0\|}=\frac{\|3-x_0\|}{\|x_0-1\|}$，即 $(3-x_0)^2=\|x_0^2-1\|$，<br>解得 $x_0=\frac{5}{3}$。<br>又因为 $x_0^2+3y_0^2=4$，所以 $y_0=\pm\frac{\sqrt{33}}{9}$。 |
| | 得 $P\left(\frac{5}{3},\ \pm\frac{\sqrt{33}}{9}\right)$。 |

需要注意的是，很多同学独立思考后，都得到 $|PA|\cdot|PB|=|PM|\cdot|PN|$ 这个结论，但下面该怎么化坐标就无从下手了。

因此，对 $|PA|\cdot|PB|=|PM|\cdot|PN|$ 这个式子化坐标的过程会有两个疑问：

第一个疑问：为什么要把整式化为分式？

第二个疑问：为什么直接化为$\frac{|PA|}{|PM|}=\frac{|PN|}{|PB|}$？而不是$\frac{|PA|}{|PN|}=\frac{|PM|}{|PB|}$？

其实，这两个疑问是一个问题，即化坐标，也就是两点间距离化坐标的问题。

我们梳理一下两点间距离公式：

**表 4.2.3**

| | 条件 | 距离公式 |
| --- | --- | --- |
| 数轴上两点间距离 | $A(x_1, 0)$，$B(x_2, 0)$ | $\|AB\|=\|x_1-x_2\|$ |
| 平面上两点间距离 | 已知$A(x_1, y_1)$，$B(x_2, y_2)$，求$\|AB\|$。 | 由两点间距离公式，得$\|AB\|=\sqrt{(x_1-x_2)^2+(y_1-y_2)^2}$ |
| 加入直线元素 | 已知$A(x_1, y_1)$，$B(x_2, y_2)$在直线$y=kx+m$上，求$\|AB\|$。 | 因为在直线上，故$\begin{cases}y_1=kx_1+m\\y_2=kx_2+m\end{cases}\Rightarrow$<br>$y_1-y_2=k(x_1-x_2)$<br>得$\|AB\|=\sqrt{(x_1-x_2)^2+(y_1-y_2)^2}=\sqrt{(x_1-x_2)^2+k^2(x_1-x_2)^2}=\sqrt{1+k^2}\|x_1-x_2\|$ |
| 三点共线的背景 | 已知$A(x_1, y_1)$，$B(x_2, y_2)$，$C(x_3, y_3)$在直线$y=kx+m$上，求$\frac{\|AC\|}{\|BC\|}$。 | 第一种解释：<br>$\frac{\|AC\|}{\|BC\|}=\frac{\sqrt{1+k^2}\|x_1-x_3\|}{\sqrt{1+k^2}\|x_3-x_2\|}=\frac{\|x_1-x_3\|}{\|x_3-x_2\|}$；<br>第二种解释：<br>平行线分线段成比例。由点$A$，$B$，$C$分别向$x$轴作垂线，垂足分别为$A_1$，$B_1$，$C_1$，则$\frac{\|AC\|}{\|BC\|}=\frac{\|A_1C_1\|}{\|B_1C_1\|}=\frac{\|x_1-x_3\|}{\|x_3-x_2\|}$。 |

可以看出，当三点共线时，线段之比可以转化为数轴上的线段之比。于是，我们把线段的乘积变为线段之比，目的是转化为数轴上的线段之比，当然，这个转化的前提是——三点共线。

所以，我们把 $|PA|\cdot|PB|=|PM|\cdot|PN|$ 变形为 $\frac{|PA|}{|PM|}=\frac{|PN|}{|PB|}$，原因是 $P$，$A$，$M$ 三点共线，同时 $P$，$B$，$N$ 三点也共线。

如果在翻译之前，我们先分析一下几何图形，可能会简化运算过程。

逐句翻译，有效但不一定是最优的，充分挖掘几何图形的几何性质，也会简化运算过程。

**思路 3**　利用几何图形的几何性质

观察图形发现，$\triangle PAB$ 与 $\triangle PMN$ 构成“8 字图”可以利用“割补法”将其补成“$A$ 字图”，如图 4.2.2，于是两个小三角形就变成两个大三角形，面积依然相等，如图 4.2.3。

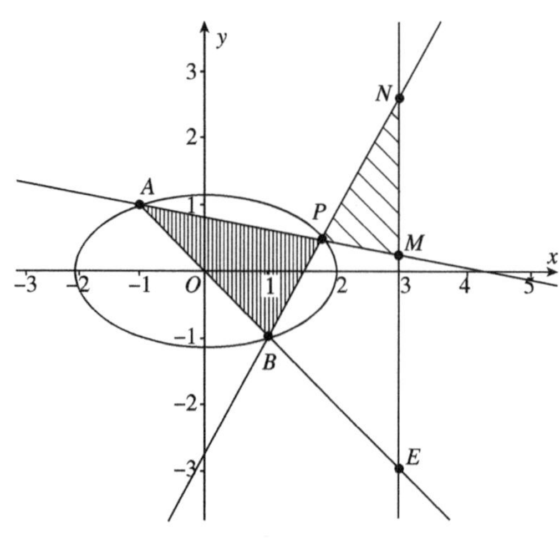


图 4.2.2

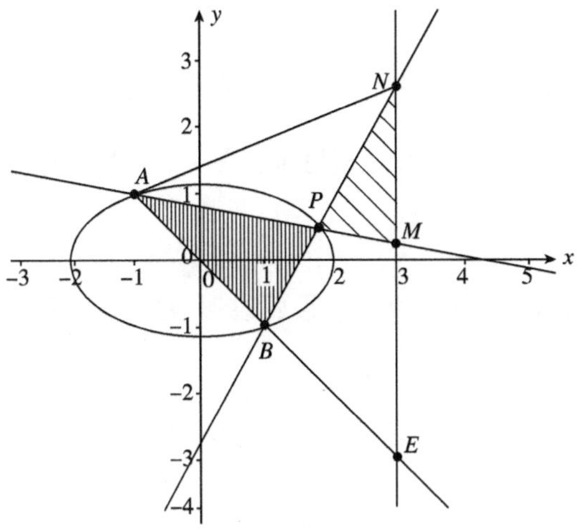


图 4.2.3

表 4.2.4

| 几何 | 代数 |
| --- | --- |
| $\triangle PAB$ 与 $\triangle PMN$ 的面积相等 | 由已知得 $A(-1,1)$，$B(1,-1)$，<br>$S_{\triangle PAB}=S_{\triangle PMN}\Rightarrow S_{\triangle BNE}=S_{\triangle MAE}$，<br>点 $B$ 到直线 $x=3$ 距离为 2，点 $A$ 到直线 $x=3$ 距离为 4。<br>得 $\frac{1}{2}\cdot\|NE\|\times 2=\frac{1}{2}\cdot\|ME\|\times 4\Rightarrow\|NE\|=2\|ME\|$，<br>所以 $M$ 是线段 $NE$ 的中点。<br>又因为 $A(-1,1)$，$B(1,-1)$，直线 $AB$ 交直线 $x=3$ 于点 $E(3,-3)$，故 $B$ 是线段 $AE$ 的中点。<br>连接 $NA$（如图 4.2.3），则 $BN$ 和 $MA$ 为 $\triangle NAE$ 的中线。<br>又点 $P$ 是 $BN$ 与 $MA$ 的交点，<br>故点 $P$ 是 $\triangle NAE$ 重心。<br>因为 $N(3,t)$，<br>$x_p=\frac{x_N+x_A+x_E}{3}=\frac{3+(-1)+3}{3}=\frac{5}{3}$。 |
| $P$ 是椭圆上一点 | $x_P^2+3y_P^2=4$，所以 $y_P=\pm\frac{\sqrt{33}}{9}$，<br>得 $P\left(\frac{5}{3},\ \pm\frac{\sqrt{33}}{9}\right)$。 |

几何好懂不好算，代数好算不好懂，坐标法把两者很好地结合起来。在平面直角坐标系中，点的坐标是由几何作图得到的，要将各种几何性质翻译成坐标运算，需要求助于几何定理，这里就体现了数形结合的数学思

想方法，也是解析几何这门学科的精髓。

有时候，逐句翻译也是不容易的，我们看下面的例子。

**例 4.2.2** 已知 $A$，$B$，$C$ 是椭圆 $W$：$\frac{x^2}{4}+y^2=1$ 上的三个点，$O$ 是坐标原点。

（Ⅰ）当点 $B$ 是 $W$ 的右顶点，且四边形 $OABC$ 为菱形时，求此菱形的面积；

（Ⅱ）当点 $B$ 不是 $W$ 的顶点时，判断四边形 $OABC$ 是否可能为菱形，并说明理由。

我们主要看第（Ⅱ）问，这个问题是将常规的直接求解计算变为探究问题；存在性问题是几何中常见的问题，也是数形结合的很好体现。

先根据已知条件画图分析一下，如图 4.2.4，观察发现，当 $B$ 不是 $W$ 的顶点时，四边形 $OABC$ 不是菱形，怎么证明这个猜想？

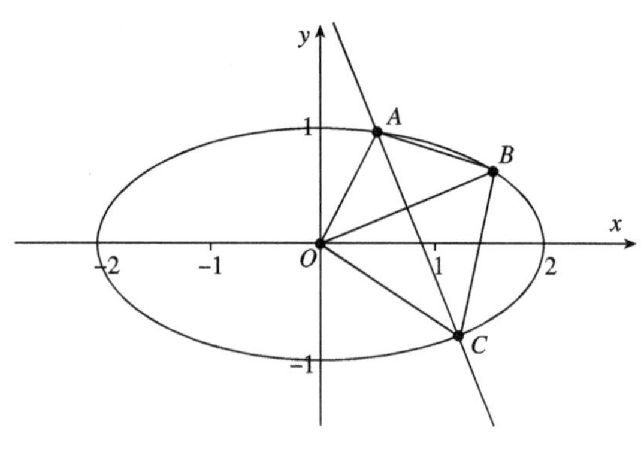


**图 4.2.4**

解析几何问题，势必要把几何条件代数化，但题目中只有"$A$，$B$，$C$ 是椭圆 $W$：$\frac{x^2}{4}+y^2=1$ 上的三个点"这个条件，怎么翻译呢？没有思路，可以在几何图形的性质上做文章。

根据菱形的定义和几何性质，四边形 $OABC$ 是否可能为菱形问题，可以转化为“对角线互相垂直平分”或者“邻边相等的平行四边形”。

**思路1** 从对角线 $AC$ 入手，转化为“对角线互相垂直平分”（此时对角线 $AC$ 与椭圆有两个交点，这是学生熟悉的背景）。

**表 4.2.5**

| 几何 | 代数 |
| --- | --- |
| 假设四边形 $OABC$ 是菱形。<br>则其对角线垂直且平分，<br>其中对角线 $AC$ 与椭圆交于两点 $A$，$C$。<br><br>（垂直用斜率，<br>平分找中点） | 因为 $B$ 不是 $W$ 的顶点，且直线 $AC$ 不过原点，<br>所以可设直线 $AC$ 的方程为 $y=kx+m$（$k\neq0$，$m\neq0$）。<br>且 $A(x_1,y_1)$，$C(x_2,y_2)$<br>由 $\begin{cases}\frac{x^2}{4}+y^2=1\\y=kx+m\end{cases}$，得 $(1+4k^2)x^2+8kmx+4m^2-4=0$。<br>所以 $\frac{x_1+x_2}{2}=-\frac{4km}{1+4k^2}$，$\frac{y_1+y_2}{2}=k\frac{x_1+x_2}{2}+m=\frac{m}{1+4k^2}$<br>则 $AC$ 中点 $D\left(-\frac{4km}{1+4k^2},\frac{m}{1+4k^2}\right)$。<br>因为 $D$ 为 $AC$ 与 $OB$ 的交点，所以直线 $OB$ 的斜率为 $-\frac{1}{4k}$。<br>因为 $-\frac{1}{4k}\cdot k\neq-1$，所以 $AC$ 与 $OB$ 不垂直，与“对角线互相垂直”矛盾。<br>所以 $OABC$ 不是菱形。 |

原题条件中，没有“直线与椭圆相交”这个条件，使得学生不知怎么翻译，当我们利用几何图形的性质，把“菱形”转化为“对角线互相垂直平分”之后，从对角线入手，也就出现了学生熟悉的“利用方程组解决直线 $AC$ 交椭圆于 $A$，$C$ 两点”背景。

**思路2** 从“邻边相等”入手，转化为距离问题。

**表 4.2.6**

| 几何 | 代数 |
| --- | --- |
| $A$，$B$，$C$ 是椭圆 $W$：$\frac{x^2}{4}+y^2=1$ 上的三个点； | 设点 $A(x_1,y_1)$，$B(x_2,y_2)$，$C(x_3,y_3)$，<br>且 $\frac{x_1^2}{4}+y_1^2=1$，$\frac{x_2^2}{4}+y_2^2=1$，$\frac{x_3^2}{4}+y_3^2=1$ |

续表

<table>
<tr><th>几何</th><th>代数</th></tr>
<tr><td>假设四边形 $OABC$ 可能为菱形，则邻边相等。</td><td>$|OA|=|OC|$，则 $x_1^2+y_1^2=x_3^2+y_3^2$，<br>故 $\begin{cases}\dfrac{x_1^2}{4}+y_1^2=1\\ \dfrac{x_3^2}{4}+y_3^2=1\\ x_1^2+y_1^2=x_3^2+y_3^2\end{cases}\Rightarrow x_1^2+1-\dfrac{x_1^2}{4}=x_3^2+1-\dfrac{x_3^2}{4}$<br>$\Rightarrow\begin{cases}x_1^2=x_3^2\\ y_1^2=y_3^2\end{cases}$<br>$\Rightarrow\begin{cases}x_1=x_3\\ y_1=y_3\end{cases}$或$\begin{cases}x_1=x_3\\ y_1=-y_3\end{cases}$或$\begin{cases}x_1=-x_3\\ y_1=y_3\end{cases}$或$\begin{cases}x_1=-x_3\\ y_1=-y_3\end{cases}$。<br>所以点 $A$，$C$ 重合，或者关于 $x$ 轴对称，或者关于 $y$ 轴对称，或者关于原点对称。<br>关于 $x$ 轴对称或关于 $y$ 轴对称，说明点 $B$ 一定是 $W$ 的顶点，与已知矛盾。点 $A$，$C$ 重合或者关于原点对称就构不成四边形。<br>所以四边形 $OABC$ 不可能为菱形。</td></tr>
</table>

利用邻边相等和点在椭圆上，联立方程组，很巧妙，也很简洁。本题有很多解法，这里不再赘述。

以上分析可以体会到，“明确方向，逐句翻译，化简求解，规范答题”有助于分析解题，但必须建立在对几何图形性质的分析的基础上，判断和选择适当的翻译方法，避免复杂的运算，提高解题效率。

## 第三节　重现问题生成过程

教师带领学生做了很多题目后，新问题出现时学生还会感觉茫然无措，说题很难。难吗？其实只是背景变化而已，就是这个变化让学生感到很难。

下面，我们看一看一个问题的演变过程，体会一下在题目变化过程中不变的东西是什么。

**例 4.3.1** 已知椭圆 $C$：$\frac{x^2}{4}+\frac{y^2}{2}=1$ 的左、右顶点分别为 $A$，$B$，过点 $A$ 的直线与椭圆 $C$ 的另一个交点为 $M$，$M$ 是异于 $B$ 的一点，直线 $AM$ 与 $y$ 轴交于点 $P$，点 $Q$ 在 $y$ 轴上，且满足 $AQ/\!/BM$，求证：以 $PQ$ 为直径的圆过椭圆的右焦点 $F$。（如图 4.3.1）

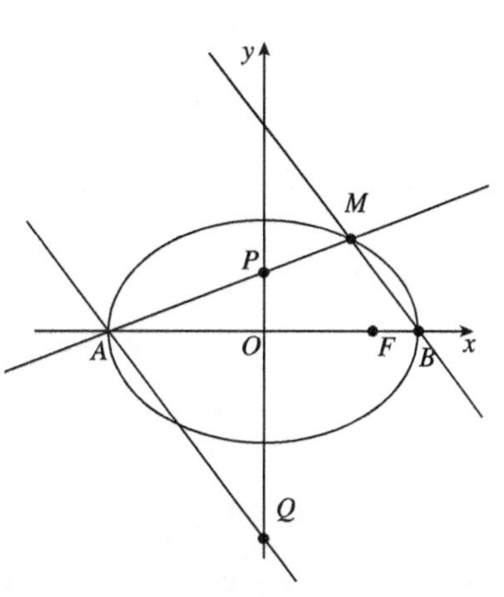


**图 4.3.1**

**【解析】** 我们发现，点 $A$ 是定点，$M$ 为动点。当点 $M$ 运动，也就是直线 $AM$ 运动时，带动点 $P$ 运动，进而点 $Q$ 也运动，运动体系如下：

$$\left.\begin{matrix}AM\\M\end{matrix}\right\}\to P\to Q$$

方案一：点 $M$ 为主动元。运动体系是：$M\to AM\to P$，$AQ/\!/BM\to Q$；

方案二：直线 $AM$ 作为主动元。运动体系是：$AM\to M$，$AQ/\!/BM\to Q$；

为了能直观感知几何问题转化为代数问题的过程，下面，我们用表格的形式呈现。

**思路 1** 设点 $M$ 为主动元

**表 4.3.1**

| 几何 | 代数 |
|---|---|
| 椭圆上一点 $M$ | 设 $M$（$x_0$，$y_0$），则 $x_0^2+2y_0^2=4$ |
| 直线 $AM$ 与 $y$ 轴交于点 $P$ | $\begin{cases}y=\frac{y_0}{x_0+2}(x+2)\\x=0\end{cases}\Rightarrow P\left(0,\ \frac{2y_0}{x_0+2}\right)$ |

续表

| 几何 | 代数 |
| --- | --- |
| 点 $Q$ 在 $y$ 轴上，且满足 $AQ/\!/BM$ | 设点 $Q$ $(0,\ t)$，$A$ $(-2,\ 0)$，$B$ $(2,\ 0)$，<br>由 $k_{AQ}=k_{BM}$，得 $\frac{t}{2}=\frac{y_0}{x_0-2}$，即 $t=\frac{2y_0}{x_0-2}$ |
| 以 $PQ$ 为直径的圆是否过椭圆的右焦点 $F$? | $\overrightarrow{FP}=\left(-\sqrt{2},\ \frac{2y_0}{x_0+2}\right)$，$\overrightarrow{FQ}=\left(-\sqrt{2},\ \frac{2y_0}{x_0-2}\right)$<br>$\overrightarrow{FP}\cdot\overrightarrow{FQ}=2+\frac{4y_0^2}{x_0^2-4}=2+\frac{8-2x_0^2}{x_0^2-4}=0$<br>故以 $PQ$ 为直径的圆过椭圆的右焦点 $F$。 |

注意：在翻译过程中，出现“分式”，故要“打补丁”，即需要讨论分母为 0 的情况，就此题而言，要讨论 $x_0=\pm2$ 的情况，这里不再赘述，后面的例题同此处理。

**思路 2** 设直线 $AM$ 作为主动元

**表 4.3.2**

| 几何 | 代数 |
| --- | --- |
| 过点 $A$ 的直线与椭圆 $C$ 的另一个交点为 $M$ | $\begin{cases}y=k(x+2)\\x^2+2y^2=4\end{cases}\Rightarrow(2k^2+1)x^2+8k^2x+8k^2-4=0$，<br>得 $-2x_M=\frac{8k^2-4}{2k^2+1}$，<br>故 $\begin{cases}x_M=\frac{-4k^2+2}{2k^2+1}\\y_M=k(x_M+2)=\frac{4k}{2k^2+1}\end{cases}$ |
| 直线 $AM$ 与 $y$ 轴交 $P$ | $P$ $(0,\ 2k)$ |
| 点 $Q$ 在 $y$ 轴上，且满足 $AQ/\!/BM$ | 设点 $Q$ $(0,\ t)$，由 $k_{AQ}=k_{BM}$ 得<br>$\frac{t}{2}=\frac{\frac{4k}{2k^2+1}}{\frac{2-4k^2}{2k^2+1}-2}=\frac{4k}{-8k^2}$，得 $t=-\frac{1}{k}$ |
| 以 $PQ$ 为直径的圆是否过椭圆的右焦点 $F$? | 因为 $\overrightarrow{FP}=(-\sqrt{2},\ 2k)$，$\overrightarrow{FQ}=\left(-\sqrt{2},\ -\frac{1}{k}\right)$，<br>而 $\overrightarrow{FP}\cdot\overrightarrow{FQ}=2-2=0$，<br>故以 $PQ$ 为直径的圆过椭圆的右焦点 $F$。 |

同样需要注意：在翻译过程中，出现“斜率 $k$”，但已知没有，故要“打补丁”，即需要讨论 $k$“存在”与“不存在”的情况，这里不再赘述，后面的例题同此处理。

整个过程还是“十六字”：明确方向，逐句翻译，化简求解，规范答题。我们把这个题再加工，变出新的问题，就不知会出现什么新的情况了。

**例 4.3.2** 如图 4.3.2，已知椭圆 $C$：$\frac{x^2}{4}+\frac{y^2}{2}=1$ 的左、右顶点分别为 $A$，$B$，点 $N$ 在 $y$ 轴上，以 $N$ 为圆心过椭圆右焦点 $F$ 的圆交 $y$ 轴于点 $P$，$Q$，直线 $AP$ 与椭圆 $C$ 的另一个交点为 $M$，$M$ 是异于 $B$ 的一点，求证：$AQ /\!/ BM$。

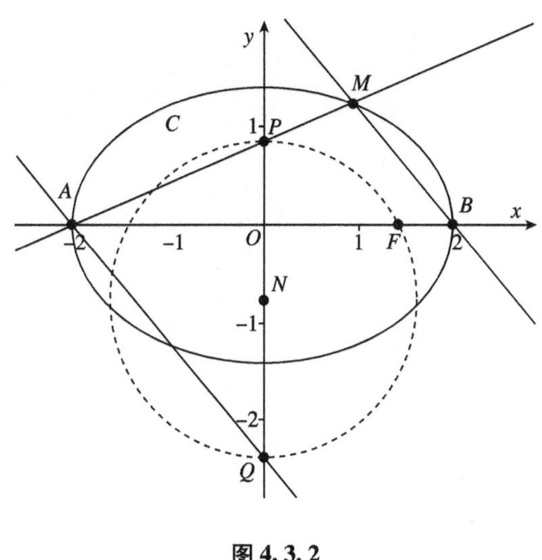


**图 4.3.2**

此题是把例 4.3.1 中的条件“满足 $AQ /\!/ BM$”与结论“以 $PQ$ 为直径的圆过椭圆的右焦点 $F$”对调得到的新命题。

我们还是体会一下“逐句翻译”，即几何条件代数化的过程。

**思路1**　圆作为主动元（即圆心 $N$ 为主动元）

**表 4.3.3**

| 几何 | 代数 |
|---|---|
| 椭圆 $C$：$\frac{x^2}{4}+\frac{y^2}{2}=1$ 的左、右顶点分别为 $A$，$B$ | 由已知，得 $A(-2,0)$，$B(2,0)$ |
| 点 $N$ 在 $y$ 轴上。以 $N$ 为圆心，过椭圆右焦点 $F$ 的圆交 $y$ 轴于点 $P$，$Q$ | $N(0,y_0)$，$F(\sqrt{2},0)$<br>圆的方程为 $x^2+(y-y_0)^2=2+y_0^2$，则<br>$\begin{cases}x^2+(y-y_0)^2=2+y_0^2\\x=0\end{cases}$，解得<br>$P(0,y_0+\sqrt{2+y_0^2})$，$Q(0,y_0-\sqrt{2+y_0^2})$<br>（不妨设点 $P$ 在点 $Q$ 的上方） |
| 直线 $AP$ 与椭圆 $C$ 的另一个交点为 $M$ | $\begin{cases}AP：y=\frac{y_0+\sqrt{2+y_0^2}}{2}(x+2)\\x^2+2y^2=4\end{cases}$（不好解，试试换元法）<br>令 $k_1=\frac{y_0+\sqrt{2+y_0^2}}{2}$，得 $\begin{cases}y-0=k_1(x+2),\\x^2+2y^2=4,\end{cases}$<br>联立得 $(1+2k_1^2)x^2+8k_1^2x+8k_1^2-4=0$，<br>得 $-2x_M=\frac{8k_1^2-4}{2k_1^2+1}$，<br>故 $\begin{cases}x_M=\frac{-4k_1^2+2}{2k_1^2+1},\\y_M=k_1(x_M+2)=\frac{4k_1}{2k_1^2+1},\end{cases}$ |
| $AQ$，$BM$ 是否平行? | $k_{AQ}-k_{BM}=\frac{y_0-\sqrt{2+y_0^2}}{2}-\frac{\frac{4k_1}{2k_1^2+1}}{\frac{2-4k_1^2}{2k_1^2+1}-2}$<br>$=\frac{y_0-\sqrt{2+y_0^2}}{2}-\frac{4k_1}{8k_1^2}$<br>$=\frac{y_0-\sqrt{2+y_0^2}}{2}+\frac{1}{y_0+\sqrt{2+y_0^2}}$<br>$=\frac{y_0-\sqrt{2+y_0^2}}{2}+\frac{\sqrt{2+y_0^2}-y_0}{2}=0$ |
| 结论 | 故 $AQ/\!/BM$ |

在翻译到点 $M$ 时，这个运算心里没底，当然，也学到了一种方法解决这种方程组，即“换元法”。我们再调整一下翻译的顺序，把“点 $M$”调

到前面，看看情况又如何。

**思路 2**　点 $M$ 为主动元

**表 4.3.4**

| 几何 | 代数 |
| --- | --- |
| 椭圆 $C$：$\frac{x^2}{4}+\frac{y^2}{2}=1$ 的左、右顶点分别为 $A$，$B$ | 由已知，得 $A(-2,0)$，$B(2,0)$ |
| 直线 $AP$ 与椭圆 $C$ 的另一个交点为 $M$，$M$ 是椭圆上异于 $B$ 的一点 | 设 $M(x_0,y_0)$，$x_0^2+2y_0^2=4$ <br> $\begin{cases} AM: y=\frac{y_0}{x_0+2}(x+2) \\ x=0 \end{cases} \Rightarrow P\left(0,\frac{2y_0}{x_0+2}\right)$ |
| 点 $N$ 在 $y$ 轴上。<br>以 $N$ 为圆心，过椭圆右焦点 $F$ 的圆交 $y$ 轴于点 $P$，$Q$ | 得 $PQ$ 为直径，故 $\angle PFQ=90°$，<br>所以 $\overrightarrow{PF}\perp\overrightarrow{QF}$，设 $Q(0,t)$，<br>因为 $\overrightarrow{PF}=\left(\sqrt{2},\frac{-2y_0}{x_0+2}\right)$，$\overrightarrow{QF}=(\sqrt{2},-t)$<br>得 $2+\frac{2y_0t}{x_0+2}=0$，即 $t=-\frac{x_0+2}{y_0}$，故 $Q\left(0,-\frac{x_0+2}{y_0}\right)$。 |
| $AQ$，$BM$ 是否平行？ | $k_{AQ}-k_{BM}=\frac{-\frac{x_0+2}{y_0}}{2}-\frac{y_0}{x_0-2}=-\frac{x_0+2}{2y_0}-\frac{y_0}{x_0-2}$<br>$=-\frac{(x_0+2)(x_0-2)+2y_0^2}{2y_0(x_0-2)}=-\frac{x_0^2+2y_0^2-4}{2y_0(x_0-2)}=0$ |
| 结论 | 故 $AQ /\!/ BM$ |

可以看出，例 4.3.1 和例 4.3.2 中条件和结论互换，翻译的思路一样，但化简过程有了很大变化。

例 4.3.2 还可以继续变形，比如利用圆的几何性质（直径所对的圆周角为直角），把关于圆的条件换成直线垂直问题，得到下面的问题：

**例 4.3.3**　已知椭圆 $C$：$\frac{x^2}{4}+\frac{y^2}{2}=1$ 的左、右顶点分别为 $A$，$B$，过椭圆右焦点 $F$ 的两条互相垂直的直线分别交 $y$ 轴于点 $P$ 和点 $Q$，直线 $AP$ 与椭圆 $C$ 的另一个交点为 $M$，$M$ 是异于 $B$ 的一点，求证：$AQ /\!/ BM$。（如图 4.3.3，解略）

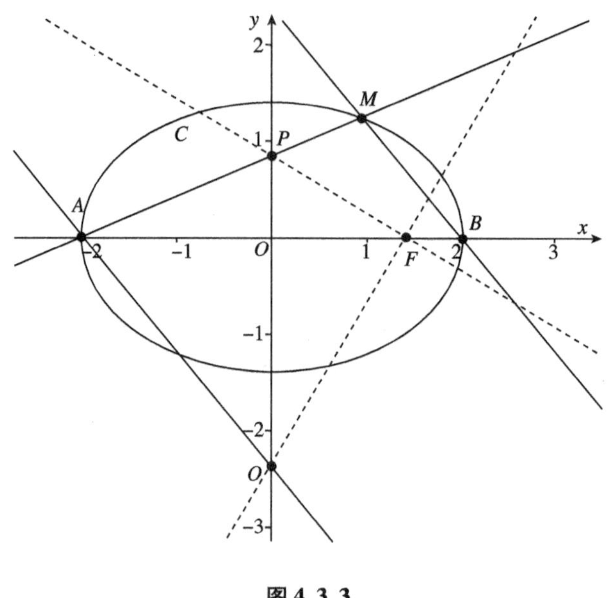


图 4.3.3

同样是椭圆中的圆的问题，我们再把圆调整一下位置，又得到一个有意思的几何问题。

**例 4.3.4** 已知椭圆 $C$：$x^2+2y^2=4$，圆 $O$：$x^2+y^2=\frac{4}{3}$，过圆上一点 $P$ 的切线 $l$ 交椭圆于 $A$，$B$ 两点，求证：$\angle AOB$ 为定值。

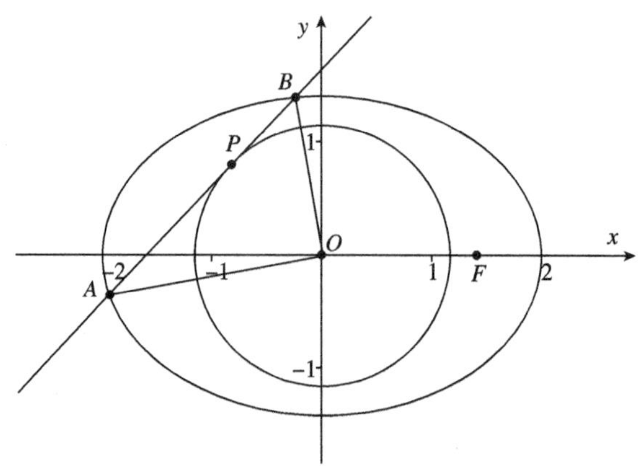


图 4.3.4

我们还是按照“十六字”的思路求解。

**思路1** 从切线入手（切线为主动元）

**表4.3.5**

| 几何 | 代数 |
|---|---|
| 切线 $l$ 交椭圆于 $A$，$B$ 两点 | 切线 $l$ 交椭圆于 $A$（$x_1$，$y_1$）、$B$（$x_2$，$y_2$）两点，<br>$\begin{cases}y=kx+m,\\x^2+2y^2=4\end{cases}\Rightarrow(2k^2+1)x^2+4kmx+2m^2-4=0$，<br>$x_1+x_2=\dfrac{-4km}{2k^2+1}$，$x_1\cdot x_2=\dfrac{2m^2-4}{2k^2+1}$ |
| 圆上一点 $P$ 的切线 $l$ | 圆心（0，0）到直线 $kx-y+m=0$ 的距离 $d=\dfrac{\|m\|}{\sqrt{k^2+1}}=\sqrt{\dfrac{4}{3}}$，<br>整理得 $m^2=\dfrac{4}{3}(k^2+1)$ |
| $\angle AOB$ 为定值 | $\overrightarrow{OA}\cdot\overrightarrow{OB}=x_1x_2+y_1y_2$<br>$=x_1x_2+(kx_1+m)(kx_2+m)$<br>$=(k^2+1)x_1x_2+km(x_1+x_2)+m^2$<br>$=\dfrac{(k^2+1)(2m^2-4)}{2k^2+1}+\dfrac{-4k^2m^2}{2k^2+1}+\dfrac{2k^2m^2+m^2}{2k^2+1}$<br>$=\dfrac{-4k^2+3m^2-4}{2k^2+1}=0$。 |
| 结论 | 所以 $\angle AOB=90°$ |

**思路2** 从切点入手（切点为主动元）

**表4.3.6**

| 几何 | 代数 |
|---|---|
| 切线 $l$ 交椭圆于 $A$，$B$ 两点 | 设切点 $P$（$x_0$，$y_0$），且 $x_0^2+y_0^2=\dfrac{4}{3}$，<br>则切线方程为 $l$：$x_0x+y_0y=\dfrac{4}{3}$，<br>$l$ 交椭圆于 $A$（$x_1$，$y_1$）、$B$（$x_2$，$y_2$）两点，故<br>$\begin{cases}x_0x+y_0y=\dfrac{4}{3},\\x^2+2y^2=4\end{cases}\Rightarrow(18x_0^2+9y_0^2)x^2-48x_0x+32-36y_0^2=0$，<br>得 $x_1+x_2=\dfrac{48x_0}{18x_0^2+9y_0^2}$，$x_1\cdot x_2=\dfrac{32-36y_0^2}{18x_0^2+9y_0^2}$ |

续表

| 几何 | 代数 |
|---|---|
| $\angle AOB$ 是否为定值？ | $\overrightarrow{OA}\cdot\overrightarrow{OB}=x_1x_2+y_1y_2$ <br> $=x_1x_2+\left(-\frac{x_0}{y_0}x_1+\frac{4}{3y_0}\right)\left(-\frac{x_0}{y_0}x_2+\frac{4}{3y_0}\right)$ <br> $=\left(\frac{x_0^2}{y_0^2}+1\right)x_1x_2-\frac{4x_0}{3y_0^2}(x_1+x_2)+\frac{16}{9y_0^2}$ <br> $=\frac{\frac{4}{3}(32-36y_0^2)}{y_0^2(18x_0^2+9y_0^2)}-\frac{\frac{4}{3}\times 48x_0^2}{y_0^2(18x_0^2+9y_0^2)}+\frac{16}{9y_0^2}$ <br> $=16\times\left[\frac{\frac{1}{3}(8-9y_0^2)}{9y_0^2(2x_0^2+y_0^2)}-\frac{4x_0^2}{9y_0^2(2x_0^2+y_0^2)}+\frac{1}{9y_0^2}\right]$ <br> $=\frac{32\left(\frac{4}{3}-x_0^2-y_0^2\right)}{9y_0^2(2x_0^2+y_0^2)}=0$ |
| 结论 | 所以，$\angle AOB=90°$ |

疑问 1：是否椭圆内所有的圆的切线交椭圆于 $A$，$B$ 两点，都有 $\angle AOB=90°$？利用 GeoGebra 演示，显然不是，如图 4.3.5。

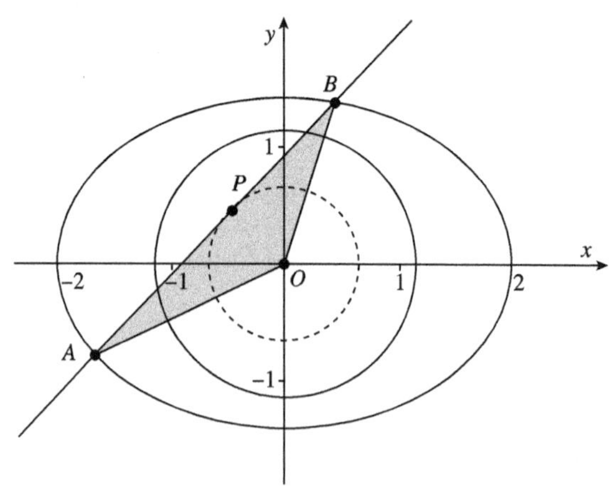


图 4.3.5

那么，怎么寻找满足条件的圆？这个圆与椭圆有没有必然的联系？下面，我们对例 4.3.4 变形，试着求一下这个圆。

**例 4.3.5** 已知椭圆 $C$：$x^2+2y^2=4$，$O$ 为坐标原点，直线 $l$ 与椭圆 $C$ 交于 $A$，$B$ 两点，且 $\angle AOB=90°$，若直线 $l$ 始终与圆 $x^2+y^2=r^2$（$r>0$）相切，求 $r$ 的值。

**表 4.3.7**

| 几何 | 代数 |
|---|---|
| 直线 $l$ 与椭圆 $C$ 交于 $A$，$B$ 两点， | 设直线 $l$ 交椭圆于 $A$（$x_1$，$y_1$）、$B$（$x_2$，$y_2$）两点，<br>$\begin{cases}y=kx+m,\\x^2+2y^2=4\end{cases}\Rightarrow (2k^2+1)x^2+4kmx+2m^2-4=0$，<br>$x_1+x_2=\frac{-4km}{2k^2+1}$，$x_1\cdot x_2=\frac{2m^2-4}{2k^2+1}$ |
| $\angle AOB=90°$ | $\overrightarrow{OA}\cdot\overrightarrow{OB}=x_1x_2+y_1y_2=x_1x_2+(kx_1+m)(kx_2+m)$<br>$=(k^2+1)x_1x_2+km(x_1+x_2)+m^2$<br>$=\frac{(k^2+1)(2m^2-4)}{2k^2+1}+\frac{-4k^2m^2}{2k^2+1}+\frac{2k^2m^2+m^2}{2k^2+1}$<br>$=\frac{-4k^2+3m^2-4}{2k^2+1}=0$<br>得出 $k^2+1=\frac{3}{4}m^2$ |
| 直线 $l$ 始终与圆 $x^2+y^2=r^2$（$r>0$）相切 | $d=\frac{\lvert m\rvert}{\sqrt{k^2+1}}=\sqrt{\frac{4}{3}}=\frac{2\sqrt{3}}{3}$ |

这个圆的半径是有要求的，即不是所有圆都满足这样的垂直关系。

疑问 2：这个圆与椭圆有逻辑关系吗？我们探索一下一般性规律。

**例 4.3.6** 已知椭圆 $C$：$\frac{x^2}{a^2}+\frac{y^2}{b^2}=1$（$a>b>0$），$O$ 为坐标原点，直线 $l$ 与椭圆 $C$ 交于 $A$，$B$ 两点，且 $\angle AOB=90°$，若直线 $l$ 始终与圆 $x^2+y^2=r^2$（$r>0$）相切，求 $r$ 的值。

不难得到，此圆的方程为 $x^2+y^2=\frac{a^2b^2}{a^2+b^2}$（解略）。

这个圆是与椭圆有逻辑关系的。是哪个圆呢？

对于给定的椭圆 $C$：$\frac{x^2}{a^2}+\frac{y^2}{b^2}=1$（$a>b>0$），过椭圆中心且互相垂直

的直线与椭圆相交的四个交点构成菱形，菱形的内切圆叫该椭圆的基圆，其方程为 $x^2+y^2=\dfrac{a^2b^2}{a^2+b^2}$，如图 4. 3. 6 和图 4. 3. 7。

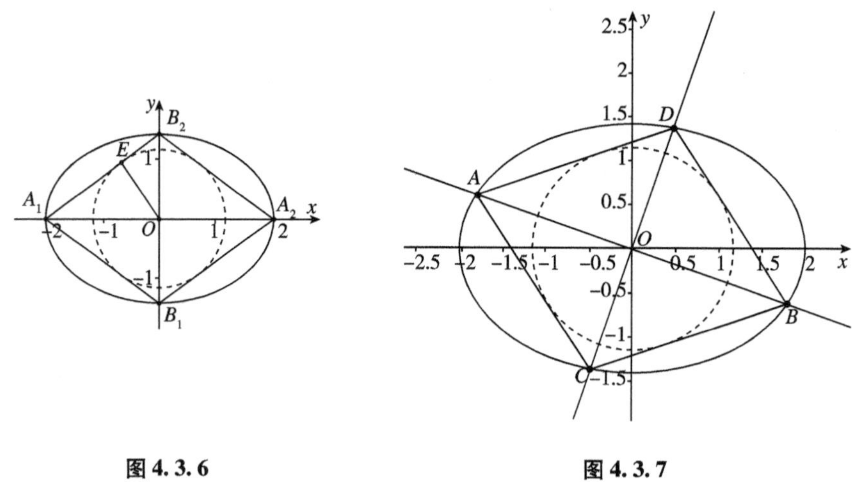


图 4. 3. 6　　　　图 4. 3. 7

疑问 3：给定椭圆，椭圆内有很多圆，我们找一个椭圆内的特殊位置的圆，如 $x^2+y^2=b^2$，即此圆与椭圆内切于短轴端点，此时，还有这个垂直关系吗？

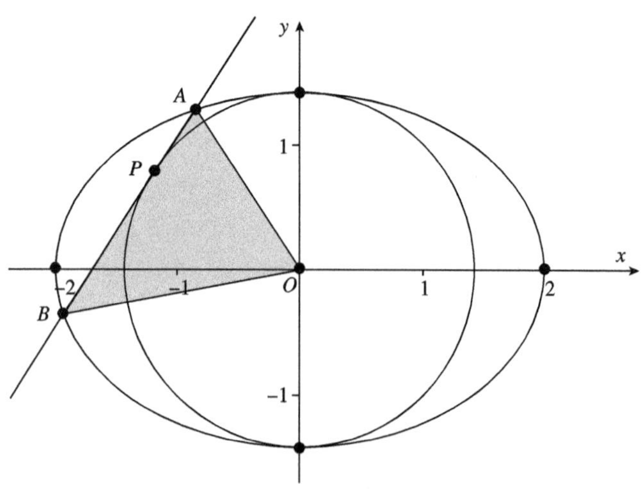


图 4. 3. 8

如图 4.3.8，给定椭圆 $C$：$\frac{x^2}{a^2}+\frac{y^2}{b^2}=1$（$a>b>0$），过圆 $x^2+y^2=b^2$ 上一点的切线 $l$ 交椭圆 $C$ 于 $A$，$B$ 两点，用 GeoGebra 演示，发现此时 $\angle BOA<90°$。

那么，若 $\angle BOA<90°$，其中 $M$ 在直线 $l$ 上，$\angle MOA=90°$，那么，点 $M$ 有何规律（如图 4.3.9）？

用 GeoGebra 追踪点 $M$，发现该点的轨迹为一条直线，如图 4.3.10。

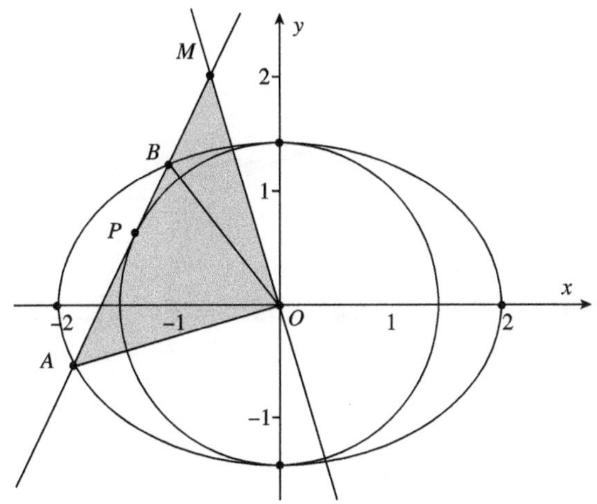


**图 4.3.9**

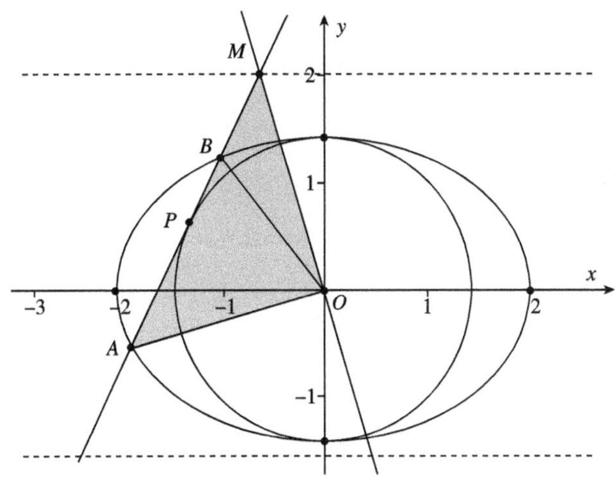


**图 4.3.10**

一个不留神，我们变化出一道高考题。

**例 4.3.7** （2014 北京高考理科）已知椭圆 $C$：$x^2+2y^2=4$。

（1）求椭圆 $C$ 的离心率；

（2）设 $O$ 为原点，若点 $A$ 在椭圆 $C$ 上，点 $B$ 在直线 $y=2$ 上，且 $OA\perp OB$，试判断直线 $AB$ 与圆 $x^2+y^2=2$ 的位置关系，并证明你的结论。（如图 4.3.11）

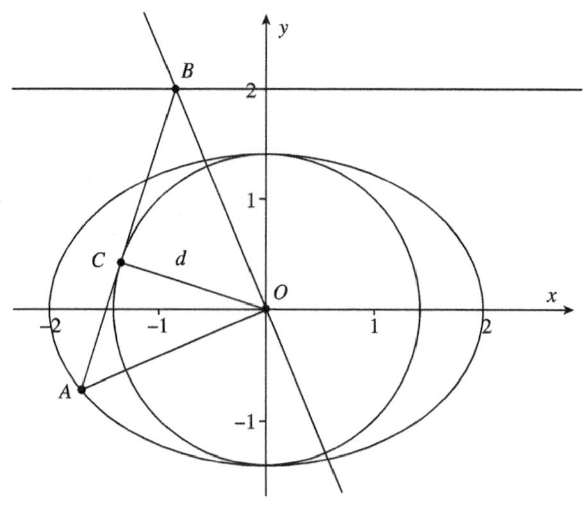


**图 4.3.11**

跟我们发现的问题稍有变化，我们发现"直线为圆的切线，$OA\perp OM$，发现动点 $M$ 的轨迹为直线 $y=t$"，高考试题改为"已知点 $B$ 在直线 $y=2$ 上，$OA\perp OB$，求证直线为圆的切线"。

我们还用"十六字"解决此题的第（2）问。

**表 4.3.8**

| 几何关系 | 代数关系（坐标关系） |
| --- | --- |
| 点 $A$ 在椭圆 $C$ 上 | 设 $A$（$x_0$，$y_0$），则 $x_0^2+2y_0^2=4$ |
| 点 $B$ 在直线 $y=2$ 上 | 设 $B$（$t$，2） |

续表

| 几何关系 | 代数关系（坐标关系） |
| --- | --- |
| $OA\perp OB$ | 则$\overrightarrow{OA}=(x_0,\ y_0)$，$\overrightarrow{OB}=(t,\ 2)$<br>故$\overrightarrow{OA}\cdot\overrightarrow{OB}=tx_0+2y_0=0$ |
| 直线 $AB$ 与圆 $x^2+y^2=2$的位置关系 | 注意：可以选用点到直线距离公式计算圆心到直线 $AB$ 的距离，还可以利用等面积法计算此距离，这里选择的是等面积法。<br>$\triangle OAB$ 中，$OA\perp OB$，且<br>$\lvert OA\rvert=\sqrt{x_0^2+y_0^2}$，$\lvert OB\rvert=\sqrt{t^2+4}$，<br>$\lvert AB\rvert=\sqrt{(x_0-t)^2+(y_0-2)^2}$。<br>半径 $r=\sqrt{2}$，<br>则圆心到直线 $AB$ 的距离为<br>$d=\dfrac{\sqrt{x_0^2+y_0^2}\cdot\sqrt{t^2+4}}{\sqrt{(y_0-2)^2+(x_0-t)^2}}$，<br>下面对这个关于 $x_0$，$y_0$，$t$ 三个量的式子化简，化简的过程是消元的过程。<br>由$\begin{cases}x_0^2+2y_0^2=4,\\ tx_0+2y_0=0\end{cases}\Rightarrow\begin{cases}y_0=-\dfrac{tx_0}{2},\\ x_0^2(2+t^2)=8,\end{cases}$<br>于是 $d=\dfrac{\sqrt{x_0^2+y_0^2}\cdot\sqrt{t^2+4}}{\sqrt{y_0^2+x_0^2-2(2y_0+tx_0)+4+t^2}}$<br>$=\dfrac{\sqrt{x_0^2+y_0^2}\cdot\sqrt{t^2+4}}{\sqrt{y_0^2+x_0^2+4+t^2}}$<br>$=\dfrac{\sqrt{x_0^2+\dfrac{4-x_0^2}{2}}\cdot\sqrt{2+\dfrac{8}{x_0^2}}}{\sqrt{\dfrac{4-x_0^2}{2}+x_0^2+2+\dfrac{8}{x_0^2}}}=\dfrac{\sqrt{\dfrac{4+x_0^2}{2}}\cdot\sqrt{\dfrac{2(x_0^2+4)}{x_0^2}}}{\sqrt{\dfrac{x_0^2}{2}+4+\dfrac{8}{x_0^2}}}$<br>$=\dfrac{\sqrt{\dfrac{(x_0^2+4)^2}{x_0^2}}}{\sqrt{\dfrac{x_0^4+8x_0^2+16}{2x_0^2}}}=\sqrt{2}$ |

面对学生独立解题的状态，教师总会感觉“课堂上差一句话!”。其实，差的是思维的延续性。

我们看上述题目是怎样变化的?

（1）条件与结论对换。导致翻译的顺序有了变化，面对的运算就不一样了。

（2）改变几何图形中某个几何要素（或图形）的位置。导致原来的结论出现了变化，新问题、新设问就产生了。

（3）把特殊图形换成其他的条件。需要学生对几何条件对应的数量关系十分清晰。

这个过程中，不变的又是什么呢？一是研究对象没变，依然是几何图形中运动变化过程中的不变量与不变关系；二是解析几何的思想方法没变，依然是几何条件代数化的过程。

“一题多变”的过程，对学生的创新思维培养很有益处，新的运算经历对运算能力也很有益。而“一题多变”之后就应该是“多题归一”，即数学思想方法的归一、研究方法的归一。这个环节有助于内化思维方法，抓住知识本质，感悟数学的基本思想，积累数学思维活动和实践活动的经验。

史宁中教授说：“思想的感悟和经验的积累是一种隐性的东西，但恰恰就是这种隐性的东西在很大程度上影响人的思想方法。而思想的感悟和经验的积累仅仅依赖教师的讲授是不行的，更主要的是依赖学生亲自参与其中的数学活动，依赖学生的独立思考，这是一种过程的教育，是学生自己理解数学的思维过程。”

# 第五章
# 运算能力是怎样炼成的

数学离不开运算。数学运算既是解决数学问题的基本手段，也是构成数学抽象结构的基本要素。数学运算是演绎推理得到数学结果的重要手段，也是计算机解决问题的基础。

没有运算，集合只能是孤立元素的堆积，有了运算，集合才能形成结构体系；没有运算，向量只能作为“路标”，有了运算，向量才能表示夹角、长度，才能作为联系代数、几何、三角的桥梁；运算本身也是数学最基本、最主要的研究对象，正是有了运算，为了解决各种运算的封闭性，促进了数系的不断扩充。①

《普通高中数学课程标准（2017 年版）》对数学运算素养有详细的要求，那么，算什么？怎么算？为什么而算？学生的误区：爆算！还有一种说法，就是只要算不死就往死里算。

算什么？就是运算对象是什么。因此理解运算对象是准确运算的必要条件，而概念课、习题课都是正确理解运算对象的最佳场所。

怎么算？就是要掌握运算法则、设计运算思路，这样才能求得运算结果。

为什么而算？运算是有目的的，利用运算可以得到数学结论，可以解决实际问题，还可以利用运算研究几何图形的大小、形状、位置关系。

下面，我们结合案例看一下如何在课堂教学中培养学生的运算能力。

---

① 邵光华：《作为教育任务的数学思想与方法》

## 第一节 基于运算素养的课堂教学案例

本节内容我们将以课例的形式重点体会理解运算对象和掌握运算法则。

怎样教运算?

高考评价体系中所谓的“情境”即“问题情境”，指的是真实的问题背景，是以问题或任务为中心构成的活动场域。“情境活动”是指人们在情境中所进行的解决问题或完成任务的活动。目前，高考内容的问题情境是通过文字与符号描述的方式即纸笔形式进行建构的，而情境活动也同样是通过文字与符号的形式进行的[1]。

因此，理解每个数学概念，理解其实际意义、几何意义、物理意义，理解问题情境与数学概念、公式、法则的联系，是准确进行数学运算的前提。

那么，如何把学习的逻辑与考试的逻辑保持一致?其实，只要做到传授新知识时就根据所学知识，合理设置情境，甚至让学生自己设置情境，进而让学生参加基于问题情境的活动，那么，也就做到了二者逻辑一致。

命题的定位由解题被转变为解决问题，高考评价体系中“基于情境和情境活动的命题要求”，引发我们对如何培养学生解决问题的能力的思考。

**表 5.1.1　基于情境和情境活动的命题要求①**

| 考查要求 | 考查内容 | 考查载体 | 基于情境活动的命题要求 |
|---|---|---|---|
| 基础性 | 构成学科素养基础的必备知识和关键能力 | 基本层面的问题情境 |  情境活动<br>要求学生调动单一的知识或技能解决问题 |
| 综合性 | 必备知识　关键能力<br>学科素养　核心价值 | 综合层面的问题情境 | 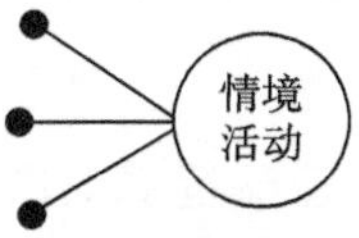 情境活动<br>要求学生在正确思想观念引领下，综合运用多种知识或技能解决问题。 |
| 应用性 | 必备知识　关键能力<br>学科素养　核心价值 | 生活实践问题情境或学习探索问题情境 |  情境活动<br>要求学生在正确思想观念引领下，综合运用多种知识或技能来解决生活实践中的应用性问题。 |
| 创新性 | 必备知识　关键能力<br>学科素养　核心价值 | 开放性的生活实践问题情境或学习探索问题情境 | 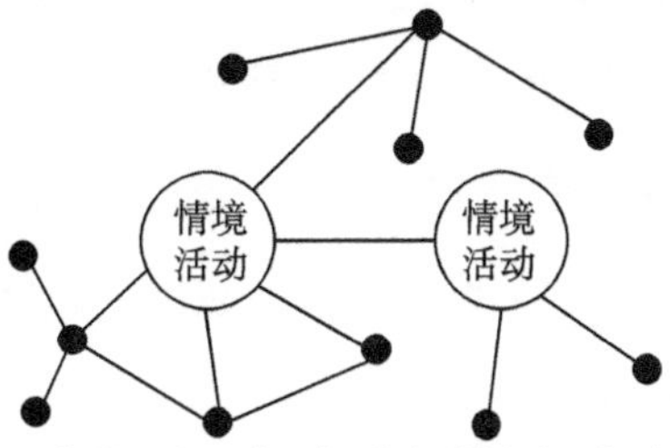 情境活动　情境活动<br>要求学生在正确思想观念引领下，在开放性的综合情境中创造性地解决问题，形成创造性的结果或结论。 |

① 《中国高考评价体系说明》，人民教育出版社

【**案例1**】八年级“分式与分式方程”复习课。

创设情境：生活超市新进水果蔬菜若干种：①西瓜每千克$\frac{2}{3}m^3$元；②香蕉每千克$\frac{1}{x-1}$元；③梨每千克$\frac{14}{3\pi}$元；④草莓每千克$\frac{2}{a-2}$元；⑤番茄每千克$\frac{a^2-9}{a-3}$元；⑥黄瓜每千克$\frac{a+6}{a+3}$元。

## 一、理解运算对象

师：在上面的情境中你能找出其中的分式吗？能说说原因吗？

生1：②④⑤⑥

设计意图：通过寻找分式，考查了学生对分式的概念的理解。对于③，有的同学选错了，要给予指导，指出π不是字母，不符合分式的定义。

准确进行计算的前提条件是理解运算对象。就此例而言，是理解分式的概念。怎么界定学生是否理解这个概念呢？可以让学生说一下分式的概念，这属于“知道”层面，但该例题中老师没让学生回答什么是分式，而是让学生找出哪个是分式。当然，学生能准确找出分式的前提是知道什么是分式，并且理解了分式。所以，这节概念复习课加入了思维元素。

这个设计，已经超出了布鲁姆教育目标分类法中的“了解、知道”而达到了“理解”的层面。

## 二、掌握运算法则

师：对于找出的分式你能提出什么问题，又该如何解决呢？

这个问题，是针对“问题情境”的，这里老师要求学生自己设置问题情境。首先学生自己尝试提问，然后小组互动，讨论，修正问题，并分组上台板书本组问题以及解法。

【第 1 组】小明买了 1 千克黄瓜，3 千克番茄，总共花了多少钱？

$$1\times\frac{a+6}{a+3}+3\times\frac{a^2-9}{a-3}=\frac{a+6}{a+3}+3\times(a+3)=\frac{(a+6)+3(a+3)^2}{a+3}=\frac{3a^2+19a+33}{a+3}\text{（元）}$$

师：你们组是怎么想到这个问题的？

老师的这个问题很有价值，倒逼学生从分式运算角度对设计的情境再思考。算什么？怎么算？这组学生构造了分式的加法，那么，怎么算，就要理解分式加法的运算法则$\frac{b}{a}\pm\frac{c}{a}=\frac{b\pm c}{a}$，$\frac{b}{a}\pm\frac{d}{c}=\frac{bc}{ac}\pm\frac{ad}{ac}=\frac{bc\pm ad}{ac}$。

此时，一个学生弱弱地说，“老师，$a\neq-3$”，老师伸出大拇指，赞！从结果上看，有一个分式，因此对 $a$ 的要求是 $a\neq-3$，而原分式也要有意义，故还需要 $a\neq3$。

这个问题的分析，也引起各组同学重新审视本组的运算对象是否清晰，运算法则是否正确，运算方向是否明晰，运算结果是否正确合理。

【第 2 组】买 2 千克草莓和 10 千克黄瓜需要多少钱？

$$2\times\frac{2}{a-2}+10\times\frac{a+6}{a+3}=4(a+3)+10(a+6)(a-2)=10a^2+44a-108$$

生 2：这个解答好怪，分母哪去了？

师：问得好，我们还是请第 2 组同学分享一下想法。

第 2 组组长：我们想求两个分式的和，式子列对了，用的法则是分式的加法法则，不同分母的分式加减法要通分，通分过程中把分母丢掉了，所以我们写错了。

正确结果应该是 $2\times\frac{2}{a-2}+10\times\frac{a+6}{a+3}=\frac{10a^2+44a-108}{(a-2)(a+3)}$，其中 $a\neq-3$，$a\neq2$。

师：我有个疑问，你们是怎么想到去分母的呢？

生3：当时我们讨论了一下，觉得分式的运算应该去分母，但想想分式加法法则，好像又不对。

师：分式要去分母，好像挺有道理，但是从加法法则角度看却不该去分母，我迷糊了。

生4：解分式方程要去分母，他们组把分式的加法和解分式方程混淆了。

师：我明白了，第2组把运算对象弄混了，导致法则选错了，下面这组是方程，我们听听他们怎么说。

【第3组】买了3千克草莓和2千克番茄，总共花了多少钱？

$3\times\frac{2}{a-2}=2\times\frac{a^2-9}{a-3}$，得$\frac{6}{a-2}=2$（$a+3$），即$3=$（$a+3$）（$a-2$）

师：每个数学的式子都有其具体含义，包括每个运算都是有具体意义的，那么，你们说一下这个等式每一部分的含义和等式的具体含义。

生5：$3\times\frac{2}{a-2}$表示买3千克草莓花的钱，$2\times\frac{a^2-9}{a-3}$表示买2千克番茄花的钱，等式表示两个钱数相等。老师，我们列错了，我们写的是“总共用了多少钱”，应该把二者加起来。

正确答案应该是$3\times\frac{2}{a-2}+2\times\frac{a^2-9}{a-3}=$？这样跟第一组的类似。

师：分析得很准确！运算对象错了，导致我们列式和后续的运算都出了问题，那么，按照题干，应该是求分式的和，如何改一下就能列方程呢？

这个问题问得好！数学建模首先要把实际问题转化为数学问题，准确转化非常重要！

生6：应该有“等于”。比如小明买3千克草莓的费用等于买2千克番茄的费用，求$a$。

师：列方程$\frac{6}{a-2}=2(a+3)$，变形为$3=(a+3)(a-2)$，分母哪去了？

这个问题好！运算就是要关注运算法则！

生7：方程两边同乘以$a-2$得到的。

师：很好！注意“两边同乘”。我们比较一下分式加法中的分母和解方程中的分母的去向。

**表5.1.2**

| | 分式加法 | 解分式方程 |
| --- | --- | --- |
| 运算过程 | $\frac{a+6}{a+3}+3\times(a+3)=\frac{(a+6)}{a+3}+\frac{3(a+3)^2}{a+3}=\frac{(a+6)+3(a+3)^2}{a+3}$ | $\frac{6}{a-2}=2(a+3)$，等式两边同乘$a-2$，得得$6=2(a+3)(a-2)$ |
| 法则 | $\frac{b}{a}\pm\frac{d}{c}=\frac{bc}{ac}\pm\frac{ad}{ac}=\frac{bc\pm ad}{ac}$ | $\frac{b}{a}=\frac{d}{c}\Rightarrow\frac{b}{a}\cdot(ac)=\frac{d}{c}\cdot(ac)\Rightarrow bc=ad$ |

解分式方程时，我们用到了等式的性质“若$a=b$，则$ac=bc$”，即大家说的“两边同乘”。而分式加法中没出现“两边”，也就不能“两边同乘”了，因此不能去分母了。

第3小组展示后，老师没有评价对错，而是让学生说出所列式子的具体含义，这就是数学建模素养的体现，数学建模首要的就是将实际问题转化为数学问题。

【第4组】买多少千克黄瓜的钱等于买1千克番茄的钱？

解：设买了$x$千克的黄瓜的钱等于买1千克番茄的钱，由题意可得：

$$x\times\frac{a+6}{a+3}=1\times\frac{a^2-9}{a-3}$$

师：能准确找到题目中的等量关系，并使用方程来表示数量之间的关系，非常好！但我有点疑惑，这是分式方程吗？

多名学生：是，因为分母中有 $a$。

师：有疑问，看定义。什么是分式方程？

生 8：分母中含有未知数的方程叫做分式方程。

师：谁是未知数？未知数在哪？

多名学生：原来如此！这不是分式方程。

生 9：不是分式方程，那么是什么方程？为什么？

生 10：因为未知数是 $x$，而 $x$ 是一次，因此是一次方程，可以两边同时除以$\frac{a+6}{a+3}$，

得到 $x=(a+3)\div\frac{a+6}{a+3}=(a+3)\cdot\frac{a+3}{a+6}=\frac{(a+3)^2}{a+6}$。

师：漂亮！大家说，他的解法用到了哪种分式运算？

齐生：分式的除法。

师：赞！一次项系数是$\frac{a+6}{a+3}$，这里面 $a$ 看成常数，以后还会遇到这种情况。既然是一次方程，我们只需把 $x$ 的系数变为 1 即可，我们还可以这样处理，大家体会一下。

由 $x\times\frac{a+6}{a+3}=a+3$，两边同乘$\frac{a+3}{a+6}$，得 $x=\frac{a+3}{a+6}\cdot(a+3)=\frac{(a+3)^2}{a+6}$。

师：还有 8 分钟，我们把经历的分式内容画一个思维导图吧。

学生逐渐完善，进行总结：

（1）认清分式；（2）根据实际问题，列式要准确；（3）运算时要弄清算的是什么（运算对象）；（4）算的时候要用对运算法则（如求和就用加法的法则，要通分而不是去分母；如果是解分式方程，就用等式的性质，也就是去分母）；（5）检查运算结果是否合理，是否有范围的要求。

数学运算是指在明晰运算对象的基础上，依据运算法则解决数学问题的素养，运算素养的形成是在每一次运算中慢慢培养出来的。

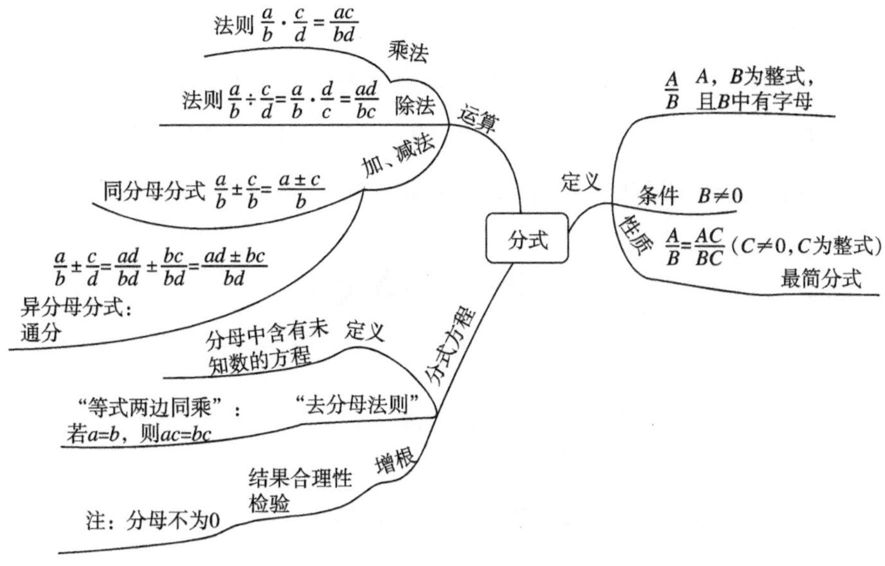


**图 5.1.1　分式内容思维导图**

把知识点放在问题情境中，这个情境还是学生自己编制的，在每个情境活动中，学生感受到平时枯燥的知识还很有用的，原来总是算不对，现在知道算什么、怎么算、怎么检验。原来学习法则总是一带而过，没想到在运算过程中是如此有用。

由求和到解方程，试题的呈现方式和设问方式，让学生感受到情境变化之后的运算对象、运算法则、运算方向、运算求解的变化。合理创设情境，促使学生主动思考，发现新问题、找到新规律、得出新结论，数学核心素养，就在每一节课中。

那么，怎样学习数学对象（数学概念)？我们看下面的案例。

数学对象有出处，研究数学对象的过程，就是用数学眼光看世界、用数学思维分析问题的过程。将来学生可以忘记数学知识，但从数学课上培养的研究问题的方法、数学应用意识和创新意识，学生会受益一辈子，走向社会后，会伴随其一生。

【案例 2】七年级《绝对值》

人教版七年级上中，《绝对值》这节课是这样安排的：两辆汽车从同一处 $O$ 出发，分别向东、西方向行驶 10km，到达 $A$、$B$ 两处，如图 5.1.2，它们的行驶路线相同吗？它们行驶路程相同吗？

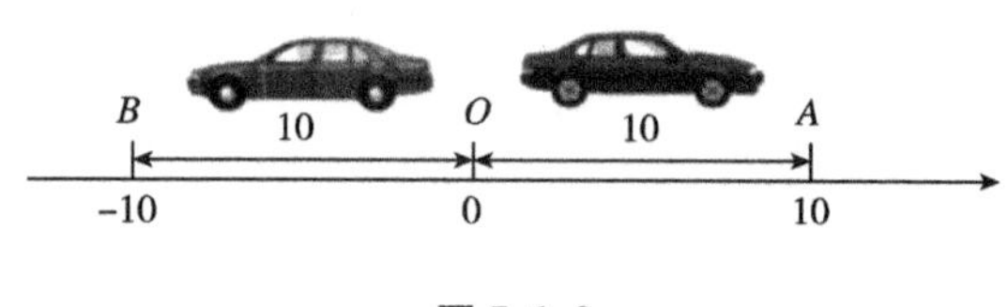


图 5.1.2

这是一个实际问题，如何用数学知识来解决，这个过程我们称之为建模，如图 5.1.3。

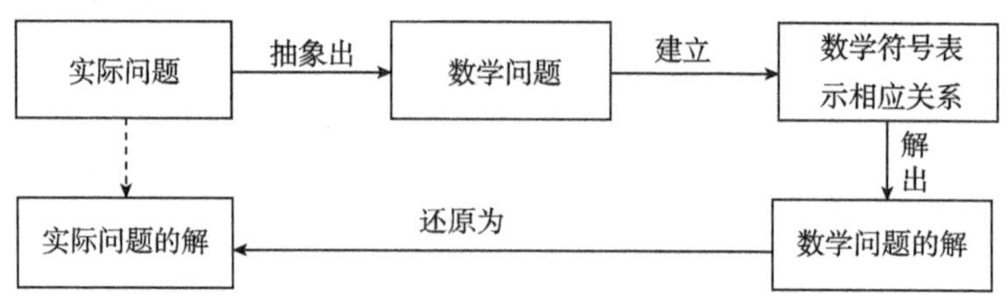


图 5.1.3

首先，汽车沿直线行走，这个情境可以找到其数学模型，如表5.1.3 所示。

表 5.1.3

| 实际问题 | 数学模型 |
|---|---|
| 汽车沿直线行走 | 数轴 |
| 向东行驶 | 沿数轴正向 |
| 向西行驶 | 沿数轴负向 |
| 自点 $O$ 出发，向东方向行驶 10km，到达点 $A$ | 得正数 +10，点 $A$ 在数轴上的位置，即坐标为 10，此时 $A$ 到点 $O$ 距离为 10。 |
| 自点 $O$ 出发，向西方向行驶 10km，到达点 $B$ | 得负数 −10，点 $B$ 在数轴上的位置，即坐标为 −10，此时 $B$ 到点 $O$ 距离为 10。 |

下面，我们试着利用表格，展示由生活实例到数学概念的过程。



**表 5.1.4**

| 生活实例 | 抽象为数学概念 | | |
|---|---|---|---|
| | 形 | 数 | 概念 |
| 汽车从点 $O$ 出发，向东方向行驶 10 千米，到达 $A$ 处。 | 10 A O 10 | 点 $A$ 的坐标为 10。<br>点 $A$ 到原点的距离为 10 米，记为 $\|10\|=10$。 | $\|10\|$ 叫正数 10 的绝对值。 |
| 汽车从点 $O$ 出发，向西方向行驶 10 千米，到达 $B$ 处。 | 10 B −10 O | 点 $B$ 的坐标为 −10。<br>点 $B$ 到原点的距离为 10 米，记为 $\|-10\|=10$。 | $\|-10\|$ 叫负数 −10 的绝对值。 |
| 一辆汽车从 $O$ 出发，向东 $x$ 千米（$x>0$）。 | x A O x | $A$ 的坐标为 $x$。其到原点的距离为 $x$，记为 $\|x\|=x$。 | $\|x\|$ 叫做正数 $x$ 的绝对值。 |
| 一辆汽车从 $O$ 出发，向西 $x$ 千米（$x>0$）。 | x B −x O | 点 $B$ 的坐标为 $-x$。其到原点的距离为 $x$，记为 $\|-x\|=x$。 | $\|-x\|$ 叫负数 $-x$ 的绝对值。 |

由此，我们可以得出绝对值的含义：

**表 5.1.5**

| 代数上 | 几何上 |
|---|---|
| 一个正数的绝对值是其本身；一个负数的绝对值是其相反数；0 的绝对值是 0。 | 一个数的绝对值的几何意义为数轴上表示该数的点到原点的距离。 |

还可以继续思考：

既然可以用绝对值表示一个数到原点的距离，那么，能不能用绝对值表示数轴上两个点的距离？

我们还用表 5.1.4 的思维过程，从实例出发分析，如表 5.1.6。

**表 5.1.6**

| 生活实例 | 抽象为数学概念 | | |
|---|---|---|---|
| | 形 | 数 | 概念 |
| 两辆汽车从同一处 $O$ 出发，分别向东行驶 10 千米到达 $A$ 处，向东行驶 5 千米到达 $B$ 处。 | 此时 $AB$ 的距离为 5。 | 在坐标系中，我们用“+”表示向东（向右），此时，$A$，$B$ 坐标分别为 +10，+5，也就是 $A$，$B$ 的位置由坐标确定，那么，$A$，$B$ 之间的距离也就可以用其坐标求得：$\|10-5\|=5$ | 数轴上两点间距离可以用点的坐标表示。 |
| 两辆汽车从同一处 $O$ 出发，分别向东行驶 $x$（$x>0$）千米到达 $A$ 处，向东行驶 $y$（$y>0$）千米到达 $B$ 处。 | 由图可得，$A$，$B$ 的距离 $x-y$（不妨设 $x>y$）。 | 此时，$A$，$B$ 坐标分别为 $x$，$y$，故 $A$，$B$ 的距离 $\|x-y\|$。 | 数轴上两点间距离公式为 $\|x-y\|$。 |
| 两辆汽车从同一处 $O$ 出发，分别向东行驶 10 千米到达 $A$ 处，向西行驶 5 千米到达 $B$ 处。 | $A$，$B$ 之间的距离为 15。 | 同理，用“-”表示向西（向左），那么，$A$，$B$ 坐标分别为 10，-5，故的距离也就可以用其坐标求得为：$\|10-(-5)\|=15$ | 数轴上两点间距离可以用点的坐标表示。 |
| 两辆汽车从同一处 $O$ 出发，分别向东行驶 $x$（$x>0$）千米到达 $A$ 处，向西行驶 $y$（$y>0$）千米到达 $B$ 处。 | 由图可得，$A$，$B$ 的距离 $x+y$。 | 此时，$A$，$B$ 坐标分别为 $x$，$-y$，故 $A$，$B$ 的距离 $\|x-(-y)\|=x+y$。 | 数轴上两点间距离公式为 $\|x-(-y)\|$。 |

通过汽车行驶问题，建立数学模型，即数轴上的点到原点的距离，由此定义了一个数的绝对值。这样处理，不仅直观而且利于学生理解，由此得出一个正数、负数或0的绝对值各是什么的结论也就水到渠成，并且可以用字母把这些结论表示出来，让学生能够更好地理解“绝对值”是“距离”这一几何量的代数表示。为学生提供了一个可以“感触”的非常直观的印象，使本来遥不可及的数学概念具体地走到学生的面前，使概念更容

易理解和接受，让学生感受到数学是来源于生活的。数感有助于学生理解现实生活中数的意义，理解或表述具体情境中的数量关系。

创新意识表现为：对新颖的信息、情境和设问，选择有效的方法和手段分析信息，综合与灵活地应用所学的数学知识、思想和方法，进行独立的思考、探索和研究，提出解决问题的思路，创造性地解决问题。

创新意识是怎样培养的？不是做几道新定义情境的练习题，而是在学习数学概念时就开始渗透了。

一个新的数学概念的产生往往蕴含丰富的数学背景。比如"数"，数的概念发展的动力来自于两方面，一方面是生产、生活的需要，另一方面是数学知识本身发展和研究的需要。数系扩充的过程体现了数学的发现和创造过程，体现了数学发生、发展的客观需求。一个新数的产生，可以视为一个新定义问题，而新定义的问题可以反映学生的创新能力、创新意识，利用已有知识结构、知识储备研究新问题、解决新问题的能力，而这种意识从何时开始培养呢？其实，每一节课都可以培养。

因此，在有理数概念学习完之后，可以尝试利用学习有理数的运算法则这一个看似平淡的知识，来培养学生的研究能力和创新意识。

**【案例3】**人教版七年级上《有理数加法》教材是这样写的：在小学，我们学过正数及0的加法运算，引入负数之后，怎样进行加法运算呢？

这句话的潜台词是数系扩充后，原有的运算律、运算法则是否还适用？

数系由整数扩充到了有理数，数系扩充的一般原则有：

（1）增添新元素；（2）新旧元素合在一起构成新数系，在新数系中，使原有的一些主要性质继续保持；（3）旧元素作为新数系的成员，原有的运算关系仍然保持；（4）新数系解决了旧数系提出的矛盾。

数系的每一次扩充，都是数学的一次进步，也是社会的一次进步。在

“数与代数”中，运算是核心内容。“引进一种新的数，就要研究相应的运算；定义一种运算，就要研究相应的运算律”，这是代数的核心思想。

我们试着引导学生从已学过的正数的运算法则出发，推广到有理数的运算法则（如表 5.1.7）。

**表 5.1.7**

| 小学的加法 | ⇨ 推广 | 初中的加法 | 实际模型（从某点出发，规定向东为正，向西为负） | 图形 | 有理数加法 | 抽象运算法则 |
|---|---|---|---|---|---|---|
| 正数 + 正数 | 推广 | 正数 + 正数 | 向东走 5 米，再向东走 3 米，两次运动后总的结果怎样？ | 5　3<br>0 | (+5) + (+3)<br>其实际意义是：<br>向东 8 米 | (1) |
| 正数 +0 | | 正数 +0 | 向东走 5 米，再原地不动，结果怎样？ | 5<br>$O$ | 5 +0<br>其实际意义是：<br>向东 5 米 | (3) |
| 0 +0 | | 0 +0 | 运动两次，均原地不动，结果怎样？ | 0 | 0 +0<br>其实际意义是：<br>原地没动 | (3) |
| 有理数的加法 | 推广 | 负数 + 负数 | 向西走 5 米，再向西走 3 米，结果怎样？ | 3　5<br>−8　−5　0 | (−5) + (−3)<br>其实际意义是：<br>向西 8 米 | (1) |
| | | 正数 + 负数 | 向东走 5 米，再向西走 3 米，结果怎样？ | 5<br>0　3 | (+5) + (−3)<br>其实际意义是：<br>向东 2 米 | (2) |
| | | 负数 + 正数 | 向西走 5 米，再向东走 3 米，结果怎样？ | 5<br>3　0 | (−5) + (+3)<br>其实际意义是：<br>向西 2 米 | (2) |
| | | 负数 +0 | 向西走 5 米，再原地不动，结果怎样？ | 5<br>0 | (−5) +0<br>其实际意义是：<br>向西 5 米 | (3) |
| | | 互为相反数的两个数相加 | 向东走 5 米，再向西走 5 米，结果怎样？ | 5<br>0 | (+5) + (−5)<br>其实际意义是：<br>回到原地 | (2) |

抽象得出运算法则：

（1）同号两数相加，取相同的符号，并把绝对值相加。

（2）异号两数相加，绝对值不相等的，取绝对值较大的加数的符号，并用较大的绝对值减去较小的绝对值；互为相反数的两个数相加得0。

（3）一个数同0相加，仍得这个数。

我们回忆一下上述思维过程（如图5.1.4）。

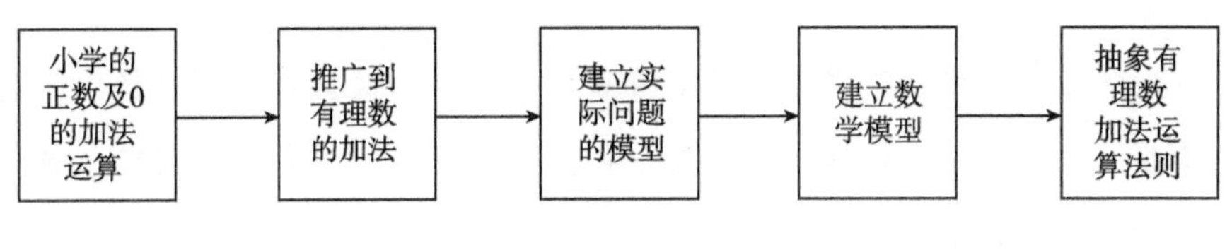


**图5.1.4**

这堂课，由小学学过的正数的运算法则，建立实际模型，进而推广到有理数的运算法则。这一过程，通过学生对相对具体事物的直接观察、感知、分析、比较，进而抽象概括出法则，学生成为概念本质的发现者，总结出有理数的加法法则。学生亲自参与了由表及里不断深入的理解过程，从而体会发现学习所带来的快乐。这样的教学活跃了学生的思维，使数学变得亲近，学生乐于接受，并获得真正的基本活动经验。

负数的加法对于学生而言是陌生的、新颖的，我们可以借此在数学课堂培养数学创新意识。数学创新源于数学问题，问题是激发创新的诱因，没有问题就没有创新，数学问题源于数学情境，情境是产生问题的沃土，没有情境就不可能提出问题。希尔伯特不能容忍数学课向学生灌输各种数学事实而不去教会他们怎样提出问题和解决问题。一个优秀的数学教师，他的教学并不是将内容讲得很细，他的目标是鼓励学生质疑，目的在于把学生卷进追求真理、发现问题的进程，听他的课学生会觉得数学是活的。

在数学概念的课堂教学中，只有利用科学的方法教授数学概念，才能使学生产生浓厚的学习兴趣，准确地理解概念。通过概念获得的过程，培养学生的应用意识和创新意识。

## 第二节　怎样才能算对

数学运算是指在明晰运算对象的基础上，依据运算法则解决数学问题的素养。主要包括：理解运算对象，掌握运算法则，探究运算思路，选择运算方法，设计运算程序，求得运算结果等。

数学运算是解决数学问题的基本手段。数学运算是演绎推理，是计算机解决问题的基础。

数学运算主要表现为：理解运算对象，掌握运算法则，探究运算思路，求得运算结果。

通过高中数学课程的学习，学生能进一步发展数学运算能力；有效借助运算方法解决实际问题；通过运算促进数学思维发展，形成规范化思考问题的品质，养成一丝不苟、严谨求实的科学精神。①

运算是演绎推理，算得对，推理才是正确的，那么，怎样才能算对呢？四个表现中，理解运算对象和掌握运算法则的意义好理解，在第五章第一节中，我们以课例的形式说明如何在新授课中理解运算对象、掌握运算法则，那么，如何探究运算思路呢？

不同知识背景下的计算，运算规律是不同的，这里有学科思维的影响，要注意积累。本节，我们分别以解析几何、对数、向量等研究对象为例，探讨运算思路和运算法则。

---

① 《普通高中数学课程标准（2017 年版）》

## 一、解析几何的运算思维

解析几何的创立是数学发展史上的一个重要里程碑，数学从此由常量数学进入变量数学时期，解析几何由此成为近代数学的基础之一。直角坐标系使几何研究又一次飞跃，几何从此跨入了一个新的时代，在欧氏几何里，我们直接依据图形中点、直线、平面的关系，研究图形的性质，现在我们采用另外一种研究方法——坐标法。坐标法是在坐标系的基础上把几何问题转化为代数问题，通过代数运算研究几何图形性质的一种方法。①

解析几何是用代数方法研究几何问题，那么，就需要计算，算什么？怎么算？既然称为坐标法，坐标计算就成为解析几何计算的标志。

**例 5.2.1** 已知椭圆 $C$：$\frac{x^2}{a^2}+\frac{y^2}{b^2}=1$（$a>b>0$）。若点 $P$（$x_0$，$y_0$）是椭圆 $C$ 上一点，求点 $P$ 到椭圆 $C$ 的左焦点的距离。

**【解析】** 因为 $P$（$x_0$，$y_0$）是椭圆 $C$ 上一点，则 $\frac{x_0^2}{a^2}+\frac{y_0^2}{b^2}=1$……（$*$），

（点在曲线上，则点的坐标满足方程。这个方程有何作用？目的是后面的消元，这是解析几何计算中常用的策略，要注意积累）

因为焦点 $F_1$（$-c$，0），则 $|PF_1|=\sqrt{(x_0+c)^2+y_0^2}$。

（这是关于 $x_0$，$y_0$ 的二元函数，需要利用（$*$）消元）

由（$*$）得 $y_0^2=b^2\left(1-\frac{x_0^2}{a^2}\right)$，

故 $|PF_1|=\sqrt{(x_0+c)^2+b^2\left(1-\frac{x_0^2}{a^2}\right)}=\sqrt{\frac{a^2-b^2}{a^2}\cdot x_0^2+2cx_0+c^2+b^2}$

（这里 $a^2=b^2+c^2$）$=\sqrt{\left(\frac{c}{a}x_0+a\right)^2}=\left|\frac{c}{a}x_0+a\right|$。

① 《普通高中教科书·教师教学用书·数学·必修1》

因为 $-a\leqslant x_0\leqslant a$，故 $-c+a\leqslant\frac{c}{a}x_0+a\leqslant c+a$，因为椭圆中 $a-c>0$，

故 $\frac{c}{a}x_0+a>0$，故 $|PF_1|=\frac{c}{a}x_0+a$。

动点，就要研究其运动规律。这个问题中，正是利用这个规律，即用方程（*）进行消元。在运算过程中要注意观察算式的特点，及时调整运算，在运算过程积攒经验。

**例 5.2.2** 已知椭圆 $C$：$\frac{x^2}{8}+\frac{y^2}{2}=1$ 过点 $A(-2,\ -1)$，过点 $B(-4,\ 0)$ 的直线 $l$ 交椭圆 $C$ 于点 $M$，$N$，直线 $MA$，$NA$ 分别交直线 $x=-4$ 于点 $P$，$Q$。求 $\frac{|PB|}{|BQ|}$ 的值。

**【解析】** 按照解析几何的思维规律，要把几何条件转化为代数条件，即把几何条件或几何问题转化为坐标，这个过程可以称之为“翻译”，运算思路的确定，取决于我们如何“翻译”。

常规的“翻译”是字面上的“翻译”，如见到“交点”，我们翻译成“方程组”，这种“翻译”对解题有效，但运算不一定简单。

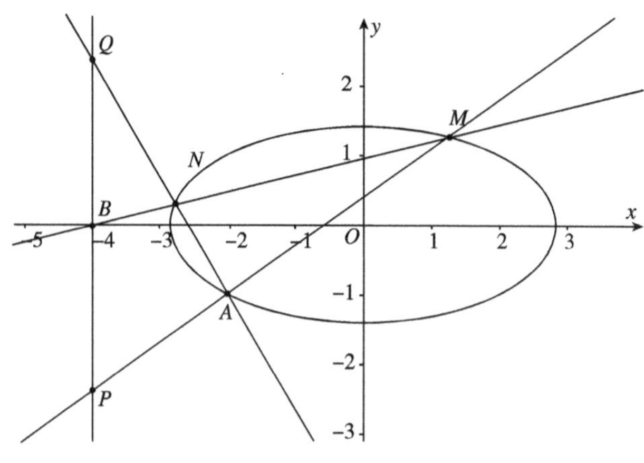


**图 5.2.1**

那么，如何翻译$\frac{|PB|}{|BQ|}$呢？这时几何的图形魅力凸显，我们可以观察图形，根据图形的特点决定如何运算，如图5.2.1。



**想法1　逐句翻译**

顾名思义，就是根据解析几何的思维特点，将几何条件逐句翻译成代数（坐标），进而求解。首先，画图分析，发现点$P$，$Q$在$x$轴的两侧，故$y_P$与$y_Q$异号。

下面，我们逐句翻译。

易知直线的斜率存在，设为$k$。

因为过点$B(-4,0)$的直线$l$交椭圆$C$于点$M(x_1,y_1)$，$N(x_2,y_2)$，

则$\begin{cases} y=k(x+4), \\ x^2+4y^2=8 \end{cases} \Rightarrow (1+4k^2)x^2+32k^2x+64k^2-8=0$，

故$x_1+x_2=-\frac{32k^2}{1+4k^2}$，$x_1x_2=\frac{64k^2-8}{1+4k^2}$，（韦达定理用于后面的消元）

且$\Delta=(32k^2)^2-4(4k^2+1)8(8k^2-1)=32[32k^4-(32k^4+4k^2-1)]$

$=32(1-4k^2)>0$，

（注意：式的运算是化简，注意提取公因式）

又直线$MA$，$NA$分别交直线$x=-4$于点$P$，$Q$，因为$A(-2,-1)$，

故$\begin{cases} AM: y+1=\frac{y_1+1}{x_1+2}(x+2), \\ x=-4 \end{cases} \Rightarrow y_P=-\frac{2(y_1+1)}{x_1+2}-1=\frac{-(2k+1)(x_1+4)}{x_1+2}$，

同理可求$y_Q=-\frac{2(y_2+1)}{x_2+2}-1=\frac{-(2k+1)(x_2+4)}{x_2+2}$。

（为什么可以用“同理可求”？是因为$P$点坐标求法和$Q$点坐标求法完全一样，这利用了对称性）

$$\frac{|PB|}{|BQ|}=-\frac{y_P}{y_Q}=-\frac{-\frac{2(y_1+1)}{x_1+2}-1}{-\frac{2(y_2+1)}{x_2+2}-1}=-\frac{(2y_1+x_1+4)(x_2+2)}{(2y_2+x_2+4)(x_1+2)},$$

（要不要展开？注意这个结构有很强的对称性，先不要破坏这个对称性）

$$=-\frac{[2k(x_1+4)+x_1+4](x_2+2)}{[2k(x_2+4)+x_2+4](x_1+2)}$$（不要展开，提取公因式，化简）

$$=-\frac{[(2k+1)(x_1+4)](x_2+2)}{[(2k+1)(x_2+4)](x_1+2)}=-\frac{(x_1+4)(x_2+2)}{(x_2+4)(x_1+2)}=-\frac{x_1x_2+2x_1+4x_2+8}{x_1x_2+2x_2+4x_1+8}$$

（这种不对称的结构，不能直接利用韦达定理消元，因此会不敢算下去，我们试试凑一下韦达定理的结构）

$$=-\frac{x_1x_2+2(x_1+x_2)+2x_2+8}{x_1x_2+2(x_1+x_2)+2x_1+8}=-\frac{\frac{64k^2-8}{1+4k^2}+2\left(-\frac{32k^2}{1+4k^2}\right)+2x_2+8}{\frac{64k^2-8}{1+4k^2}+2\left(-\frac{32k^2}{1+4k^2}\right)+2x_1+8}$$

$$=-\frac{-16k^2-(1+4k^2)x_1}{16k^2+(1+4k^2)x_1}=1$$

还可以试试找到 $x_1+x_2$，$x_1x_2$ 的关系，进而消元。

因为 $x_1+x_2=-\frac{32k^2}{1+4k^2}$，$x_1x_2=\frac{64k^2-8}{1+4k^2}$，

得 $x_1x_2+8=\frac{64k^2-8}{1+4k^2}+8=\frac{96k^2}{1+4k^2}=-3(x_1+x_2)$，

即 $x_1x_2=-3(x_1+x_2)-8$

$$-\frac{x_1x_2+2x_1+4x_2+8}{x_1x_2+2x_2+4x_1+8}=-\frac{-3(x_1+x_2)-8+2x_1+4x_2+8}{-3(x_1+x_2)-8+2x_2+4x_1+8}=-\frac{x_2-x_1}{x_1-x_2}=1。$$

还有一种翻译是基于几何图形的性质，而几何图形的性质会简化运算过程，降低运算难度，这点很重要，大家逐渐体会。

**想法 2　借助图形的几何性质**

我们再试试另外一个运算方向，观察图形结构，找到等价的几何条

件，调整运算思路，看看会遇到什么。

利用几何图形，了解运算对象。结合图形，猜出$\frac{|PB|}{|BQ|}=1$，我们就要计算$\frac{y_P}{y_Q}=-1$或$y_P+y_Q=0$。就多项式而言，计算值为0相对会简单一些。我们先试试计算$y_P+y_Q$，于是得到：$y_P+y_Q=-(2k+1)\left(\frac{x_1+4}{x_1+2}+\frac{x_2+4}{x_2+2}\right)=-(2k+1)\times\frac{(x_1+4)(x_2+2)+(x_2+4)(x_1+2)}{(x_1+2)(x_2+2)}$，

（注意：这种“式”的运算是化简的过程，故观察结构，提取公因式是非常重要的）

而：$(x_1+4)(x_2+2)+(x_2+4)(x_1+2)=2[x_1x_2+3(x_1+x_2)+8]$

$$=2\left[\frac{64k^2-8}{4k^2+1}+3\left(\frac{-32k^2}{4k^2+1}\right)+8\right]=2\,\frac{(64k^2-8)+3\times(-32k^2)+8(4k^2+1)}{4k^2+1}=0,$$

故$y_P+y_Q=0$，$y_P=-y_Q$。从而$\frac{|PB|}{|BQ|}=\left|\frac{y_P}{y_Q}\right|=1$。

解析几何的运算，一是翻译，二是化简，而不是学生说的“爆算”。

利用韦达定理消元，是解析几何运算中常见的消元方法，这时，我们把两个变量$x_1$，$x_2$变为一个变量$k$，然后进一步化简求解。此题中，两个运算思路遇见的消元效果是不一样的，也就是有时会出现韦达定理的对称结构，而有时结构却不对称，不能直接利用韦达定理，这时，就可以选择将韦达定理变形或者换个消元的思路。

**例5.2.3**　已知椭圆$C$：$\frac{x^2}{2}+y^2=1$的下顶点和上顶点分别为$B_1$，$B_2$，过点$P(0,2)$且斜率为$k$的直线$l$与椭圆$C$交于$M$，$N$两点。求证：直线$B_1M$与直线$B_2N$的交点$T$恒在一条定直线上。

**【解析】**如图5.2.2，我们针对“直线$l$与椭圆$C$交于$M$，$N$两点”和“直线$B_1M$与直线$B_2N$的交点$T$”开始翻译，确定解题思路。

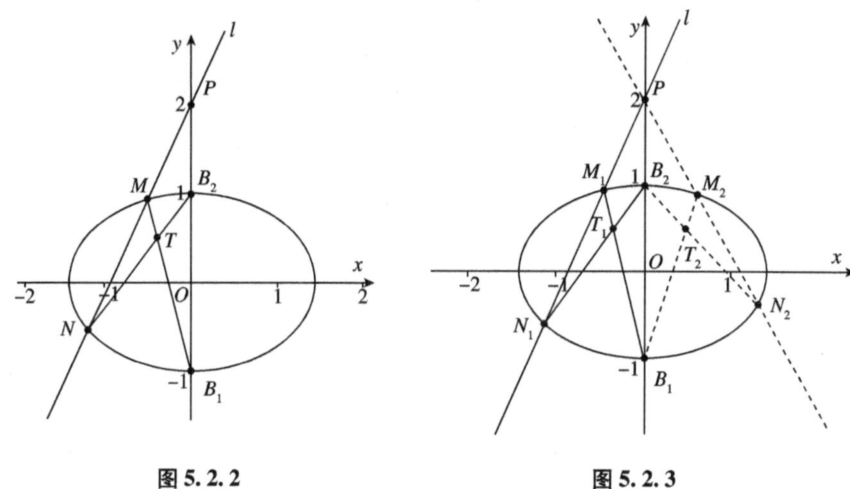


图 5.2.2　　　　图 5.2.3

因为过点 $P(0,2)$ 且斜率为 $k$ 的直线 $l$ 与椭圆 $C$ 交于 $M(x_1,y_1)$，$N(x_2,y_2)$ 两点，则 $\begin{cases} y=kx+2, \\ x^2+2y^2=2 \end{cases} \Rightarrow (2k^2+1)x^2+8kx+6=0$，

得 $x_1+x_2=\dfrac{-8k}{2k^2+1}$，$x_1x_2=\dfrac{6}{2k^2+1}$，$\triangle=64k^2-24(2k^2+1)=8(2k^2-3)>0$，

设 $T(s,t)$，则

$$\begin{cases} B_1M:\ y=\dfrac{y_1+1}{x_1}x-1 \\ B_2N:\ y=\dfrac{y_2-1}{x_2}x+1 \end{cases} \Rightarrow \begin{cases} s=\dfrac{2x_1x_2}{3x_2-x_1}, \\ t=\dfrac{2kx_1x_2+3x_2+x_1}{3x_2-x_1} \end{cases}$$ 。

下面就该消元找到 $s$，$t$ 的关系，三个元 $x_1$，$x_2$，$k$，消哪个？计算到这里之后会发现后面再计算会比较复杂，当遇到这种复杂的情况，就不能再继续算，要想办法有没有巧解。

当然，此时可以多找几个“点 $T$”，如图 5.2.3，可猜其轨迹为“垂直于 $y$ 轴的直线”，再有指向地化简，即 $t$ 应该为常数。

常规思路是利用韦达定理消掉 $x_1$ 和 $x_2$，转化为关于 $k$ 的方程组，但这两个式子的结构都不对称，无法使用韦达定理，我们换个思路，试一试消 $k$，此时情况又如何？

观察韦达定理，得 $\frac{x_1+x_2}{x_1x_2}=-\frac{4}{3}k \Rightarrow kx_1x_2=-\frac{3}{4}(x_1+x_2)$，从而消掉 $k$。

所以 $t=\frac{-\frac{3}{2}(x_1+x_2)+3x_2+x_1}{3x_2-x_1}=\frac{-\frac{1}{2}x_1+\frac{3}{2}x_2}{3x_2-x_1}=\frac{1}{2}$，

即点 $T$ 恒在一条定直线 $y=\frac{1}{2}$ 上。

解析几何的运算过程可以总结如下（在“第四章解析几何问题中的‘黑匣子’是如何打开的”一章中有详细解读）：

明确方向，逐句翻译，化简求解，规范答题。

## 二、对数的计算思维

### （一）大数的估算

对数的发明是源于数学家简化大数运算，其关键是利用对应关系，如图 5.2.4。

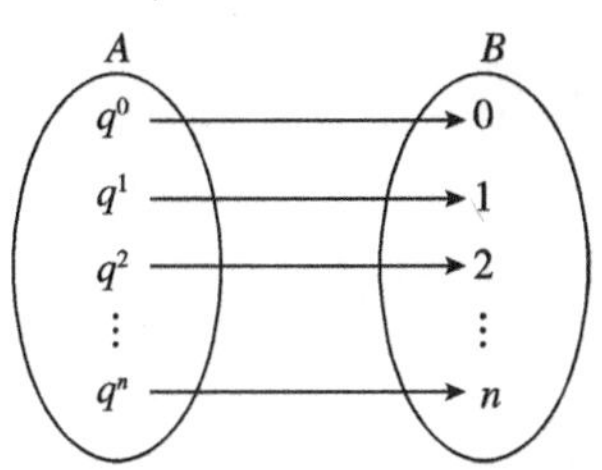


**图 5.2.4**

建立如下对应法则：

（1）$q^m \cdot q^n \to m+n$；（2）$q^m \div q^n \to m-n$；（3）$(q^m)^n \to m \cdot n$；（4）$\sqrt[n]{q^m} \to m \div n$。

利用上述对应法则降低运算层级，达到简化运算的目的。

教材中的“指数式”化为“对数式”，就是由“幂”降为“线性”的过程，也可以理解为“等比”降为“等差”的过程。

例：$a^x = b$（$a>0$，$a\neq1$）$\Leftrightarrow x=\log_a b$。

而对数运算法则，也体现出运算层级的转化：

如$\log_a(MN)=\log_a M+\log_a N$，就是把“积 $MN$”化为“和$\log_a M+\log_a N$”。

**例 5.2.4** 根据有关资料，围棋状态空间复杂度的上限 $M$ 约为 $3^{361}$，而可观测宇宙中普通物质的原子总数 $N$ 约为 $10^{80}$。则下列各数中与$\dfrac{M}{N}$最接近的是（　　）。（参考数据：$\lg3\approx0.48$）

A. $10^{33}$　　B. $10^{53}$

C. $10^{73}$　　D. $10^{93}$

**【解析】** 这是一个大数估算问题，我们可以利用对数进行降幂估算。

设$\dfrac{M}{N}=x=\dfrac{3^{361}}{10^{80}}$，两边取对数，

$$\lg x=\lg\frac{3^{361}}{10^{80}}\approx\lg3^{361}-\lg10^{80}=361\times\lg3-80\approx93.28,$$

所以 $x\approx10^{93.28}$，即$\dfrac{M}{N}$最接近$10^{93}$，故本题选 D。

怎么想到的？为什么用对数？为什么构造等式 $x=\dfrac{M}{N}=\dfrac{3^{361}}{10^{80}}$？这个问题如果解决不了，学生就只会就题论题，在面对新问题时仍然茫然。

我们再梳理一下上面的运算思维过程，体会一下运算思路是如何设计的。

首先，这是一个大数估算问题。对于大数而言，最好的工具就是对数，尤其是 $a^n$ 形式的大数，我们有对数的运算法则 $\log_a b^n = n\log_a b$，使得估算更容易。为什么呢？从公式看，对数把指数函数 $b^n$ 变为了关于 $n$ 的一次函数 $n\log_a b$，一次函数当然比指数函数简单。

其次，怎么用公式。因为我们想用对数，故必须先有指数式或等式，进而转化为对数。化为对数的思路有：

（1）指数式化为对数式：$a^x = b \Leftrightarrow x = \log_a b$，这个过程用的是对数的定义；

（2）正数 $m$，$n$，且 $m = n$，则 $\log_a m = \log_a n$，这个思路用的是对数函数 $f(x) = \log_a x$ 的单调性；

但对数恒等式 $a^{\log_a m} = m$，其实是把一个正数化为指数的形式。

最后，实施计算过程。

我们把刚才的分析过程用图表梳理一下，如表 5. 2. 1：

**表 5. 2. 1**

| 运算素养的表现 | 解题过程 |
| --- | --- |
| 理解运算对象 | $\frac{3^{361}}{10^{80}}$，这是与指数相关的大数 |
| 掌握运算法则 | 指数可以转化为对数处理，那么可用法则：<br>（1）对数的定义：$a^x = b \Leftrightarrow x = \log_a b$<br>（2）幂的运算法则：$\log_a b^n = n\log_a b$ |
| 探究运算思路 | 估算的数，无法直接化为对数，故要构造等式，进而利用对数的定义或对数函数的单调性化简。 |
| 求得运算结果 | 得解 |

计算完成，我们还可以提炼一下运算方法，如指数与对数互化。对数可以将指数型的问题转化为线性问题，对数可以将等比数列变为等差研究等。

学生为什么怕对数计算？很大原因是对定义不理解，对运算法则死记硬背，刻意模仿代入，因此，可以在学习对数运算法则时，把指数与对数对照起来，体会对数的运算法则，逐渐内化。

我们以表格的形式呈现一下指数与对数的联系，如表 5.2.2。

**表 5.2.2**

| | 指数 | 对数 |
|---|---|---|
| 定义 | $a^x=b$（$a>0$，$a\neq1$）<br>$a$—底；$x$—指数；$b$—幂 | $x=\log_a b$（$a>0$，$a\neq1$）<br>$a$—底；$x$—以 $a$ 为底 $b$ 的对数；$b$—真数（幂，变成了“真数”；指数，变成了“对数”） |
| 运算法则 | 同底数幂相乘，底数不变指数相加 $a^x\cdot a^y=a^{x+y}$ | “真数相乘，变成了对数相加”。<br>$\log_a(MN)=\log_a M+\log_a N$ |
| | $a^x\div a^y=a^{x-y}$ | $\log_a\frac{M}{N}=\log_a M-\log_a N$ |
| | $(a^x)^y=a^{xy}$ | $\log_a b^n=n\log_a b$ |

为了加深运算法则的理解，还可以让学生在对数运算时，注明每步所用的运算法则，如图 5.2.5。

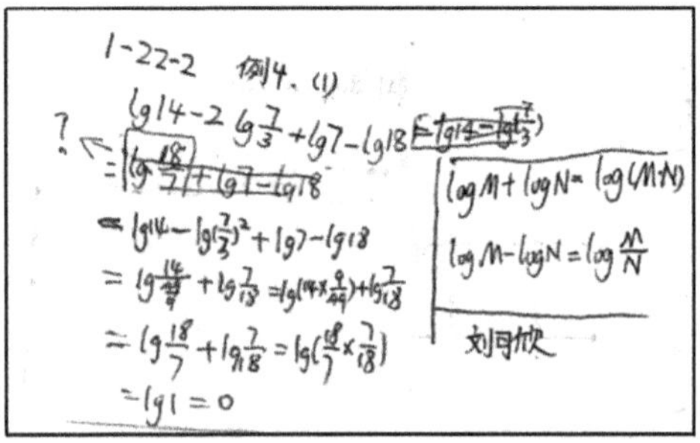

图 5.2.5

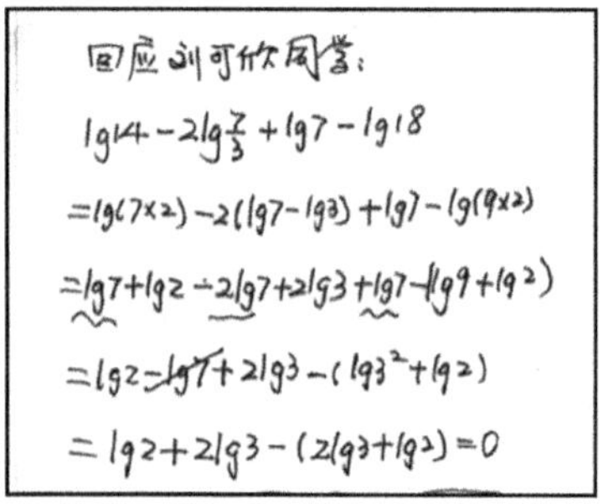

图 5.2.6

如图5.2.6，在右边“回应刘可欣同学”的做法里，看到了“基本量思想”，即：

观察14，$\frac{7}{3}$，18，7，发现都有因数2，3，7，故可以利用运算法则将 $\lg 14$，$\lg \frac{7}{3}$，$\lg 18$，$\lg 7$ 统一到 $\lg 2$，$\lg 3$，$\lg 7$，从而实现计算。

（二）指数与对数中比较大小

两个实数比大小的依据是实数的性质：

$a > b \Leftrightarrow a - b > 0$，$a = b \Leftrightarrow a - b = 0$，$a < b \Leftrightarrow a - b < 0$。

但大多数题目用估算还是比较方便的，估算会用到函数的单调性或者函数的图象。

**例5.2.5** 设 $a = \frac{2}{3}$，$b = \log_3 2$，$\log_3 c = 2 - c$，比较 $a$，$b$，$c$ 的大小。

**【分析】** 学生在比大小时，会把数据先和0比，再和1比，但我们发现 $\frac{1}{2} < \frac{2}{3} < 1$，而 $\log_3 2$ 是小于1的，我们再估算一下它的范围。

因为 $\sqrt{3} < 2 < 3$，所以 $\frac{1}{2} = \log_3 \sqrt{3} < \log_3 2 < \log_3 3 = 1$，故 $\frac{1}{2} < \log_3 2 < 1$，注意，在估算 $\log_3 2$ 的范围时，我们又用上了对数函数 $f(x) = \log_3 x$ 在 $(0, +\infty)$ 为增函数这一性质。如果两个数都在 $\left(\frac{1}{2}, 1\right)$，谁大呢？

这时，常规的估算解决不了，作差似乎又行不通时，我们还可以用函数的单调性比较两个数的大小。

为什么可以用函数单调性？这个问题涉及到从函数的观点看一个数，既然用函数的观点，那么就要从数和形两个角度看。

对于数 $\log_3 2$ 而言，我们把它称为以3为底2的对数，可以从数和形两个角度看这个数，如表5.2.3所示。

**表 5.2.3**

| 数 | 形 |
| --- | --- |
| 实数$\log_3 2$：<br>（1）是$\left(\frac{1}{2},1\right)$内的数；<br>（2）我们把它称为以 3 为底 2 的对数，它是方程 $3^x=2$ 的实根。 | 从数的特征看，我们想到函数$f(x)=\log_3 x$。（这个函数以后我们就叫做“母函数”）<br>（1）$\log_3 2$ 对应一个点 $A(2,f(2))$；<br>（2）点 $A$ 在函数$f(x)=\log_3 x$ 的图象上。<br>$f(x)=\log_3 x$<br>此时，$\log_3 2$ 很直观地在坐标系中呈现出来。 |

那么，能不能也从函数$f(x)=\log_3 x$ 的角度看$\frac{2}{3}$？

我们利用对数运算法则，即$\log_a x^n=n\log_a x$，可得$\log_a a^n=n$，因此$\frac{2}{3}=\log_3 3^{\frac{2}{3}}=f(3^{\frac{2}{3}})$。

这时，$\log_3 2$ 对应函数$f(x)=\log_3 x$ 图象一个点 $A(2,f(2))$；而$\frac{2}{3}$对应函数$f(x)=\log_3 x$ 图象一个点 $B(3^{\frac{2}{3}},f(3^{\frac{2}{3}}))$。

因为$f(x)=\log_3 x$ 在$(0,+\infty)$为增函数，故比较两个函数值$\log_3 2$与$\frac{2}{3}$的大小，就是比较$\log_3 2$ 与$\log_3 3^{\frac{2}{3}}$的大小，也就是比较两个自变量的 2 和 $3^{\frac{2}{3}}$大小，怎么比呢？

或作差，或用函数的单调性，似乎用函数单调性更好。从 $3^{\frac{2}{3}}$入手找到这个母函数，为了简化计算，我们将分数指数幂化为根式。

因为 $3^{\frac{2}{3}}=\sqrt[3]{3^2}=\sqrt[3]{9}$，而 $2=\sqrt[3]{8}$，因为$\sqrt[3]{9}>\sqrt[3]{8}$，所以 $3^{\frac{2}{3}}>2$。

因此$\log_3 3^{\frac{2}{3}} > \log_3 2$，也就是$\frac{2}{3} > \log_3 2$，即 $a > b$。

估算 $c$ 的范围，代数方法是解决不了了，只能靠几何方法解决（如表 5.2.4）。

**表 5.2.4**

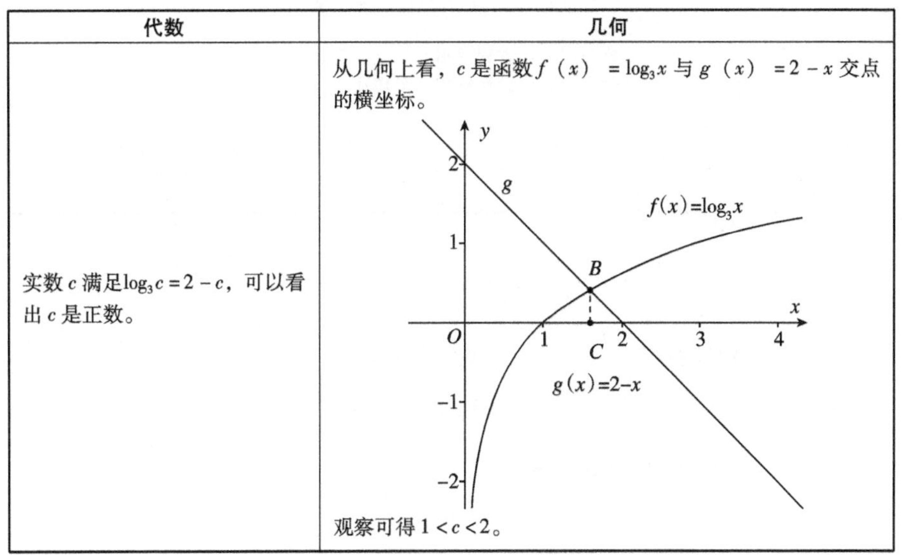

| 代数 | 几何 |
|---|---|
| 实数 $c$ 满足$\log_3 c = 2 - c$，可以看出 $c$ 是正数。 | 从几何上看，$c$ 是函数 $f(x) = \log_3 x$ 与 $g(x) = 2 - x$ 交点的横坐标。<br>观察可得 $1 < c < 2$。 |



综上，$c > a > b$。

从上面分析可以看出，运算思路是这样的：根据两个数的特征，将其转化为某个单调函数的函数值，进而比较自变量的大小即可。

这个思维过程如图 5.2.7 所示。

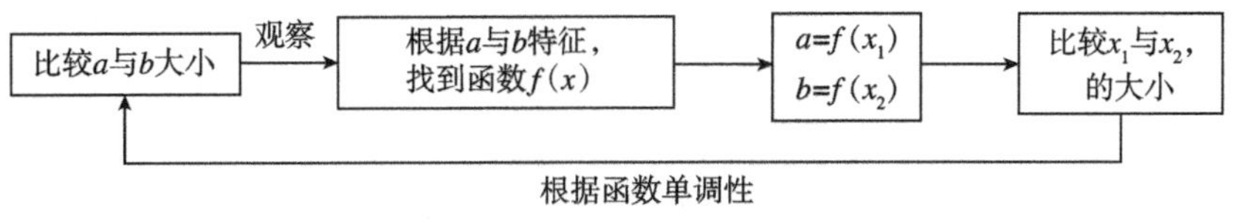


**图 5.2.7**

我们梳理一下上述解题的过程（如表 5.2.5）：

**表 5.2.5**

| 运算素养的表现 | 解题过程 |
| --- | --- |
| 理解运算对象 | 比较 $a=\frac{2}{3}$，$b=\log_3 2$，$\log_3 c=2-c$ 的大小。 |
| 掌握运算法则 | 1、函数 $f(x)$ 在 $(0,+\infty)$ 为增函数。<br>即若 $f(x_1)>f(x_2)$，则 $x_1>x_2>0$。<br>2、函数的观点：方程的根与图象的交点的关系<br>3、常数可以转化对数处理，可用法则：$\log_a a^n=n$ |
| 探究运算思路 | 观察数的结构特点，构造“母函数”，进而利用函数的单调性比较大小。 |
| 求得运算结果 | 得解 |

**例 5.2.6** 设 $x$、$y$、$z$ 为正数，且 $2^x=3^y=5^z$，则（ ）。

A. $2x<3y<5z$　　B. $5z<2x<3y$

C. $3y<5z<2x$　　D. $3y<2x<5z$

**【分析】** 常见的解答是这样的：

令 $2^x=3^y=5^z=k>1$，则 $x=\log_2 k$，$y=\log_3 k$，$z=\log_5 k$，

那么 $2x=2\log_2 k=\frac{2\lg k}{\lg 2}$，$3y=3\log_3 k=\frac{3\lg k}{\lg 3}$，$5z=5\log_5 k=\frac{5\lg k}{\lg 5}$

$$\frac{2x}{3y}=\frac{\frac{2\lg k}{\lg 2}}{\frac{3\lg k}{\lg 3}}=\frac{2\lg 3}{3\lg 2}=\frac{\lg 9}{\lg 8}>1\text{，故 }2x>3y\text{；}$$

$$\frac{2x}{5z}=\frac{\frac{2\lg k}{\lg 2}}{\frac{5\lg k}{\lg 5}}=\frac{2\lg 5}{5\lg 2}=\frac{\lg 25}{\lg 32}<1\text{，故 }2x<5z\text{；}$$

因此 $3y<2x<5z$。

作差法也不错，$2x-3y=\left(\frac{2}{\lg 2}-\frac{3}{\lg 3}\right)\lg k=\frac{2\lg 3-3\lg 2}{\lg 2\lg 3}\lg k=\frac{\lg 9-\lg 8}{\lg 2\lg 3}\lg k>0$。

最后比较lg8 与lg9 大小时，用函数 $y=\lg x$ 的单调性即可。

解答过程很漂亮。但对于解题者而言，他的困惑是：为什么用对数？为什么构造指数式？为什么化为以 10 为底的对数？为什么作除法？说到底，还是对对数定义及法则的理解不透彻。

例 5.2.5 比较的是具体实数，例 5.2.6 比较的是变量。既然是变量，下面从函数观点看一下。涉及函数观点，我们可以从数与形两方面分析，如表 5.2.6。

**表 5.2.6**

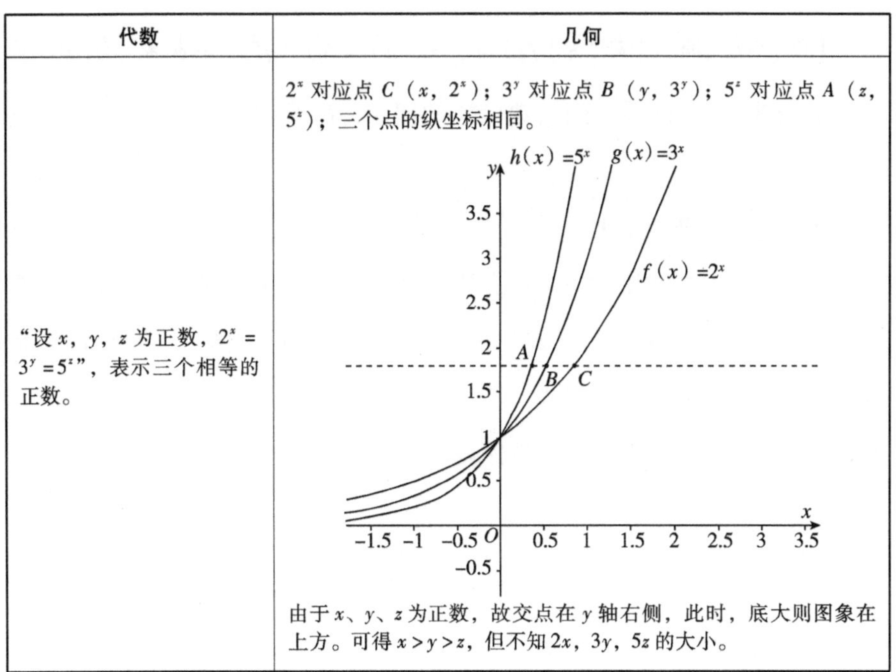


| 代数 | 几何 |
| --- | --- |
| “设 $x$，$y$，$z$ 为正数，$2^x=3^y=5^z$”，表示三个相等的正数。 | $2^x$ 对应点 $C$（$x$，$2^x$）；$3^y$ 对应点 $B$（$y$，$3^y$）；$5^z$ 对应点 $A$（$z$，$5^z$）；三个点的纵坐标相同。<br>由于 $x$、$y$、$z$ 为正数，故交点在 $y$ 轴右侧，此时，底大则图象在上方。可得 $x>y>z$，但不知 $2x$，$3y$，$5z$ 的大小。 |

虽然没比较出来 $2x$，$3y$，$5z$ 的大小，但可以比较 $x$，$y$，$z$ 的大小，因此我们可以换个思路，即将已知条件 $2^x=3^y=5^z$ 转化为指数分别为 $2x$，$3y$，$5z$ 的形式。

即由 $2^x=3^y=5^z$，得到 $(\sqrt{2})^{2x}=(\sqrt[3]{3})^{3y}=(\sqrt[5]{5})^{5z}$，这是三个函数值相等

的结构。

为了更清楚，我们用换元法表示一下，如表 5.2.7。

**表 5.2.7**

| 数 | 形 |
|---|---|
| $(\sqrt{2})^{2x}=(\sqrt[3]{3})^{3y}=(\sqrt[5]{5})^{5z}$，令 $t_1=2x$，$t_2=3y$，$t_3=5z$，则 $(\sqrt{2})^{t_1}=(\sqrt[3]{3})^{t_2}=(\sqrt[5]{5})^{t_3}$，下面从函数角度看着三个数。 | 构造函数 $y=(\sqrt{2})^x$，$y=(\sqrt[3]{3})^x$，$y=(\sqrt[5]{5})^x$，则：$(\sqrt{2})^{t_1}$对应函数 $y=(\sqrt{2})^x$ 图象上点（$t_1$，$(\sqrt{2})^{t_1}$）；$(\sqrt[3]{3})^{t_2}$对应函数 $y=(\sqrt[3]{3})^x$ 图象上点（$t_2$，$(\sqrt[3]{3})^{t_2}$）；$(\sqrt[5]{5})^{t_3}$对应函数 $y=(\sqrt[5]{5})^x$ 图象上点（$t_3$，$(\sqrt[5]{5})^{t_3}$），因为函数值一样，故同一坐标系中，这三个点一样高。 |

下面，我们画出函数 $y=(\sqrt{2})^x$，$y=(\sqrt[3]{3})^x$，$y=(\sqrt[5]{5})^x$ 的图象，按照前面的分析，在同一坐标系中画指数函数的图象，需要比较底数$\sqrt{2}$，$\sqrt[3]{3}$，$\sqrt[5]{5}$的大小。

首先，三者都大于 1。

其次，三个根式比大小，考虑到函数 $y=x^n$（$n>0$）在（0，$+\infty$）为增函数，故可以将这三个根式化为同次根式，即化为同一个函数的函数值，但三个同时化为同次根式，即化为开 30 次方，运算量较大，因此，为了简化运算，我们两个一组进行比较。

先比较$\sqrt{2}$与$\sqrt[3]{3}$。

因为$\sqrt{2}=\sqrt[6]{2^3}=\sqrt[6]{8}$，$\sqrt[3]{3}=\sqrt[6]{3^2}=\sqrt[6]{9}$，故$\sqrt{2}<\sqrt[3]{3}$。

然后比较$\sqrt{2}$与$\sqrt[5]{5}$。

因为$\sqrt{2}=\sqrt[10]{2^5}=\sqrt[10]{32}$，$\sqrt[5]{5}=\sqrt[10]{5^2}=\sqrt[10]{25}$，故$\sqrt{2}>\sqrt[5]{5}$。

因此$\sqrt[5]{5}<\sqrt{2}<\sqrt[3]{3}$，至此，可以在同一坐标系中画出三个函数的图象，如图 5.2.8。

此时$(\sqrt{2})^{t_1}=(\sqrt[3]{3})^{t_2}=(\sqrt[5]{5})^{t_3}$，故 $t_2<t_1<t_3$，即 $3y<2x<5z$。

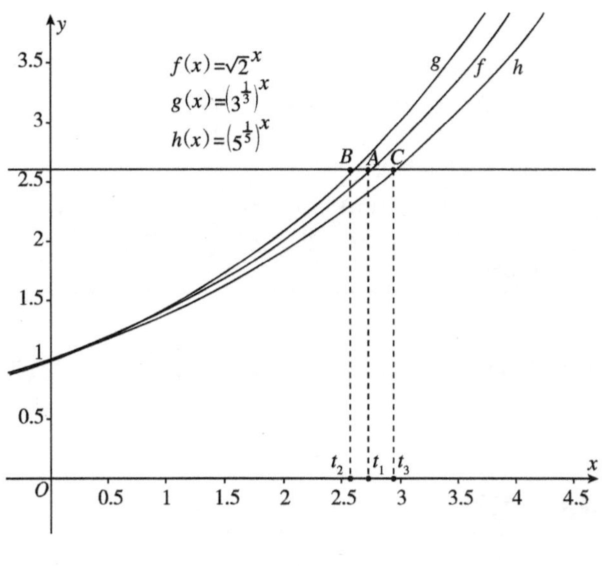


图 5.2.8

直接用函数图象分析没解决问题，但根据得到的启示，我们构造新函数也可以解决。

我们再回顾一下这个思维过程（如图 5.2.9）。

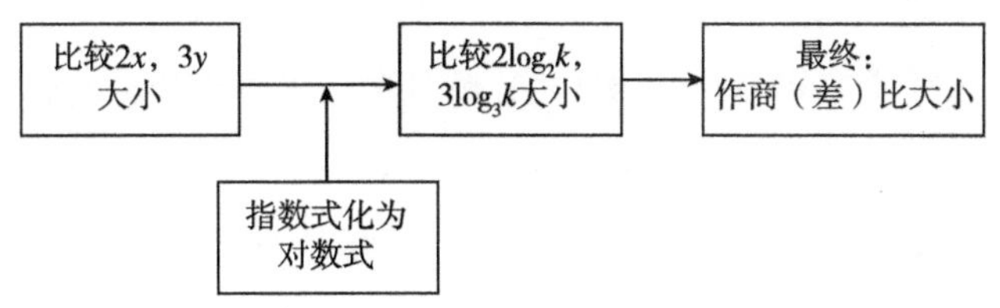


图 5.2.9

解题结束，我们还是从运算素养的角度梳理一下运算过程（如表 5.2.8）。

表 5.2.8

| 运算素养的表现 | 解题过程 |
| --- | --- |
| 理解运算对象 | 比较三个变量 $2x$，$3y$，$5z$ 的大小，前提是与指数相关的等式 $2^x=3^y=5^z$。 |

续表

| | |
|---|---|
| 掌握运算法则 | 1、函数承载的数形结合思想；<br>2、指数可以转化对数处理，那么可用法则：<br>（1）对数的定义：$a^x=b \Leftrightarrow x=\log_a b$；<br>（2）幂的运算法则：$\log_a b^n = n\log_a b$； |
| 探究运算思路 | 尝试用函数的单调性分析，未能解决；再试试代数方法，即求出 $x$，$y$，$z$，进而求出 $2x$，$3y$，$5z$；利用作差或作商比较大小。 |
| 求得运算结果 | 得解 |

此题的运算思路来源于对指数与对数的理解，也是对数形结合思想方法的理解。

## 三、向量的运算思维

向量的加法、减法，实数与向量的乘积都属于线性运算，可以借助有向线段表示运算的过程，如向量加法与减法，是利用平行四边形法则或三角形法则实现的。而向量的数量积的结果是实数，是利用公式$\boldsymbol{a}\cdot\boldsymbol{b}=|\boldsymbol{a}|\cdot|\boldsymbol{b}|\cos\theta$实现的，这就需要向量的模与夹角。你可能会说，还有坐标运算$\boldsymbol{a}\cdot\boldsymbol{b}=x_1x_2+y_1y_2$，但是，大家回忆一下，向量的坐标是怎么得到的？

**平面向量基本定理**　如果$\boldsymbol{e}_1$和$\boldsymbol{e}_2$是同一个平面内两个不共线的向量，那么对于这一平面内的任一向量$\boldsymbol{a}$，有且只有一对实数$\lambda_1$，$\lambda_2$，使

$$\boldsymbol{a}=\lambda_1\boldsymbol{e}_1+\lambda_2\boldsymbol{e}_2。$$

若$\boldsymbol{e}_1$和$\boldsymbol{e}_2$不共线，我们把$\{\boldsymbol{e}_1,\ \boldsymbol{e}_2\}$叫做表示这一平面内所有向量的一个基底。

由平面向量基本定理可知，任一向量都可以由同一基底唯一表示，如果选择单位正交基底 $\boldsymbol{i}$ 和 $\boldsymbol{j}$，其中$|\boldsymbol{i}|=|\boldsymbol{j}|=1$，这时就得到了向量的坐标$\boldsymbol{a}=(\lambda_1,\ \lambda_2)$。也就是说，向量坐标是确定基向量$\boldsymbol{e}_1$，$\boldsymbol{e}_2$之后，而得到的与向量 $\boldsymbol{a}$ 对应的实数对。

平面向量基本定理告诉我们，当选定不共线的向量$\boldsymbol{e}_1$和$\boldsymbol{e}_2$作为该平面的所有向量的一个基底后，平面内的向量$\boldsymbol{a}$和$\boldsymbol{b}$就可以用$\boldsymbol{e}_1$和$\boldsymbol{e}_2$表示出来，那么，

向量$\boldsymbol{a}$和$\boldsymbol{b}$也就由$\boldsymbol{e}_1$和$\boldsymbol{e}_2$联系起来，因此就可以借助运算律来进行运算，这就是基本量思想。统一基本量，是为了实现两个量的可算，即可以运算。

**例 5.2.7** 如图 5.2.9，在平行四边形 $ABCD$ 中，$\angle BAD=60°$，$AB=3AD$，$E$ 为线段 $CD$ 的中点，若$\overrightarrow{AE}\cdot\overrightarrow{AB}=6$，则$\overrightarrow{AC}\cdot\overrightarrow{BD}=$（　　）。

A. $-4$　　B. $-6$　　C. $-8$　　D. $-9$

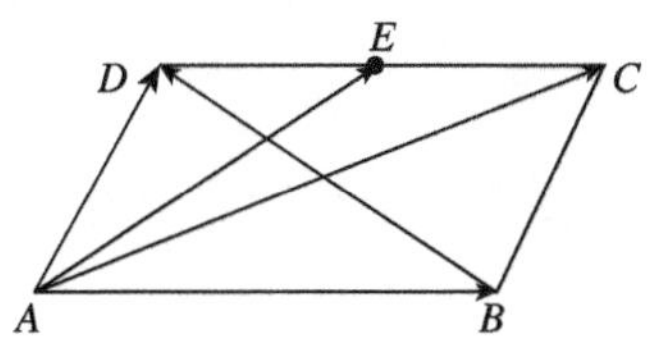


**图 5.2.9**

**【解析】** 已知$\angle BAD=60°$，$AB=3AD$，知道两边和夹角，故我们选向量$\overrightarrow{AB}$，$\overrightarrow{AD}$为基底，易于求二者的数量积。

设 $AD=a$（$a>0$），则 $AB=3a$。此时$\overrightarrow{AB}\cdot\overrightarrow{AD}=a\times 3a\times\cos 60°=\frac{3}{2}a^2$。

则$\overrightarrow{AE}\cdot\overrightarrow{AB}=\left(\overrightarrow{AD}+\frac{1}{2}\overrightarrow{AB}\right)\cdot\overrightarrow{AB}=\overrightarrow{AD}\cdot\overrightarrow{AB}+\frac{1}{2}(\overrightarrow{AB})^2=\frac{3}{2}a^2+\frac{9}{2}a^2=6a^2=6$,

解得 $a=1$。

从而$\overrightarrow{AC}\cdot\overrightarrow{BD}=(\overrightarrow{AD}+\overrightarrow{AB})\cdot(\overrightarrow{AD}-\overrightarrow{AB})=(\overrightarrow{AD})^2-(\overrightarrow{AB})^2=1-9=-8$。

故选：C。

**例 5.2.8** 如图 5.2.10，在$\triangle ABC$ 中，$D$ 是 $BC$ 的中点，$E$ 在边 $AB$ 上，$BE=2EA$，$AD$ 与 $CE$ 交于点 $O$。若$\overrightarrow{AB}\cdot\overrightarrow{AC}=6\overrightarrow{AO}\cdot\overrightarrow{EC}$，则$\frac{AB}{AC}$的值是______。

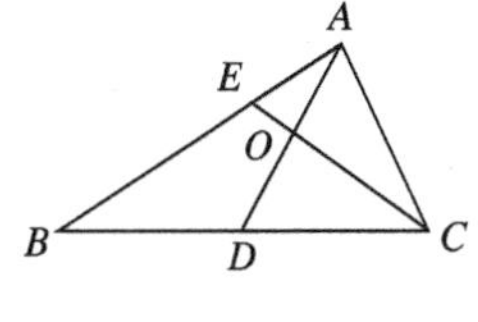


**图 5.2.10**

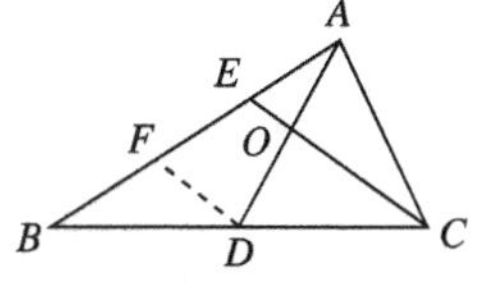


**图 5.2.11**

**【解析】** 需要计算$\overrightarrow{AO}\cdot\overrightarrow{EC}$，显然，要以$\overrightarrow{AB}$，$\overrightarrow{AC}$为基底，用基底表示向量$\overrightarrow{AO}$，$\overrightarrow{EC}$。

由于$E$在边$AB$上，$BE=2EA$，则$\overrightarrow{EC}=\overrightarrow{AC}-\overrightarrow{AE}=\overrightarrow{AC}-\frac{1}{3}\overrightarrow{AB}$。

但是，不知道点$O$的位置在哪？

因为$AD$，$CE$是确定的，故其交点$O$也是确定的，如何确定点$O$的位置呢？

既然点$O$是$AD$与$CE$交点，故分为点$O$在$AD$上和点$O$在$CE$上两个角度考虑。

首先，点$O$在$AD$上，即三点共线，得$\overrightarrow{AO}=\lambda\overrightarrow{AD}$，但$D$是$BC$的中点，故$\overrightarrow{AD}=\frac{\overrightarrow{AB}+\overrightarrow{AC}}{2}$，所以$\overrightarrow{AO}=\lambda\overrightarrow{AD}=\frac{\lambda}{2}\overrightarrow{AB}+\frac{\lambda}{2}\overrightarrow{AC}$；

其次，点$O$在$CE$上，即三点共线，得$\overrightarrow{AO}=\mu\overrightarrow{AE}+(1-\mu)\overrightarrow{AC}$，但$E$是$AB$的三等分点，$BE=2EA$，$AE=\frac{1}{3}AB$，故$\overrightarrow{AE}=\frac{1}{3}\overrightarrow{AB}$，

所以$\overrightarrow{AO}=\mu\overrightarrow{AE}+(1-\mu)\overrightarrow{AC}=\frac{\mu}{3}\overrightarrow{AB}+(1-\mu)\overrightarrow{AC}$，

故$\begin{cases}\overrightarrow{AO}=\frac{\lambda}{2}\overrightarrow{AB}+\frac{\lambda}{2}\overrightarrow{AC},\\ \overrightarrow{AO}=\frac{\mu}{3}\overrightarrow{AB}+(1-\mu)\overrightarrow{AC}\end{cases}\Rightarrow\frac{\lambda}{2}\overrightarrow{AB}+\frac{\lambda}{2}\overrightarrow{AC}=\frac{\mu}{3}\overrightarrow{AB}+(1-\mu)\overrightarrow{AC}$；

得$\begin{cases}\frac{\lambda}{2}=\frac{\mu}{3},\\ \frac{\lambda}{2}=1-\mu\end{cases}\Rightarrow\begin{cases}\lambda=\frac{1}{2},\\ \mu=\frac{3}{4}。\end{cases}$

故此$\overrightarrow{AO}=\frac{1}{2}\overrightarrow{AD}=\frac{1}{4}\overrightarrow{AB}+\frac{1}{4}\overrightarrow{AC}$，

所以$\overrightarrow{AO}\cdot\overrightarrow{EC}=\left(\frac{1}{4}\overrightarrow{AB}+\frac{1}{4}\overrightarrow{AC}\right)\cdot\left(\overrightarrow{AC}-\frac{1}{3}\overrightarrow{AB}\right)$

$$= \frac{1}{4}\overrightarrow{AC}^2 + \frac{1}{6}\overrightarrow{AB}\cdot\overrightarrow{AC} - \frac{1}{12}\overrightarrow{AB}^2,$$

由已知$\overrightarrow{AB}\cdot\overrightarrow{AC} = 6\overrightarrow{AO}\cdot\overrightarrow{EC}$,

代入得$\overrightarrow{AB}\cdot\overrightarrow{AC} = \frac{3}{2}\overrightarrow{AC}^2 + \overrightarrow{AB}\cdot\overrightarrow{AC} - \frac{1}{2}\overrightarrow{AB}^2$,

即$3\overrightarrow{AC}^2 = \overrightarrow{AB}^2$，得$\frac{|\overrightarrow{AB}|}{|\overrightarrow{AC}|} = \sqrt{3}$。

在这个过程中，我们是利用“点 $O$ 是 $AD$ 和 $CE$ 的交点”来确定点 $O$ 的位置，思路清晰，但运算过程略长，能不能利用平面几何图形的性质确定点 $O$ 的位置呢？如图 5.2.11。

取 $BE$ 中点 $F$，因为 $D$ 是 $BC$ 的中点，则有 $DF/\!/EC$,

又因为 $BE = 2AE$，所以 $E$ 是 $AF$ 的中点，

故 $AO = OD$，即 $AO = \frac{1}{2}AD$。

很简洁！向量是集几何与代数于一身的量，因此，在向量计算之前，先看看平面图形的性质，因为几何图形的性质会简化计算。

平面向量基本定理是一个“能编网的定理”。这个定理给我们一个提示，即平面内的所有向量都可以用基底来表示，换句话说，平面内的向量可以用基底统一起来。于是，基底也就把不同的向量联系在一起，我们可以找到其关系，可以建立方程，向量也因此不再孤立，每个向量都存在于一个系统之中。其实，向量的坐标运算，也是将向量利用单位正交基底统一起来，二者都是把参与运算的向量用基底（已知向量）表示出来。

说到“基本量思想”，数列运算和对数运算中也有体现。

**例 5.2.9** 设等比数列 $\{a_n\}$ 满足 $a_1 + a_3 = 10$，$a_2 + a_4 = 5$，则 $a_1a_2\cdots a_n$ 的最大值为________。

**【解析】** 等比数列中的基本量是首项 $a_1$ 与公比 $q$。设等比数列的公比为 $q$,

由$\begin{cases}a_1+a_3=10,\\a_2+a_4=5\end{cases}\Rightarrow\begin{cases}a_1(1+q^2)=10,\\a_1q(1+q^2)=5,\end{cases}$解得$\begin{cases}a_1=8,\\q=\dfrac{1}{2}。\end{cases}$

故 $a_1a_2\cdots a_n=a_1^nq^{1+2+\cdots+(n-1)}=8^n\times\left(\dfrac{1}{2}\right)^{\frac{n(n-1)}{2}}=2^{-\frac{1}{2}n^2+\frac{7}{2}n}$，

于是当 $n=3$ 或 4 时，$a_1a_2\cdots a_n$ 取得最大值 $2^6=64$。

**例 5.2.10** 求值 $(\log_2 5+\log_4 0.2)(\log_5 2+\log_{25}0.5)$

**【解析】** 观察 4，5，25，2，都有因数 2，5，故将 $\log_4 5$，$\log_{25}2$ 利用公式，统一到 lg2，lg5。实现“可算”。

$(\log_2 5+\log_4 0.2)(\log_5 2+\log_{25}0.5)$

$=(\log_4 25+\log_4 0.2)(\log_{25}4+\log_{25}0.5)$

$=\log_4(25\times 0.2)\cdot\log_{25}(0.5\times 4)=\log_4 5\cdot\log_{25}2$

$=\dfrac{\lg 5}{\lg 4}\cdot\dfrac{\lg 2}{\lg 25}=\dfrac{\lg 5}{\lg 2^2}\cdot\dfrac{\lg 2}{\lg 5^2}=\dfrac{\lg 5}{2\lg 2}\cdot\dfrac{\lg 2}{2\lg 5}=\dfrac{1}{4}$。

如何让计算过程来得更自然、更合乎逻辑，这是教师在教学中应该关注的。有疑问的同学大都是因为对运算法则、公式知道但不理解，即知道公式的形式，给出相应的条件能套用公式，但面对条件不明晰的综合性问题，就不知道该不该用公式法则，用哪个公式法则，怎么用公式法则，因为这需要构造。构造的思路来源于运算法则和公式，在运用运算解决问题的过程中，运算法则可以帮助我们探索运算思路。因此说运算法则和公式是运算的依据，是推理的基础，也是运算结果具有唯一性的保障。

运算素养的培养不是一朝一夕，不只是在解具体的问题过程中。其实，学习每一个知识、每一个定理、每一个公式时已经开始了。

## 第三节　打开“只需写结果”问题的“黑匣子”

学习一个完整的教学单元后，就会形成一个知识体系，这个体系中既有知识点之间的逻辑关系，又有研究方法，那么，我们就可以针对知识点进行设计问题，或者针对研究方法进行设计问题，于是问题就诞生了。

有一种问题，命题人要求：“只需写结果”。但是问题就来了，怎么才能直接写出结果？这需要根据命题人本意来回答，下面我们欣赏几道高考题的设问。

**例 5.3.1**　（2014 高考北京文 20）已知函数 $f(x)=2x^3-3x$。

（1）求 $f(x)$ 在区间 $[-2,1]$ 上的最大值；

（2）若过点 $P(1,t)$ 存在 3 条直线与曲线 $y=f(x)$ 相切，求 $t$ 的取值范围；

（3）问过点 $A(-1,2)$，$B(2,10)$，$C(0,2)$ 分别存在几条直线与曲线 $y=f(x)$ 相切？（只需写出结论）

**【解析】**有三个问题，第一个是求函数的最值；第二个是有 3 条切线，求参数取值范围；第三个是直接写出结果，但也与切线有关。三个问题看似无关，真的无关吗？我们具体看一看这几个问题。

（1）解：由已知 $x\in[-2,1]$，$f'(x)=6x^2-3$，令 $f'(x)=6x^2-3=0$，得 $x=\pm\frac{\sqrt{2}}{2}$，

$f(x)$ 与 $f'(x)$ 的情况如表 5.3.1：

表 5.3.1

| $x$ | $-2$ | $\left(-2,\ -\frac{\sqrt{2}}{2}\right)$ | $-\frac{\sqrt{2}}{2}$ | $\left(-\frac{\sqrt{2}}{2},\ \frac{\sqrt{2}}{2}\right)$ | $\frac{\sqrt{2}}{2}$ | $\left(\frac{\sqrt{2}}{2},\ 1\right)$ | 1 |
|---|---|---|---|---|---|---|---|
| $f'(x)$ | | + | 0 | - | 0 | + | |
| $f(x)$ | $f(-2)$ | ↗ | $f\left(-\frac{\sqrt{2}}{2}\right)$ | ↘ | $f\left(\frac{\sqrt{2}}{2}\right)$ | ↗ | $f(1)$ |

而 $f(-2)=-10$，$f\left(-\frac{\sqrt{2}}{2}\right)=\sqrt{2}$，$f\left(\frac{\sqrt{2}}{2}\right)=-\sqrt{2}$，$f(1)=-1$，

故 $f_{\max}=\sqrt{2}$，此时 $x=-\frac{\sqrt{2}}{2}$。

（2）设切点为 $(x_0,\ y_0)$，且 $y_0=2x_0^3-3x_0$，

$f'(x)=6x^2-3$，故 $k=f'(x_0)=6x_0^2-3$，

所以，切线方程为 $y-y_0=(6x_0^2-3)(x-x_0)$，

又切线过 $(1,\ t)$，故 $t-y_0=(6x_0^2-3)(1-x_0)$，

得 $t=-4x_0^3+6x_0^2-3$。

因为过点 $P(1,\ t)$ 存在 3 条直线与曲线 $y=f(x)$ 相切，等价于方程 $t=-4x^3+6x^2-3$ 有 3 个不等实根，也就是直线 $y=t$ 与函数 $g(x)=-4x^3+6x^2-3$ 的图像有 3 个交点。

下面研究 $g(x)=-4x^3+6x^2-3$ 的走势。

$g'(x)=-12x^2+12=-12x(x-1)$，令 $g'(x)=0$，得 $x=0$ 或 $x=1$，

$g(x)$ 与 $g'(x)$ 的情况如表 5.3.2：

表 5.3.2

| $x$ | $(-\infty,\ 0)$ | 0 | $(0,\ 1)$ | 1 | $(1,\ +\infty)$ |
|---|---|---|---|---|---|
| $g'(x)$ | - | 0 | + | 0 | - |
| $g(x)$ | ↘ | 极小值 | ↗ | 极大值 | ↘ |

所以，$g_{极小}=g(0)=-3$，$g_{极大}=g(1)=-1$，而 $g(-1)=7>0$，$g(2)=-11<-3$，

故若直线 $y=t$ 与函数 $g(x)=-4x^3+6x^2-3$ 的图像有 3 个交点，如图 5.3.1，

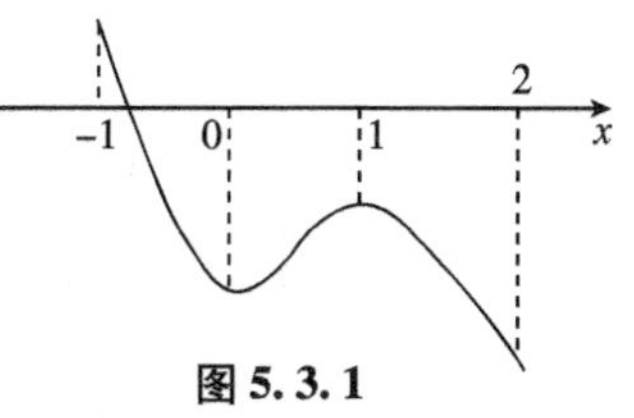

**图 5.3.1**

则 $t\in(-3,-1)$。

这个过程是“形→数→形”的思维过程（表 5.3.3）。

**表 5.3.3**

| 形 | 数 | 形 |
| --- | --- | --- |
| 给定曲线 $y=f(x)$，过点 $P(1,t)$有 3 条切线。 | 转化为：方程 $t=-4x^3+6x^2-3$ 有 3 个不等实根。 | 转化为：直线 $y=t$ 与曲线 $g(x)=-4x^3+6x^2-3$ 有 3 个交点。 |

（3）第二问的结果是“若过点 $P(1,t)$ 存在 3 条直线与曲线 $y=f(x)$ 相切，则 $t\in(-3,-1)$”。这一问是“过点 $A(-1,2)$，$B(2,10)$，$C(0,2)$ 分别存在几条直线与曲线 $y=f(x)$ 相切?”

点 $A(-1,2)$，$B(2,10)$，$C(0,2)$ 与 $P(1,t)$ 似乎没联系呀!

那么，我们就要思考一下命题人的意图：你想考我什么？是针对知识点提出的问题呢？还是针对研究方法提出的问题呢？

首先，我们梳理一下前两问。

在第（1）问中，我们研究了函数的单调性，得到函数的图像走势，如图 5.3.2。

在第（2）问中，得到当点 $P(1,t)$ 位于线段 $EF$ 上时，过该点有三条直线与曲线 $y=f(x)$ 相切，如图 5.3.3。第（2）问的结果的求解过程是充要的，照理说，第（3）问应该问过点 $(1,-2.5)$、$(1,-2)$、$(1,-1.5)$有几条直线与曲线 $y=f(x)$ 相切？点的横坐标应该是1，却偏

偏是这三个点 $A$（$-1$，2）、$B$（2，10）、$C$（0，2）。

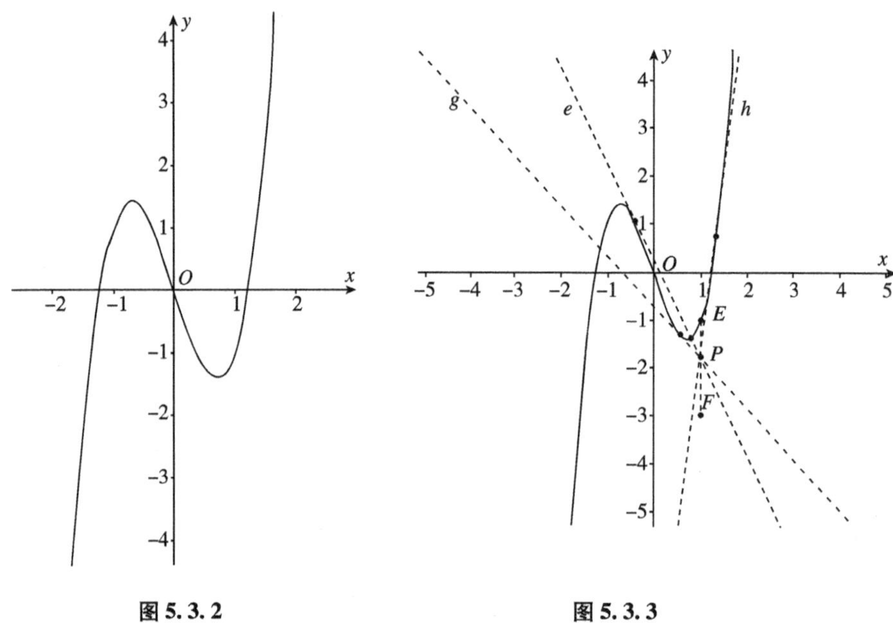


图 5.3.2　　　　图 5.3.3

这个问题是怎么提出来的呢?

函数问题，我们要关注其性质，即单调性、奇偶性和周期性，然后再利用这些性质解决问题。因为 $f(x)=2x^3-3x$，$x\in\mathbf{R}$，故 $f(-x)=-2x^3+3x=-f(x)$，得函数 $f(x)$ 为奇函数，图像关于原点对称，无周期性。下面我们逐个点分析。

先分析点 $A$（$-1$，2），。

不难发现，从奇偶性角度看，点 $A$（$-1$，2），关于原点的对称点为 $A'$（1，$-2$），由第（2）问知，此时过 $A'$（1，$-2$）有 3 条直线与曲线 $y=f(x)$ 相切，那么，由对称性知，过 $A$（$-1$，2），也有 3 条。所以这个提问是基于函数的奇偶性提出来的。

再分析点 $B$（2，10）。

这个点跟第（2）问无关，先看看在图象的哪个位置。求得 $f(2)=$

$2\times2^3-3\times2=10$，即点 $B$（2，10）在函数图象上。注意：讨论过点 $B$ 的切线时，点 $B$ 可能是切点，也有可能不是切点，所以两种情况需要逐个分析。观察图象，当点 $B$ 为切点时，有 1 条直线与曲线 $y=f(x)$ 相切；当点 $B$ 不为切点时，还有一条切线，切点是落在 $y$ 轴左侧的，共 2 条。在学习导数的概念时，我们知道了函数的切线与圆的切线的不同之处，因此，这一问应该是基于我们对函数切线的理解和几何直观而提出的，如图 5.3.4。

最后，分析点 $C$（0，2）。如图 5.3.5，这个位置过点 $C$ 在 $y$ 轴右侧不会有切线的，只能与 $y$ 轴左侧部分相切，即切点落在 $y$ 轴左侧，过点 $C$ 只有 1 条直线与曲线 $y=f(x)$ 相切。第（3）问也是基于我们对函数切线的理解和几何直观而提出的。

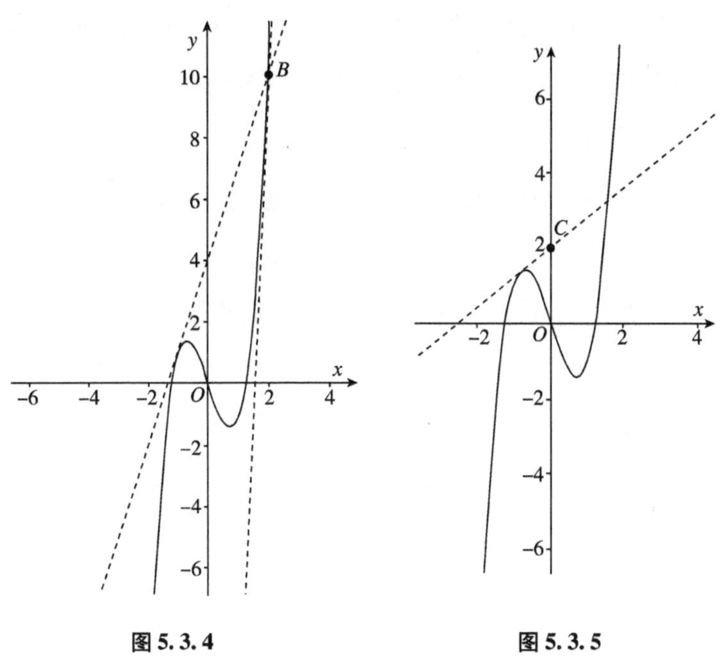


**图 5.3.4**　　**图 5.3.5**

因此，这个“只需写结果”问题的提出，从知识角度，是基于函数的性质和函数的切线的知识提出的；从数学核心素养角度，指向几何直观素

养、逻辑推理素养及数学运算素养。

回答该类型问题的策略，还是要回到知识体系中，当然，要适当地参考前两问的研究结果和研究方法。

**例 5.3.2** （2021 年北京高考）为加快新冠肺炎检测效率，某检测机构采取“$k$ 合 1 检测法”，即将 $k$ 个人的拭子样本合并检测，若为阴性，则可确定所有样本都是阴性的；若为阳性，则还需要对本组的每个人再做检测。现有 100 人，已知其中 2 人感染病毒。

（1）①若采用“10 合 1 检测法”，且两名患者在同一组，求总检测次数；

②已知 10 人分成一组，分 10 组，两名感染患者在同一组的概率为$\frac{1}{11}$，定义随机变量 $X$ 为总检测次数，求检测次数 $X$ 的分布列和数学期望 $E(X)$；

（2）若采用“5 合 1 检测法”，检测次数 $Y$ 的期望为 $E(Y)$，试比较 $E(X)$ 和 $E(Y)$ 的大小（直接写出结果）。

**【解析】**注意：前面问题既帮助我们熟悉题中的数据，又是对后面问题的铺垫。比如第（1）问的设计是有目的的，因为后面的计算都需要准确得到“检测次数”，因此，这一问可以让我们熟悉计数的算法。

（1）①对每组进行检测，需要 10 次；再对结果为阳性的组每个人进行检测，需要 10 次；

所以总检测次数为 20 次（如图 5.3.6）；

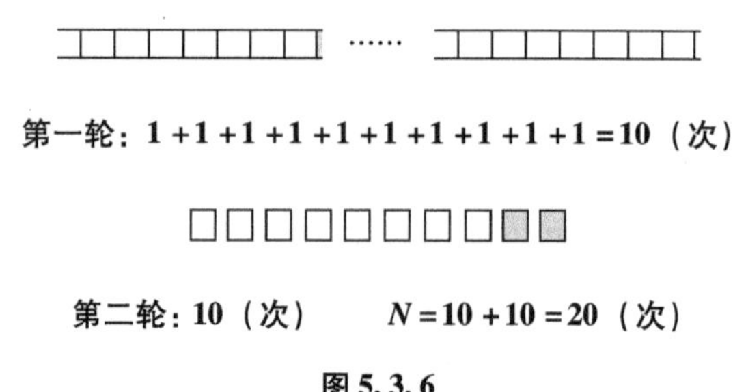


**图 5.3.6**

②由题意，两名患者在同一组需检测 20 次，不在同一组需检测 30 次，

所以 $X$ 可以取 20，30，

$P(X=20)=\frac{1}{11}$，$P(X=30)=1-\frac{1}{11}=\frac{10}{11}$，

则 $X$ 的分布列如表 5.3.4：

**表 5.3.4**

| $X$ | 20 | 30 |
| --- | --- | --- |
| $P$ | $\frac{1}{11}$ | $\frac{10}{11}$ |

所以 $E(X)=20\times\frac{1}{11}+30\times\frac{10}{11}=\frac{320}{11}$。

（2）怎么才能直接得到结果？当然不能靠猜，还是要回到相关知识体系中。既然比较 $E(X)$ 和 $E(Y)$ 的大小，还是要先看看 $E(Y)$ 的结果。

因为采用“5 合 1 检测法”，

第一类，两人在同一组，$Y=20+5=25$；

第二类，两人不在同一组，$Y=20+5+5=30$。

所以 $Y$ 可以取 25，30，

设两名感染者在同一组的概率为 $p_0$，不在同一组的概率为 $1-p_0$，

则随机变量 $Y$ 的分布列如表 5.3.5：

**表 5.3.5**

| $Y$ | 25 | 30 |
| --- | --- | --- |
| $P$ | $p_0$ | $1-p_0$ |

得 $E(Y)=25p_0+30(1-p_0)$，因为不知道 $p_0$ 的范围，故化简为 $E(Y)=30-5p_0$ 的意义不大。

我们回到离散型随机变量的期望公式：

$E(\xi)=x_1p_1+x_2p_2+\cdots+x_np_n$，因此 $E(\xi)$ 是随机变量 $\xi$ 取值 $x_1$，$x_2$，…，$x_n$ 的加权平均。

我们对比一下 $E(Y)=25p_0+30(1-p_0)$ 与 $E(X)=20\times\frac{1}{11}+30\times\frac{10}{11}=\frac{320}{11}$。

易知 5 人一组时，两人在同一组的概率小于 10 人一组时两人在同一组的概率，故 $p_0<\frac{1}{11}$，那么 $1-p_0>\frac{10}{11}$。

可以这样说，$E(Y)$ 中 30 所占的份额大于 $E(X)$ 中 30 所占的份额，$E(Y)$ 中 25 所占的份额小于 $E(X)$ 中 20 所占的份额。就是说，随机变量的值越大占的份额越大，对期望的贡献越大，同时，本题中，25 虽然占的份额小，但 25 还是大于 20 的。

于是 $E(Y)>E(X)$。

因此，这个“直接写出结果”还是要在知识体系中解答。

**例 5.3.3** （2020 年北京高考）某校为举办甲、乙两项不同活动，分别设计了相应的活动方案：方案一、方案二。为了解该校学生对活动方案是否支持，对学生进行简单随机抽样，获得数据如表 5.3.6：

**表 5.3.6**

| | 男生 | | 女生 | |
|---|---|---|---|---|
| | 支持 | 不支持 | 支持 | 不支持 |
| 方案一 | 200 人 | 400 人 | 300 人 | 100 人 |
| 方案二 | 350 人 | 250 人 | 150 人 | 250 人 |

假设所有学生对活动方案是否支持相互独立。

（Ⅰ）分别估计该校男生支持方案一的概率、该校女生支持方案一的概率；

（Ⅱ）从该校全体男生中随机抽取 2 人，全体女生中随机抽取 1 人，估计这3人中恰有2人支持方案一的概率；

（Ⅲ）将该校学生支持方案二的概率估计值记为 $p_0$，假设该校一年级有500名男生和300名女生，除一年级外其他年级学生支持方案二的概率估计值记为 $p_1$，试比较 $p_0$ 与 $p_1$ 的大小。(结论不要求证明)

**【解析】**第（Ⅲ）问又是直接写出 $p_0$ 与 $p_1$ 的大小关系，我们还是先体会一下前两个问题。一方面可以感受问题背景，梳理条件；另一方面还可以摸索第Ⅲ问的思考方法。

（Ⅰ）估计该校男生支持方案一的概率为 $\frac{200}{200+400}=\frac{1}{3}$，

估计该校女生支持方案一的概率为 $\frac{300}{300+100}=\frac{3}{4}$；

（Ⅱ）第一问的结果，是第二问的数据来源。

3人中恰有2人支持方案一，有两种情况，(1) 两个男生支持方案一，女生不支持；(2) 仅有一个男生支持方案一，女生也支持。

所以3人中恰有2人支持方案一概率为：$\left(\frac{1}{3}\right)^2\left(1-\frac{3}{4}\right)+C_2^1\left(\frac{1}{3}\right)\left(1-\frac{1}{3}\right)\frac{3}{4}=\frac{13}{36}$。

（Ⅲ）前两问是男生或女生支持某方案的概率估计值，而第三问是全校学生支持某方案的概率估计值，似乎与前两问没联系。

我们先看看能不能求出 $p_0$ 和 $p_1$。

将该校学生支持方案二的概率估计值记为 $p_0$，$p_0=\frac{350+150}{600+400}=\frac{1}{2}$；接下来求 $p_1$，假设该校一年级有500名男生和300名女生，除一年级外其他年级学生支持方案二的概率估计值记为 $p_1$，但是我们在样本中读不出一年级的数据，也就无法估计 $p_1$。

不能计算，那么，命题人指向什么？设计第（Ⅲ）问时，命题人给出

了“该校一年级有 500 名男生和 300 名女生”，注意：只是一年级的男生和女生人数，没有支持方案二的数据，所以，该问题应该是指向去掉 500 名男生和 300 名女生后，对支持方案二的影响，进一步说，就是引导我们关注男生与女生支持方案二的情况。

我们回到样本数据，可估计：

支持方案二的男女比例为$\frac{350}{150}=\frac{7}{3}$，即支持方案二的主要是男生。

高一年级男女比例为$\frac{500}{300}=\frac{5}{3}$，也是高一年级男生多于女生。又全校男女比例为$\frac{600}{400}=\frac{3}{2}$。

所以，全校学生中，除去高一年级时，去掉的男生多于女生。

通过以上分析可知：支持方案二的主要是男生，而去掉的男生又多，故导致除一年级外其他年级学生支持方案二的概率估计值 $p_1$ 减小。

因此 $p_1 < p_0$。

通过上述几个例题可以看出，“直接写出结果”的背后，是我们对与问题相关的知识体系和研究方法的理解，而知识体系的形成和研究方法的获得是在每一个数学概念的学习中形成的。所以，我们要关注单元备课，关注知识点的逻辑网络，关注研究问题的方法，更要培养学生提出问题的意识，真的把“解题”变为“解决问题”。

因此，数学核心素养的立意的课堂是我们努力的方向。

## 第四节　检验是内化数学运算素养的过程

数学运算有四个表现，即理解运算对象、掌握运算法则、探究运算思路、求得运算结果。

我们常说，运算之后要检验结果是否正确，看似是在检验运算结果，实则是对结果的合理性、法则的正确性、思路的靶向性、目标的转化性等过程的再次梳理。因此说，检验是内化运算素养的过程。

### 一、检验是否真的理解运算对象

正确理解运算对象是运算思路正确的必要条件，也是运算结果正确的保证。正确理解运算对象，是在学习新知识时就开始了，因此，我们在研究新的数学概念时，一要有情景，即为什么要有这个概念；二要有新旧概念的联系，即每学习一个新知识，都要与原来的知识形成网络，建立联系；三要形成研究问题的思路和方法。第三点很重要，因为，学生每次独立解题，都是在研究一个新问题，于是，研究思路和方法就尤为重要。可以试想一下，给概念、公式、法则直接套用，不问出处，只有一个结果，那就是似是而非。

**例 5.4.1** 已知集合 $A=\{y\mid y=\sqrt{x-1}\}$和 $B=\{x\mid y=\sqrt{x-1}+1\}$，求 $A\cap B$。

**【错解】** 由$\begin{cases}y=\sqrt{x-1},\\y=\sqrt{x-1}+1\end{cases}$消元得，$y=y+1$，即 $0=1$，故方程组无解，所以 $A\cap B=\phi$。

这时检验什么？一要检验参与运算的数学对象的含义，即两个集合的具体含义，也就是具体元素的属性。二要检验算什么？是交集、并集、还是补集？三要检验我们用的研究方法对吗？即是要用韦恩图、还是画数轴来表示、还是画二维的平面表示？

**【错因】** 运算对象理解错了，$A\cap B$ 确实是集合 $A$ 与 $B$ 的公共元素构成的集合，但运算之前，要理解集合 $A$ 与 $B$ 的具体含义，即这两个集合是由

哪些元素构成的。学生忽略了集合 $A$ 与 $B$ 的含义，从而去联立方程组求解，导致出现了错误。

**【正解】** $A=\{y\mid y=\sqrt{x-1}\}$的代表元素是 $y$，$y$ 是函数 $y=\sqrt{x-1}$ 的函数值，故集合 $A$ 是函数 $y=\sqrt{x-1}$ 的值域，即 $A=\{y\mid y=\sqrt{x-1}\}=[0,+\infty)$，即集合 $A$ 是由大于或等于 0 的实数构成的集合。

同样，$B=\{x\mid y=\sqrt{x-1}+1\}$的代表元素是 $x$，$x$ 是函数 $y=\sqrt{x-1}+1$ 的自变量，故集合 $B$ 是函数 $y=\sqrt{x-1}+1$ 的定义域，即 $B=\{x\mid y=\sqrt{x-1}+1\}=[1,+\infty)$，即集合 $B$ 是由大于或等于 1 的实数构成的集合。

于是，$A\cap B=[1,+\infty)$。

**例 5.4.2** 已知函数 $f(x)=ae^{x-1}-\ln x+\ln a$。当 $a=e$ 时，求曲线 $y=f(x)$在点 $(1,f(1))$ 处的切线与两坐标轴围成的三角形的面积。

有的学生给出如图 5.4.1 的解答：

从求切线方程，到求截距，思路正确而且运算准确，但忽略了一点，即三角形面积是正数。采访出现错误的学生，询问他们的想法，大部分学生说把心思放在了求切线方程上，而忽略了三角形面积为正数这个背景。

这个问题该如何检验？可以“倒着往回检验”。

第一步，先看运算对象及其所用的公式，我们是在坐标系中求面积，是用坐标表示的，因此，面积公式中要加上“绝对值”，即 $S=\frac{1}{2}|m|\cdot|n|$（其中 $m$，$n$ 分别为直线在 $x$ 轴和 $y$ 轴上的截距），至此，发现出错了，面积应为 $S=$

(1) ∵$a=e$
∴ $f(x)=e^{x}-\ln x+1$
$f'(x)=e^{x}-\frac{1}{x}$
$f'(1)=e-1$
$f(1)=e-0+1=e+1$
切点 $(1,e+1)$
切线斜率 $k=f'(1)=e-1$
切线：$y-(e+1)=(e-1)(x-1)$
$y=(e-1)x+2$
当 $x=0$，$y=2$
当 $y=0$，$x=\frac{2}{1-e}$
$S=\frac{1}{2}\times2\times\frac{2}{1-e}$
$=\frac{2}{1-e}$ ✗

**图 5.4.1**

$\frac{1}{2}|2|\cdot\left|\frac{2}{1-e}\right|$，这也说明在计算时，写出公式的表达式是好习惯。

第二步，看看运算思路是否正确。本题学生的解答运算思路没有问题。

因此，检验运算对象时，首先要检验参与运算的数学对象的含义，如果理解正确，接下来就检验所用法则是否正确。

## 二、检验是否真的掌握运算法则

法则，即运算对象在运算时遵循的原则，也就是"游戏规则"。不同的运算对象遵循不同的法则，运算法则与运算对象自身的定义和性质有关，因此，正确理解并使用运算法则要建立在正确理解数学对象的基础上。

首先，我们应该了解法则是怎样产生的？如果不知道法则是怎么产生的而强行记忆，势必会出现错误。

**例 5.4.3** 求$\frac{2}{5}+\frac{3}{7}$。

**【错解】** $\frac{2}{5}+\frac{3}{7}=\frac{5}{12}$。

"可以运算"使得一个数学对象变得强大，比如我们学习自然数，计数过程中，产生了加、减、乘、除运算，每一种运算，都是遵循一定的法则，逐渐学习了实数，运算也得到了扩充，对"2+3"大家还是能明白的，也能举出具体的实例，而$\frac{2}{5}$与$\frac{3}{7}$的加法需要通分，为什么要通分？很多学生百思不得其解，于是分数加法的法则产生了，这时是理解分数加法法则的最佳时机。

"2+3"为什么能加？因为二者的单位相同，即都是"1"，也就是2个"1"加上3个"1"，就是5个"1"，这就是我们说的2个苹果加上3个苹果等于5个苹果，$\frac{2}{5}$表示的是2个$\frac{1}{5}$，单位是$\frac{1}{5}$，而$\frac{3}{7}$表示的是3个

$\frac{1}{7}$，单位是$\frac{1}{7}$，我们需要把二者的单位化成一样，才能相加，如何把$\frac{2}{5}$与$\frac{3}{7}$化成相同的单位呢?

我们从几何上理解，如图 5.4.2:

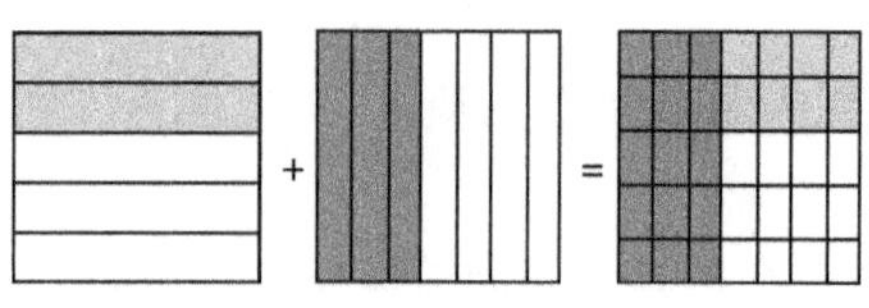

**图 5.4.2**

$\frac{1}{5}$表示将一个正方形等分为 5 份，取一份，即为$\frac{1}{5}$；那么$\frac{1}{5}+\frac{1}{5}$表示将一个正方形等分为 5 份，取一份，再取一份，即 5 份中取 2 份，故$\frac{1}{5}+\frac{1}{5}=\frac{2}{5}$，$\frac{3}{7}$也如此理解。

$\frac{2}{5}+\frac{3}{7}$就是将两个正方形重叠在一起，即将正方形分为 $5\times7$ 等分，这时$\frac{2}{5}$就变为从 35 份中取出 $2\times7=14$ 份，$\frac{3}{7}$就变为从 35 份中取出 $3\times5=15$ 份，共取出 29 份。

于是就有了分数的加法法则：$\frac{2}{5}+\frac{3}{7}=\frac{2\times7}{5\times7}+\frac{3\times5}{7\times5}=\frac{14+15}{35}=\frac{29}{35}$。

该例题中，我们只需检验每一步的通分是否正确即可，分式的四则运算还要检验运算的顺序、运算律等。

又比如，非零向量$\boldsymbol{a}$，$\boldsymbol{b}$的加法，遵循平行四边形法则，向量 $\boldsymbol{a}$，$\boldsymbol{b}$ 数量积遵循法则 $\boldsymbol{a}\cdot\boldsymbol{b}=|\boldsymbol{a}|\cdot|\boldsymbol{b}|\cos\theta$，而由非零向量 $\boldsymbol{a}$，$\boldsymbol{b}$ 且 $\boldsymbol{a}\cdot\boldsymbol{b}=\boldsymbol{a}\cdot\boldsymbol{c}$，得到 $\boldsymbol{b}=\boldsymbol{c}$，错的原因是用了“除法”，而我们没有关于向量除法的运算，

也就没有这个法则了，故出现了错误。

因此，检验是否真的掌握运算法则，功夫在于学习新运算的过程，这个过程尤为重要。

## 三、检验运算思路是否正确

每次运算之前我们都要根据运算对象探究运算思路，即从哪个条件出发，先算什么，或者若证明某个不等式成立，只需要证另一个成立，这样分析问题就是在确定运算思路。

**例 5.4.4** 已知函数 $f(x)=e^x-a(\ln x+1)(a\in\mathbf{R})$，若函数 $y=f(x)$ 在 $(\frac{1}{2},1)$ 上有极值，求 $a$ 的取值范围。

解：$f'(x)=\mathrm{e}^x-\frac{a}{x}$，因为 $x\in\left(\frac{1}{2},1\right)$，

①当 $a\leqslant 0$ 时，$f'(x)>0$，此时 $f(x)$ 无极值。

②当 $a>0$ 时，令 $f'(x)=\mathrm{e}^x-\frac{a}{x}=\frac{x\mathrm{e}^x-a}{x}=0$，即 $x\mathrm{e}^x-a=0$，

令 $\varphi(x)=x\mathrm{e}^x-a$，则 $\varphi'(x)=(x+1)\mathrm{e}^x>0$，

故 $\varphi(x)$ 在 $(\frac{1}{2},1)$ 上为增函数，因为 $\varphi(\frac{1}{2})=\frac{1}{2}\mathrm{e}^{\frac{1}{2}}-a$，$\varphi(1)=e-a$，

若函数 $y=f(x)$ 在 $(\frac{1}{2},1)$ 上有极值，

必有 $\begin{cases}\varphi\left(\frac{1}{2}\right)=\frac{1}{2}\mathrm{e}^{\frac{1}{2}}-a<0,\\ \varphi(1)=\mathrm{e}-a>0\end{cases}\Rightarrow\frac{1}{2}\mathrm{e}^{\frac{1}{2}}<a<\mathrm{e}$。

此时，$\exists x_0\in\left(\frac{1}{2},1\right)$，使 $\varphi(x_0)=0$，

$f'(x)$ 与 $f(x)$ 的情况如表 5.4.1。

表 5.4.1

| $x$ | $\left(\frac{1}{2}, x_0\right)$ | $x_0$ | $(x_0, 1)$ |
|---|---|---|---|
| $f'(x)$ | - | 0 | + |
| $f(x)$ | ↘ | $f(x_0)$ | ↗ |

此时函数 $y=f(x)$ 在$\left(\frac{1}{2}, 1\right)$上有极值。

故$\left\{a \left| \frac{\sqrt{e}}{2}<a<e\right.\right\}$。

怎么检验？此题是求实数 $a$ 的取值范围，需要找到关于 $a$ 的不等式，怎么找？梳理一下思路：

已知函数 $y=f(x)$ 在$\left(\frac{1}{2}, 1\right)$上有极值$\xLeftrightarrow{\text{等价于}}$$f'(x)$ 在 $\left(\frac{1}{2}, 1\right)$ 上有变号零点$\xLeftrightarrow{\text{转化为}}$研究函数 $f'(x)$ 或其关键部分的图象。

思路正确，运算没问题，结果是对的。在明晰运算对象的基础上，从条件和结论出发探究运算思路，只有在运算思路正确的基础上，才可以为运算结果提供有力保证。

不难看出，正确的运算思路来自于对数学概念的正确理解，就是说，学习数学概念时，既建立了知识的联系，感悟研究方法，还会形成解决问题的思路。

### 四、检验运算结果是否合理

每个运算都是为了解决某个问题情境，这个情境有时是数学问题，有时是实际问题。既然是情境，那么这时的运算结果也就有某种意义，从来就没有“为了算而算”的计算。

**例 5.4.5** 已知 $\boldsymbol{a}=(2,-2)$，$\boldsymbol{b}=(2,1)$，若 $\boldsymbol{a}+\lambda\boldsymbol{b}$与 $2\boldsymbol{a}-\boldsymbol{b}$ 的夹

角为锐角，求实数 $\lambda$ 的取值范围。



**【错解】** 若 $\boldsymbol{a}+\lambda\boldsymbol{b}$ 与 $2\boldsymbol{a}-\boldsymbol{b}$ 的夹角为锐角，则 $(\boldsymbol{a}+\lambda\boldsymbol{b})(2\boldsymbol{a}-\boldsymbol{b})>0$。

所以 $2|\boldsymbol{a}|^2-\lambda|\boldsymbol{b}|^2+(2\lambda-1)\boldsymbol{a}\cdot\boldsymbol{b}>0$，即 $16-5\lambda+2(2\lambda-1)>0$，解得 $\lambda<14$。

实数 $\lambda$ 的取值范围是 $(-\infty,14)$。

如果非零向量 $\boldsymbol{a}$，$\boldsymbol{b}$ 的夹角 $\theta$ 为锐角时，我们说 $\boldsymbol{a}\cdot\boldsymbol{b}>0$，而 $\theta$ 为锐角是 $\boldsymbol{a}\cdot\boldsymbol{b}>0$ 的充分不必要条件，也就造成了结果错误。检验什么呢？$\boldsymbol{a}\cdot\boldsymbol{b}>0\Leftrightarrow\theta$ 为锐角或 $\theta=0°$，那么就要检验多出来的 $\theta=0°$ 是否成立。

**【正解】** 若 $\boldsymbol{a}+\lambda\boldsymbol{b}$ 与 $2\boldsymbol{a}-\boldsymbol{b}$ 的夹角为锐角，

则 $(\boldsymbol{a}+\lambda\boldsymbol{b})(2\boldsymbol{a}-\boldsymbol{b})>0$ 且 $\boldsymbol{a}+\lambda\boldsymbol{b}$ 与 $2\boldsymbol{a}-\boldsymbol{b}$ 不共线，

由 $(\boldsymbol{a}+\lambda\boldsymbol{b})(2\boldsymbol{a}-\boldsymbol{b})>0$ 得：

$2|\boldsymbol{a}|^2-\lambda|\boldsymbol{b}|^2+(2\lambda-1)\boldsymbol{a}\cdot\boldsymbol{b}>0$，即 $16-5\lambda+2(2\lambda-1)>0$，解得 $\lambda<14$，

又由 $\boldsymbol{a}+\lambda\boldsymbol{b}$ 与 $2\boldsymbol{a}-\boldsymbol{b}$ 不共线，得 $\dfrac{1}{\lambda}\neq\dfrac{2}{-1}$，故 $\lambda\neq-\dfrac{1}{2}$。

所以实数 $\lambda$ 的取值范围 $\left\{\lambda\,\middle|\,\lambda<14\text{ 且 }\lambda\neq-\dfrac{1}{2}\right\}$。

**例 5.4.6**　设 $\triangle ABC$ 的内角 $A$，$B$，$C$ 所对边的边分别是 $a$，$b$，$c$ 且 $b=3$，$c=1$，$A=2B$，求 $a$ 的值。

**【解法 1】** 由 $A=2B$，可得 $A$，$2B\in(0,\pi)$，所以

$A=2B\Leftrightarrow\cos A=\cos 2B=2\cos^2B-1$，

故 $\dfrac{b^2+c^2-a^2}{2bc}=2\left(\dfrac{a^2+c^2-b^2}{2ac}\right)^2-1$，

再由题设 $b=3$，$c=1$，可得

$\dfrac{3^2+1^2-a^2}{2\times3\times1}=2\left(\dfrac{a^2+1^2-3^2}{2a\times1}\right)^2-1$，因为 $a>0$，

解得 $a=2\sqrt{3}$ 或 $a=2$。

再由 $a+c>b$，可得 $a=2\sqrt{3}$。

**【解法 2】** 由 $A=2B$，可得 $\sin A=\sin 2B=2\sin B\cos B$，

由余弦定理可得：$\cos B=\dfrac{a^2+c^2-b^2}{2ac}=\dfrac{\sin A}{2\sin B}$，

再由正弦定理可得：$\dfrac{a^2+c^2-b^2}{2ac}=\dfrac{a}{2b}$

由题设 $b=3$，$c=1$，得 $a^2=12$，故 $a=2\sqrt{3}$。

第一种解法出现了两个根，我们想到可能会出现增根，故要检验。那么，第二种解法只得到一个解，是不是就不需要检验了？

解法 2 中，当 $A$，$2B\in(0,\ \pi)$ 时，由 $\sin A=\sin 2B$，得到 $A=2B$ 或 $A+2B=\pi$，若 $A+2B=\pi$，则由 $A+B+C=\pi$ 可知，$B=C$，$b=c$ 与题设 $b>c$ 矛盾。

所以当 $A$，$2B\in(0,\ \pi)$，$A=2B$ 与 $\sin A=\sin 2B$ 并不等价。此时“$A=2B$”是“$\sin A=\sin 2B$”成立的充分不必要条件，因此还应检验得到的答案 $a=2\sqrt{3}$ 满足所有题设，包括三边 $a$，$b$，$c$，即 $2\sqrt{3}$，3，1 能是某三角形的三边，即 $2\sqrt{3}<3+1$。

我们解题时会用到等价转化的思想。等价转化思想是一种重要的数学思想，在解题中的作用往往体现在化繁为简、化陌生为熟悉，并且通过等价转化的结果是不需要检验的。但在数学解题中，有很多情形不易、不宜、甚至是不可能进行等价转化（比如解超越方程、解超越不等式、由递推式求数列通项公式等），这时只有“退而求其次”，可以考虑用“不等价转化”的方法来解题：常见的方法有“先必要后充分”和“先充分后必要”。因此该方法解题时，一定要对运算结果进行检验。

检验是解题后的反思，是运算素养内化的过程，运算素养的形成不是

一朝一夕，而是持之以恒。每次运算，都有两次机会审视运算素养，第一次是在正常的计算中，第二次就是检验。每次计算结束，都要检验，一要检验参与运算的数学对象的含义；二要检验运算法则；三要检验我们用的研究方法是否合理，也就是运算思路是否正确；四要检验运算结果的合理性。而为了实现有效检验，要在数学概念课上下功夫。

# 第六章
# 数学学科核心素养与课程目标是如何落实的

数学课堂要教什么？要教的不是解题，而是解决问题，解题仅仅是解决问题的一个方面，因此，学会解决问题的方法，也就找到打开条件与结论之间的“黑匣子”的方法了。于是，以数学知识为载体，学习解决问题的方法就是课堂的主旋律，也就是数学核心素养的立意。

数学在形成人的理性思维、科学精神和促进个人智力发展的过程中发挥着不可替代的作用。数学学科核心素养是数学课程目标的集中体现，是具有数学基本特征的思维品质、关键能力以及情感、态度与价值观的综合体现，是在数学学习和应用的过程中逐步形成和发展的，包括数学抽象、逻辑推理、数学建模、直观想象、数学运算和数据分析。

数学教育承载着落实立德树人根本任务、发展素质教育的功能，帮助学生掌握现代生活和进一步学习所必需的数学知识、技能、思想和方法。教学生会用数学眼光观察世界，会用数学思维思考世界，会用数学语言表达世界；促进学生思维能力、实践能力和创新意识的发展，探寻事物变化规律，增强社会责任感；在学生形成正确人生观、价值观、世界观等方面发挥独特作用。因此，教学过程中要将数学核心素养落实于每一个教学环节中。

那么教师在教学中如何把握教材？如何积极探索有利于促进学生学习的多样化教学方式？如何根据不同的内容和学习任务采用不同的教学方

式，优化教学，抓住关键的教学与学习环节，增强课堂的实效性？如何落实数学学科核心素养与课程目标？这些都是教师要关注的问题。



## 第一节　基于数学核心素养的单元教学备课

中学的数学内容设置中，每个内容都是精挑细选的，除了体现数学本身的发展价值外，还有很强的育人功能，对培养数学核心素养有着积极的作用。

对于一个新的内容，我们从以下几个环节入手进行备课（如图 6.1.1）：

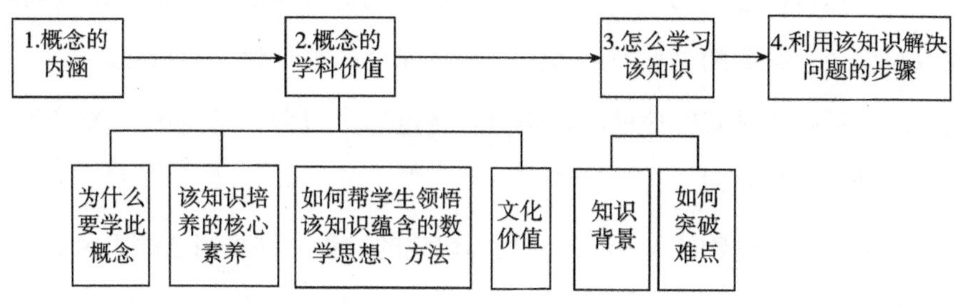


**图 6.1.1**

下面我们以“一元函数的导数及其应用”为例，谈一下基于数学核心素养的单元备课。

### 一、导数的内涵之导数是什么

导数的概念教学，注重抽象概括共同本质特征，凸显导数的内涵及其几何意义。

导数是微积分的核心内容之一，是现代数学的基本概念。导数的本质是函数的瞬时变化率，它是一种特殊的极限。

导数的概念高度抽象，而导数的几何意义涉及一般曲线的切线概念，对学生来说是全新的概念，该概念甚至与初中已经学习的圆的切线的概念有冲突，因此为了使学生理解导数的意义、内涵和思想，教学中必须充分展现导数的概念及其几何意义的生成过程，通过典型丰富的实例抽象概括出导数的概念和切线的概念，理解导数的几何意义。

在教材中至少四次引导学生经历这种抽象的过程：

第一次，是高台跳水运动从平均速度过渡到瞬时速度。学生已经知道，匀速运动中，每个时刻的瞬时速度都等于平均速度，那么只要能将变速运动转化为匀速运动就可以解决问题了。转化的方式体现了微积分的基本思想，以直代曲、局部近似。即在某时刻附近很短的时间段内，可以将变速运动当作匀速运动，以平均速度近似替代瞬时速度。但是无论时间间隔取得多短，得到的平均速度永远是瞬时速度的近似值，只有 $\Delta t \to 0$ 时平均速度的极限才是瞬时速度的精确值。经过这个过程，学生第一次感受导数是一种特殊的极限。

第二次，是抛物线 $y=x^2$ 的割线到切线的过程，同样当 $\Delta x$ 很小时，可以将抛物线近似看作直线，可用割线近似替代切线。当 $\Delta x \to 0$ 时，割线的极限位置就是切线，割线的斜率的极限就是切线的斜率，学生第二次感受导数是一种特殊的极限。上述两个问题无论是解决问题的方法，还是所得结果的形式都具有高度的相似性。

第三次，一般函数的平均变化率到瞬时变化率。

第四次，一般曲线由割线过渡到切线，为割线斜率过渡到切线斜率作铺垫。

这样多次、反复经历由平均变化率到瞬时变化率的过程，有效助力学生初步理解导数的内涵——导数是瞬时变化率，它是一种特殊的极限。

## 二、导数的学科价值

### 1. 为什么要学习导数

学习导数可以促进学生全面认识数学的价值。学生通过解决数学中和社会生产生活中的各种问题，如切线问题、瞬时速度及加速度问题、面积体积问题、最大最小等优化问题，逐步认识和体会到数学的应用价值、科学价值、文化价值。

通过学习导数，学生学会以动态的、变化的、无限的变量数学观念来研究问题，而不仅仅是停留在静态的、不变的、有限的常量数学观念上研究问题。在学习过程中逐步体会常量与变量、有限与无限、近似与准确、动与静、直与曲的对立与统一、发展学生的辩证思维能力。

导数是微积分的重要组成部分之一，学习导数还将为今后进一步学好微积分打下基础。在大学里，学生学习微积分问题的主要表现在两个方面，一是作为科学的微积分，其定义是精确的、严谨的、抽象的，其展开描述方式是公理化基础之上的逻辑演绎形式，这就给学生的理解带来困难；二是在大学阶段微积分的教学方式主要是由原理到例子的同化方式，侧重于逻辑形式的演绎，淡化背景。在高中学习比较原始、直观和现实的导数，使学生了解导数的现实背景、应用背景，体会导数的思想方法，为大学微积分的学习奠定好认知与经验的基础。

### 2. 如何帮助学生领悟导数中蕴含的极限思想

数学思想是在研究的过程中逐渐形成的，极限思想也是如此。可以引导学生从数、式、形多角度理解极限思想。

微积分作为高等数学的基础，绝对不仅仅是解决问题的工具，其中所蕴含的极限思想，是数学教学不可忽视的。极限思想不仅贯穿整个微积分学理论，而且在高等数学中的微分方程、级数理论、积分变换、概率论与

数理统计等方面都有广泛的应用。

一般地，构成极限思想的理论体系有数列极限的概念及数学表达式、函数极限的概念及数学表达式、极限性质和极限准则、极限运算法则和极限运算方法等，这些内容在高中数学几乎都不提及。即在教学中，我们不能引导学生从理论上认识极限，而应该从感性的角度认识极限。在高中阶段如何引领学生领悟极限思想，可以尝试以下几点：

（1）数学经验中的极限思想萌芽。比如引导学生讨论《庄子》“一尺之棰，日取其半，万世不竭”的名言，体现了无限趋近于0的极限思想。三国时期数学家刘徽，利用极限思想计算圆周率，得出“割之弥细，所失弥少，割之又割，以至于不可割，则与圆合体，而无所失”，体现了无限逼近的数学极限思想。

（2）从数量变化趋势感受极限的存在。以“从平均速度过渡到瞬时速度”为例。学生直观感知1s的瞬时速度可以用1s附近很短的时间段内的平均速度近似替代，为了帮助学生理解极限思想，我们可以让学生从数值上感受。引导学生将“1s附近”“很短的时间段”等词进行量化。学生对“1s附近”可能有不同的理解，可能是从$t=1$开始的某段时间，比如1到1.1s。还可能是到$t=1$结束的某段时间，比如0.9到1s，还可能是包含1的某段时间，比如0.9s到1.1s等；学生对“很短的时间段”也可能有不同的理解，比如是1s，或0.1s，或0.01s等。引导学生分别计算这些时间段的平均速度，学生会从数值上发现，原来当时间间隔越趋近于0，平均速度就越趋近于某个确定的常数。这时怎么理解1s附近已经不重要了。由此从数值上直观感受极限的存在性和唯一性（如表6.1.1）。

**表 6.1.1**

| 当 $\Delta t<0$ 时，在时间段 $[1+\Delta t, 1]$ 内 | | 当 $\Delta t>0$ 时，在时间段 $[1, 1+\Delta t]$ 内 | |
|---|---|---|---|
| -0.01 | -4.951 | 0.01 | -5.049 |
| -0.001 | -4.9951 | 0.001 | -5.0049 |
| -0.0001 | -4.99951 | 0.0001 | -5.00049 |
| -0.00001 | -4.999951 | 0.00001 | -5.000049 |
| -0.000001 | -4.9999951 | 0.000001 | -5.0000049 |
| …… | | …… | |

如果条件允许，可以让学生进一步绘制出散点图，从图形上感受，随着 $\Delta t\to 0$，平均速度趋近某个确定的常数的过程，如图 6.1.2。

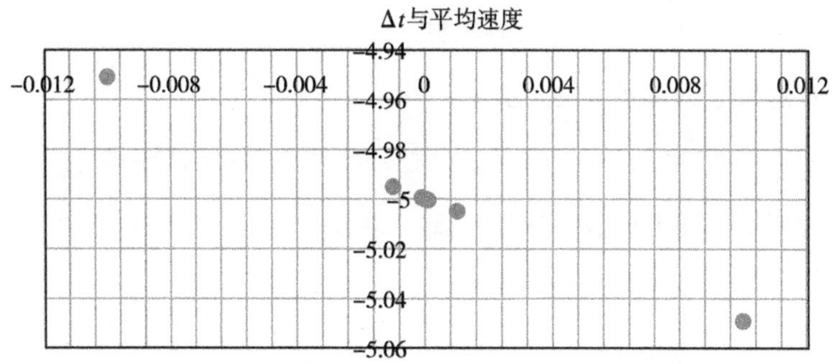


**图 6.1.2**

（3）从解析式的角度理解数量关系的本质，如表 6.1.2。

**表 6.1.2**

| 当 $\Delta t<0$ 时，在时间段 $[1+\Delta t, 1]$ 内 | 当 $\Delta t>0$ 时，在时间段 $[1, 1+\Delta t]$ 内 |
|---|---|
| $\bar{v}=\dfrac{h(1)-h(1+\Delta t)}{1-(1+\Delta t)}=\dfrac{4.9(\Delta t)^2+5\Delta t}{-\Delta t}$ $=-4.9\Delta t-5$ | $\bar{v}=\dfrac{h(1+\Delta t)-h(1)}{(1+\Delta t)-1}=\dfrac{-4.9(\Delta t)^2-5\Delta t}{\Delta t}$ $=-4.9\Delta t-5$ |

通过化简平均速度的解析式，得到 $\bar{v}=-4.9\Delta t-5$。从而理解为什么

当时间间隔趋近于0时，平均速度会趋近于每秒 -5 米。

（4）从图形直观极限位置

运用信息技术作图软件，通过放大图象观察割线的极限位置让同学们感受直观的极限。

总之，结合学生已有数学经验，在导数概念教学中，运用数、式、形等多角度研究方法，丰富学生对极限概念的认知，逐步由感性到理性、由直观到抽象，了解无限变化过程中的确定性。

**3. 如何通过导数学习提升数学学科素养**

除了在学习导数概念中所渗透数学抽象素养外，导数中还蕴含了以下几种数学学科素养。

（1）导数中蕴含的数学运算素养

本章的数学运算主要有三类：

①利用导数的定义求导数值，计算一些简单函数的导函数；

②利用基本初等函数的导数公式、导数的四则运算法则以及复合函数的导数，计算简单初等函数的导数；

③利用导数研究函数的单调性、极值、最大（小）值等性质。

运算是贯穿本章的一条主线，教学时应加强运算的训练，不断提升学生的数学运算素养。在实际教学中，学生可能由于概念不清，运算复杂、繁琐等原因导致各种计算错误。该情况下，可以给学生一些概念性的练习题，进行纠错。比如在利用导数的定义求导数值、计算一些简单函数的导函数过程中，帮助学生理解导数的概念。

在导数的定义式$\lim\limits_{\Delta x \to 0}\frac{f(x+\Delta x)-f(x)}{\Delta x}$中，学生要认识到它表示的意义：函数$f(x)$在自变量为$x$时的瞬时变化率，即导数是其图象在自变量取值为$x$时的切线斜率。就这个式子而言，$x$为常数，$\Delta x$才是变量。另外

$\Delta x$ 是无限趋近于0，但不等于0。这也是在求导运算时可以约去 $\Delta x$ 的原因，比如 $\frac{-4.9(\Delta x)^2-5\Delta x}{\Delta x}$。约分后得到 $-4.9\Delta x-5$，从直观上认知 $\Delta x$ 无限趋近于0时，其值无限趋近 $-5$。在导数的计算时，亦可给学生一些概念性练习题，请学生纠错。比如：

① $(\cos 2x)'=-\sin 2x$。错误，学生纠错，应改为 $(\cos 2x)'=-2\sin 2x$。复合函数求导时，丢掉内函数的导数是初学者极易犯的错误。

② $(a^x)'=xa^{x-1}$。错误，学生纠错，应改为 $(a^x)'=a^x\ln a$。使用导数公式时，需要先判断导数的类型，再选择合适的公式。初学者可能会把指数函数和幂函数的导数法则混淆。

③ $(f(x)g(x))'=f'(x)g'(x)$。错误，应改为 $(f(x)g(x))'=f'(x)g(x)+f(x)g'(x)$。对于导数的四则运算法则，初学者容易将“和的导数等于导数的和，差的导数等于导数的差”的规则类比到乘法和除法中，从而产生混淆。

④ $f'(2)$ 和 $(f(2))'$ 是一个意思，都是 $f(x)$ 在 $x=2$ 时的导数。错误，学生纠错，应改为 $f'(2)$ 是导函数 $f'(x)$ 在 $x=2$ 时的值，但是 $(f(2))'$ 是对常函数 $y=f(2)$ 求导，其结果恒为0。

诸如上述的例子，可以使学生在练习和纠错的过程中，巩固对导数概念、导数相关运算公式的理解，提升运算的速度和准确率，发展数学运算素养。

（2）导数中蕴含的直观想象素养

由于高中阶段没有建立完整的导数知识体系，因此，只能通过直观的方式，认识导数的一些重要思想方法，“获得”一些运算法则。

本章教学中要特别注重形与数的融合，帮助学生利用图形直观理解一些重要思想方法和运算法则。通过数形结合，能使抽象的知识直观化。

导数的概念教学、几何意义的探究，导数与函数关系的研究都是数形结合的经典范例。在教学中，要充分利用数与形的有机结合，让学生直观地去认识和感受导数的探究过程，这样既可以简化严格的推导过程，减少学生学习的困难，又可以使抽象的数学教学充满活力。下面，我们通过具体的研究体会数形结合的过程。

以直代曲，霸气的几何直观。研究导数的几何意义时，我们可以采用“放大图形”的方法，随着点 $P$ 附近的曲线被不断放大，我们会发现曲线（后移）在点 $P$ 附近的曲线看上去似乎成了直线。因此在点 $P$ 附近，我们可以用直线代替曲线，感受在很小的范围内的以直代曲，从“形”的角度加深对导数概念的理解。如图 6.1.3 是函数 $y=x^2$ 的图象，点 $A$ 在原点；图 6.1.4 是将此函数图象放大，这时点 $A$ 附近的曲线看上去似乎成了直线。

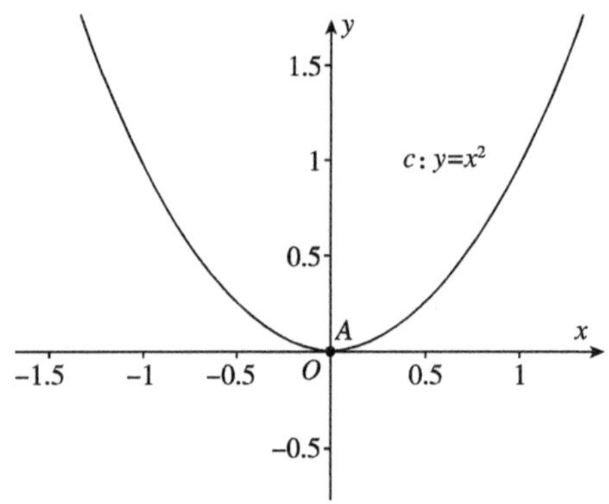


**图 6.1.3**

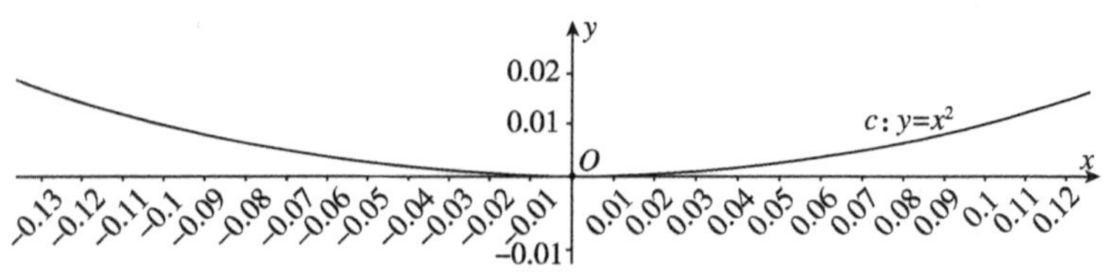


**图 6.1.4**

研究函数的单调性和导数正负的逻辑关系，我们可以画出函数的图象，让学生观察单调递增区间内各点的切线具有什么特征，单调递减区间内各点的切线具有什么特征，从而直观感受到：某点的导数大于0时，函数在这点的切线是“左下右上”的上升式，函数$f(x)$的图象也是上升的，函数在这点附近单调递增；导数小于0时，函数在这点的切线是“左上右下”的下降式，函数$f(x)$的图象也是下降的，函数在这点附近单调递减。

如果函数在某个区间上所有点附近的图象都是上升式的，那么函数在这个区间内就单调递增，如果函数在某个区间内所有点附近都是下降式的，那么函数在这个区间内就单调递减。

该探究过程既绕过中值定理等高中生没有学习的理论，又让学生直观地理解导数的正负和原函数单调性的关系。又比如研究函数的极值和最值的关系时，我们可以绘制出各种形状的函数，请学生观察极值和最值的关系。

通过这些数形结合的案例，帮助学生直观感受微积分的一些重要思想，获得一些公式和法则，发展直观想象的素养。

（3）导数中蕴含的数学建模素养

数学建模是运用数学思想方法和知识解决实际问题的过程。它是数学学习的一种新的方式，有助于学生体验数学在解决实际问题中的价值和作用，体验综合运用知识和方法解决问题的过程，增强数学的应用意识。

导数有什么作用？导数在解决实际问题中有着广泛的应用。导数是描述事物变化率的数学模型，是研究函数性质的一种非常有力的工具。任何与变化率、函数等有关的问题一般都可以用导数解决。教学中应注意选取一些生活中与变化率有关的问题设计教学活动，引导学生利用导数的思想、方法和相关知识加以解决，从而培养学生的应用意识和数学建模素养。

数学建模的一般流程众说纷纭，但是大致都是模型准备、模型假设、模型构建、模型求解、模型检验、模型应用等。在教学中要引导学生经历以下两个环节：

（1）模型准备：主要是了解要解决的问题的相关背景，收集必要数据。

（2）模型假设：是为了简化模型做出的一些合理的假设。

这两个环节一般都是由教材直接给出。但是学生要真正解决身边的实际问题，经历这两个环节是非常重要的。

比如研究饮料瓶大小对饮料公司利润的影响。教材中直接给出："某制造商制造并出售球形瓶装的某种饮料，瓶子的制造成本是 $0.8\pi r^2$ 分，其中 $r$ 是瓶子的半径。已知每出售 1 毫升的饮料，制造商可获利 0.2 分钱，且制造商能制作的瓶子的最大半径为 6 厘米。求瓶子半径多大时，能使每瓶饮料的利润最大。瓶子半径多大时，每瓶饮料的利润最小。"

建模的过程如图 6.1.5 所示：

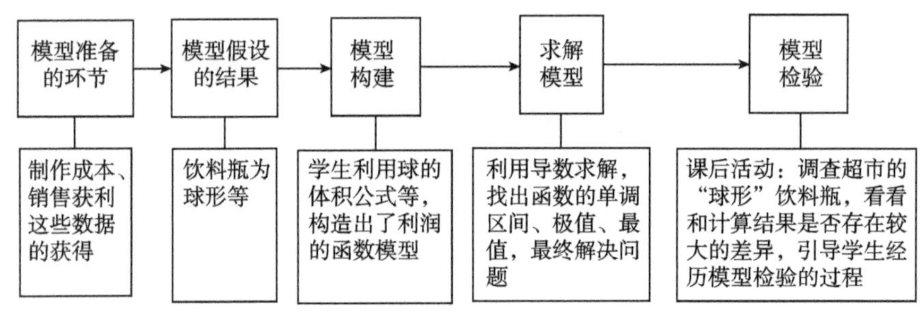


**图 6.1.5**

学生通过经历完整的数学建模过程，体会导数的应用价值，提升数学建模素养。

**4. 如何在导数的教学中渗透数学文化——从历史出发讲导数**

微积分的创立是具有划时代意义的伟大创造，被誉为数学史上的里程碑。教学中应结合章引言、文献阅读与数学写作等，适当介绍微积分创立的史实，让学生感受理性精神。导数在微积分中具有重要的地位，因此，在教学中，可以渗透微积分的相关文化，落实立德树人的根本任务。

比如，可以让学生了解把导数带入中国的第一人：清代数学家李善兰。1840年鸦片战争爆发，列强入侵中华的事实，激发了他科学救国的思想，他感叹："呜呼！今欧罗巴各国日益强盛，为中国边患。推原其故，制器精也，推原制器之精，算学明也"，"异日（中国）人人习算，制器日精，以威海外各国，令震慑，奉朝贡！"。后来，李先生刻苦学习，一生著作极多，几乎将近代科学最主要的几门知识，悉数译成中文，带进中国。李善兰先生为近代中国科学的发展和近代中国第一代科学人才的培养做出了极大的贡献。他在《代微积拾级》中说道："我朝康熙之时，西国来本之奈端二家，又创立微积分二术，其法借经于代数，而其理实发于古来未有之奇秘！"他将牛顿、莱布尼茨的理论，翻译成微分和积分，只有洞悉其理之深，才能翻译得如此之妙！学生们结合当下的世界局势，能体会到李先生的"异日"便是我国之"今日"，今天的中国，人人学习数学，先生的遗愿，需要同学们去完成。

又比如，切线概念的形成，学生受已有的圆锥曲线的切线概念的影响，可能会对用割线极限来定义切线的方法排斥。因此，教学中可以重现历史上切线概念形成的过程，使得学生自然接受新的概念。历史上，欧几里得用直线和圆只有一个公共点定义了圆的切线，后来古希腊人模仿欧氏定义了圆锥曲线的切线，但是在直线和曲线只有一个公共点的前提下，还加了一个限制条件，除这个公共点外直线其余的点都在圆锥曲线之外。再后来随着人们接触曲线类型的增多，切线的概念也在不断改进，比较典型的还有笛卡尔的"等根法"、费马的"极值法"、巴罗的"特征三角形法"等。莱布尼茨认为"切线就是连接曲线上无限接近的两点的直线"，我们

可以看到，极限思想已经进入切线的定义了。达兰贝尔认为“切线就是割线与曲线的两个交点变成一个时割线的极限”。最后在十九世纪，随着极限理论的完善，才形成了教科书上切线的定义。

## 三、怎么学导数的概念

### 1. 没有极限的概念怎么学导数——从具体到抽象，适度进行“规则”的抽象概括

由于高中阶段没有对极限进行严格的定义，因此不可能通过严格逻辑推理的方式，推导出基本初等函数的导数公式、导数的四则运算法则、复合函数的求导法则以及导数与函数单调性之间关系等公式与“规则”。那么，如何以适当的方式给出这些“规则”，就成了教师需要思考的问题。

从导数发展的历史看，极限概念是导数概念的核心基础，没有极限就没有导数，极限是导数不能回避的概念。如何在没有极限严格定义的前提下学习导数呢?

问题的关键是注重严谨定义还是注重本质思想，是注重形式计算还是注重理解与实际应用，答案显然是后者。事实上，在数学史发展的进程中，极限概念是在不断的研究中逐渐完善的。

例如，牛顿指出：“两个量和量之比，如果在有限时间内不断趋近于相等，且在这一时间终止前互相靠近，使得其差小于任意给定的差值，则最终就成为相等。”这个定义的表述显然并不严谨，后来柯西指出：“当一个变量逐次所取的值无限趋近于一个定值，最终使变量的值和该定值之差要多小就多小，这个定值叫做所有其他值的极小值。”柯西这一极限定义依然使用了几何直观的语言，如“无限趋近”“要多小就多小”，还是不够严谨。严谨的极限定义最终由魏尔斯特拉斯给出，由极限定义精确化的过程可以知道，在严谨定义出现之前，人们对极限的理解是基于几何直观

的，这符合人类的认知发展水平。

因此，作为高中数学教学，完全可以用直观的极限来描述和理解导数的概念、推导导数公式与法则。

在高中教材中，教科书从学生的认知规律出发，结合规则的具体特点，从具体实例出发，进而从具体到抽象、从特殊到一般给出“规则”，使得整个过程自然、合理。

首先根据导数的定义求6个常用的具体函数的导数：

$f(x)=c$，$f(x)=x$，$f(x)=x^2$，$f(x)=x^3$，$f(x)=\frac{1}{x}$，$f(x)=\sqrt{x}$，在此基础上归纳出$f(x)=x^a$的导数公式。这种从特殊到一般、从具体到抽象的研究问题的方法，是贯穿整个高中数学研究的常用方法。对于其他基本初等函数的导数公式，由于现阶段无法进行推导，因此直接给出相应结论。

对于导数四则运算法则，同样用类似的方法处理，适度进行规则的抽象概括。我们可以选择学生比较熟悉的函数，比如$f(x)=x^2$，$g(x)=x$，请学生计算$[f(x)+g(x)]$的导数，观察其与$f(x)$，$g(x)$的导数的关系，归纳猜想出$[f(x)+g(x)]$的导数的计算公式，然后举更多的例子进行操作确认，最终得出公式。对于研究函数的单调性和导数之间的关系，处理方式也是如此。由于高中阶段不介绍微分中值定理，因此无法对所得结论进行证明。教科书借助高台跳水的具体实例，从具体到抽象、从特殊到一般，借助图象直观概括出它们的共性规律，给出一般函数$f(x)$的单调性与导数正负的关系。

**2. 如何突破导数的难点**

（1）学习复合函数求导

首先，很多函数是由基本初等函数复合成的，例如形式很简单的$f(x)=$

$\sin\left(2x-\frac{\pi}{3}\right)$，$g(x)=\ln(2x-1)$ 等。如果没有复合函数的求导法则，那么很多函数的导数将无法计算。其次，在今后进一步的导数学习中，许多内容也是借助复合函数的导数法则得到的。比如对数求导法则、隐函数求导法则等，都可以通过复合函数的导数法则推出的。

因此，教材中安排了复合函数的导数法则的学习。但是考虑到高中生的实际情况，只要求学生掌握内函数是一次函数的复合函数的求导。那么，如何得到复合函数的导数法则呢？这是本章教学的一个难点。

突破这个难点的方法依然是从特殊到一般的归纳。教材中只举了一个例子，即 $y=\sin 2x$ 的导数。通过 $\sin 2x=2\sin x\cos x$，利用导数的乘法公式可以间接求出 $\sin 2x$ 的导数，通过比较其外函数 $y=\sin u$ 的导数和内函数 $u=2x$ 的导数，引导学生归纳出一般的复合函数导数的计算法则。

实际教学中一个例子如果太单薄了，教师还可以引导学生再举一些例子。比如 $y=x^3$ 可以看作是 $y=u$ 和 $u=x^3$ 复合而成，也可以看作是 $y=u^2$ 和 $u=x^{\frac{3}{2}}$ 复合而成，还可以看作 $y=u^3$ 和 $u=x$ 复合而成等。这些例子既简单，又方便学生找出复合函数导数的计算法则。因此，通过这些实例引导学生归纳出复合函数的导数法则即可。

为提高学生使用复合函数求导的准确性，可先给学生做一些把多个基本初等函数复合成一个函数和把一个复合函数分解为多个基本初等函数的练习。

例如，$f(x)=\sin x$，$g(x)=2x-\frac{\pi}{3}$。那么复合得到：

$$f(g(x))=\sin\left(2x-\frac{\pi}{3}\right),\ g(f(x))=2\sin x-\frac{\pi}{3}。$$

另外，需要弄清楚对什么求导，谁是中间变量等。比如，$y=\ln(ax+b)$，这是由 $y=\ln u$ 和 $u=ax+b$ 复合而成的函数，是对 $x$ 求导，$u$ 是中间变量，因此最后答案保留 $x$，而所有的 $u$ 都需要由 $x$ 代入表示。即 $y'=(\ln u)'\ (ax+b)'=\frac{a}{u}$不能作为求导运算的结果，最后还需要将 $x$ 代入，得到$y'=\frac{a}{ax+b}$。

（2）在导数教学中借助信息技术

本章注重借助信息技术手段，让学生直观认识极限、切线以及“以直代曲”的重要思想。如果条件允许，在信息技术的支持下，我们在教学中可以设计更丰富的教学活动，解决更深刻的问题。信息技术的主要优点如下：

①信息技术可以简化计算过程，为探究重点问题赢得足够的时间。以导数的概念为例，在利用定义计算导数时，$f(x+\Delta t)-f(x)$ 的计算有时非常耗费时间。比如计算 $x^3$ 的导数时，需要计算$(x+\Delta t)^3-x^3$。按照教材编排顺序，此时学生并没有学习二项式定理，只能用乘法分配律展开第一个立方。这种运算并不是本单元的重点，因此可以借助计算器快速通过，如图 6.1.6 和图 6.1.7。

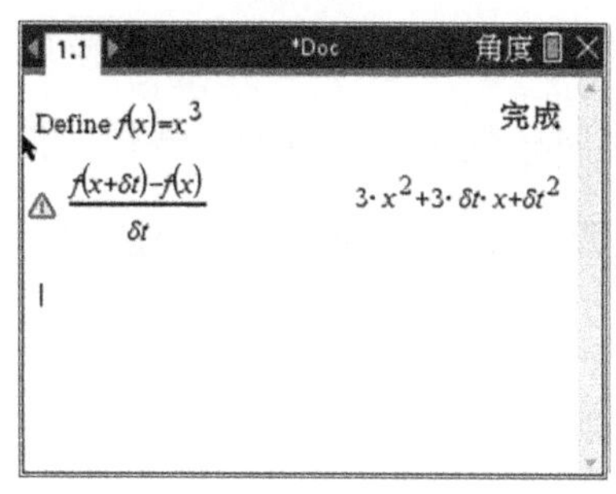


图 6.1.6

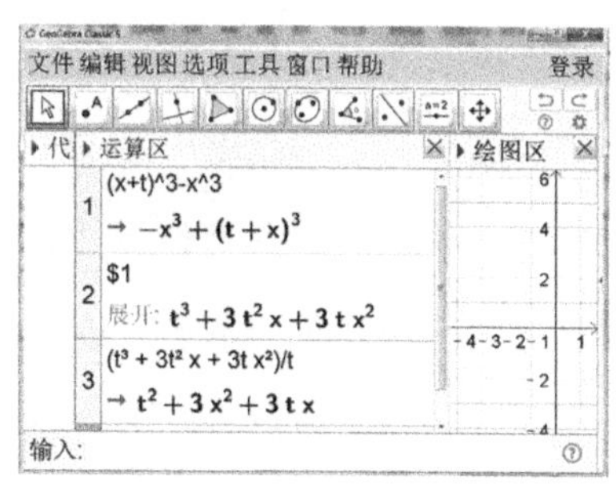


图 6.1.7

②信息技术能动态呈现作图过程，使学生直观感知导数。比如，在切线的教学中，可以用信息技术呈现一个点无限接近另一个点的过程，如图 6.1.8 和 6.1.9，通过放大图形，可以让学生直观感受“以直代曲”“局部

近似”等微积分思想。

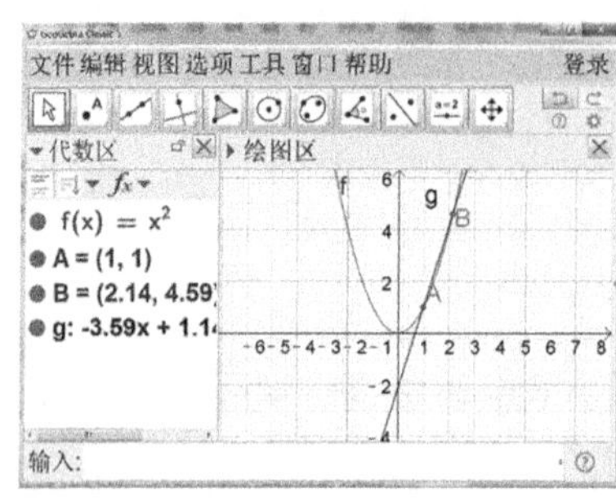


图 6.1.8

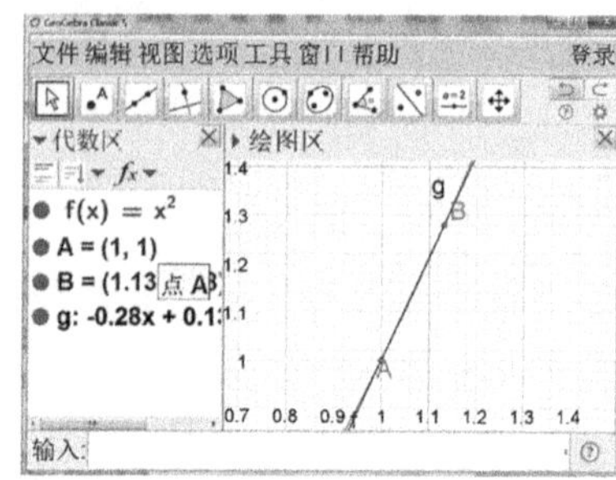


图 6.1.9

总之，站在学生的思维层次来设计教学活动，这样的数学活动有助于帮助学生突破难点，理解本质。

## 四、利用导数研究函数性质的程序性和普适性——通性通法

由导数的概念及其几何意义知，导数主要反映函数图象上各个点及其附近的增减性以及增减的快慢，导数为正（负）的点附近或相应区间上函数单调递增（减），某点处导数的绝对值越大，增（减）的速度越快，即“正负定增减、大小定快慢”，因此，应用导数研究函数的单调性、极值、最大（小）值时方法具有普遍性，体现程序化思想，教学中应让学生体会导数是研究函数性质的基本工具，是普适性方法。

例如，在利用导数研究函数的单调性时，强调一般步骤：

第 1 步，确定函数的定义域；

第 2 步，求出导函数 $f'(x)$ 的零点；

第 3 步，用 $f'(x)$ 的零点将函数 $f(x)$ 的定义域分为若干个区间，列表给出各区间上导函数的正负，由此得出原函数的单调性。

利用导数研究函数 $y=f(x)$ 的极值一般的步骤：

第1步，解方程 $f'(x)=0$，设 $x_0$ 是方程 $f'(x)=0$ 的根；

第2步，如果在 $x_0$ 附近的左侧 $f'(x)>0$，右侧 $f'(x)<0$，那么 $f(x_0)$ 是极大值；

第3步，如果在 $x_0$ 附近的右侧 $f'(x)>0$，左侧 $f'(x)<0$，那么 $f(x_0)$ 是极小值。

利用导数绘制函数图象的大致步骤是：

第1步，求出函数的定义域；

第2步，求函数及导函数的零点；

第3步，用导函数的零点将定义域划分为若干区间，列表给出导函数在各区间内的符号，并得出函数的单调性与极值；

第4步，确定函数的图象所经过的一些特殊点以及图象的变化趋势；

第5步，画出函数的大致图象。

**例 6.1.1** 求函数 $f(x)=\frac{1}{3}x^3-\frac{1}{2}x^2-2x+1$ 的单调区间。

**【分析】** 第1步，首先求的定义域为 $x\in\mathbf{R}$；

第2步，求导得 $f'(x)=x^2-x-2$。令导函数等于0，得 $x^2-x-2=0$，即 $(x-2)(x+1)=0$，

解得导函数的零点为 $x_1=2$，$x_2=-1$。

第3步，用 $f'(x)$ 的零点将函数 $f(x)$ 的定义域分为若干个区间，列表给出各区间上导函数的正负，得出原函数的单调性即可。

当 $x$ 变化时，$f'(x)$，$f(x)$ 变化如表6.1.3：

**表 6.1.3**

| $x$ | $(-\infty,-1)$ | $-1$ | $(-1,2)$ | $2$ | $(2,+\infty)$ |
| --- | --- | --- | --- | --- | --- |
| $f'(x)$ | + | 0 | − | 0 | + |
| $f(x)$ | ↗ | 极大值 | ↘ | 极小值 | ↗ |

由此可得函数$f(x)$的单调递增区间是$(-\infty, -1)$和$(2, +\infty)$，单调递减区间是$(-1, 2)$。

在这类解决问题的程序中，有部分题求解导函数的零点可能无法实现，这时注意灵活处理。

**例 6.1.2** 已知函数$f(x)=e^x\cos x-x$，求函数$f(x)$在区间$\left[0, \frac{\pi}{2}\right]$上的最大值和最小值。

**【分析】**

第1步，定义域为$x\in\left[0, \frac{\pi}{2}\right]$。

第2步，求导得$f'(x)=e^x(\cos x-\sin x)-1$，注意到这是一个超越方程。除了能观察出$f'(0)=0$外，我们不知道此方程是否还有其它解。面对这样的困难，导数是解决该问题的有力工具。

$f'(x)$依然是一个函数，我们想知道$f'(x)$的零点情况，可以利用它的导数研究其性质，进而画出$f'(x)$的图象。

因此设$h(x)=e^x(\cos x-\sin x)-1$，

则$h'(x)=e^x(\cos x-\sin x-\sin x-\cos x)=-2e^x\sin x$。

当$x\in(0, \frac{\pi}{2})$时，$h'(x)<0$，所以$h(x)$在区间$\left[0, \frac{\pi}{2}\right]$上单调递减。

所以对任意$x\in\left(0, \frac{\pi}{2}\right]$有$h(x)<h(0)=0$，即$f'(x)<0$。

所以函数$f(x)$在区间$\left[0, \frac{\pi}{2}\right]$上单调递减。因此$f(x)$在区间$\left[0, \frac{\pi}{2}\right]$上的最大值为$f(0)=1$，最小值为$f(\frac{\pi}{2})=-\frac{\pi}{2}$。从而问题得到了解决。

综上，我们以“概念的内涵、概念的学科价值、怎么学习该知识、利用该知识解决问题的步骤”四个环节进行单元学习内容分析，相信这样的备课将更有助于教师居高临下、举重若轻地教学，更能引导学生经历研究知识本质的过程和内化数学思想方法的过程。

## 第二节 基于知识体系的解题

经过导数一章的单元教学，可以得到利用导数研究函数性质的知识结构图（如图 6. 2. 1）：

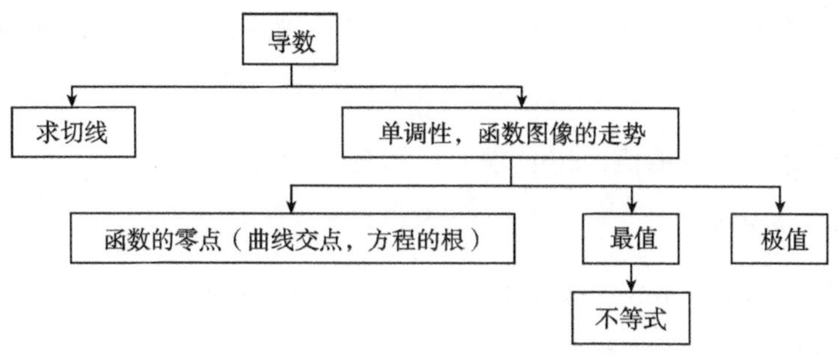


**图 6. 2. 1**

我们从“结构图”可以得到一个研究问题的思维过程，也就是研究函数的四个环节（如图 6. 2. 2）。

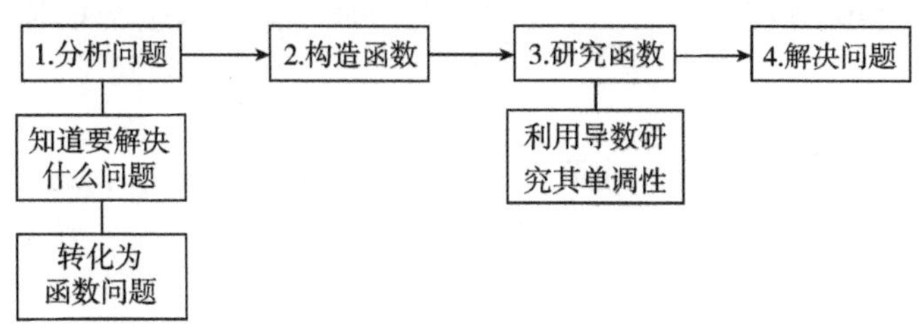


**图 6. 2. 2**

四个环节，即分析问题、构造函数、研究函数、解决问题。但命题时难点落在哪个环节上，却又有一定的偶然性。

分析问题，也就是明确研究对象，比如是最值问题，还是零点问题等。

构造函数，就是把题目中的不等式问题或者方程问题转化为函数问题，需要构造函数，构造哪个函数，需要观察结构。

研究函数，就是利用导数研究函数的单调性，进而画出函数的简图，直观分析问题。

解决问题，即根据研究的函数的性质，解决相关问题。

下面，我们按这四个环节来分析一下。

**例 6.2.1** 设函数 $f(x)=xe^{a-x}+bx$，曲线 $y=f(x)$ 在点 $(2, f(2))$ 处的切线方程为 $y=(e-1)x+4$。

(1) 求 $a$ 和 $b$ 的值；(2) 求 $f(x)$ 的单调区间。

**【第一问分析】**

因为 $f(x)=xe^{a-x}+bx$，所以 $f'(x)=(1-x)e^{a-x}+b$。

由已知，切点为 $(2, f(2))$ 且切线方程为 $y=(e-1)x+4$。

依题设 $\begin{cases} f(2)=2e+2, \\ f'(2)=e-1, \end{cases}$ 即 $\begin{cases} 2e^{a-2}+2b=2e+2, \\ -e^{a-2}+b=e-1, \end{cases}$

解得 $a=2$，$b=e$。

**【注】** 当解方程组 $\begin{cases} 2e^{a-2}+2b=2e+2, \\ -e^{a-2}+b=e-1 \end{cases}$ 时，有的学生会根据观察方程 $2e^{a-2}+2b=2e+2$ 的特征，得到 $\begin{cases} 2e^{a-2}=2e, \\ 2b=2, \end{cases}$ 即 $a=3$，$b=1$，这样做究竟错哪了？

这样做与下面 3 个概念混淆了。

(1) 复数相等：

若 $a+bi=m+ni$ $(m, n, a, b\in \mathbf{R})$，则 $\begin{cases} a=m, \\ b=n。 \end{cases}$

(2) 向量相等：

若向量 $\boldsymbol{a}$，$\boldsymbol{b}$ 不共线，且 $x_1\boldsymbol{a}+y_1\boldsymbol{b}=x_2\boldsymbol{a}+y_2\boldsymbol{b}$（$x_1$，$y_1$，$x_2$，$y_2\in\mathbf{R}$），则 $\begin{cases}x_1=x_2,\\ y_1=y_2。\end{cases}$

(3) 多项式恒等：

已知 $a$，$b$，$c$，$m$，$n$，$p\in\mathbf{R}$，若对任意实数 $x$ 都有 $ax^2+bx+c=mx^2+nx+p$，

则 $\begin{cases}a=m,\\ b=n,\\ c=p。\end{cases}$

**【第二问分析】**

定义域为 $\mathbf{R}$。

由 $f'(x)=e^{2-x}(1-x+e^{x-1})$，下面判断当 $x\in\mathbf{R}$ 时，$f'(x)$ 的正负。

此时 $e^{2-x}>0$，但 $1-x+e^{x-1}$ 无法判断正负，如何判断这个式子的正负？可以转化为判断函数值的正负问题（如表 6.2.1）。

**表 6.2.1**

| 四个环节 | 具体操作 |
|---|---|
| 分析问题 | 判断 $1-x+e^{x-1}$ 的正负。<br>即给定实数 $x_0$，判断 $1-x_0+e^{x_0-1}$ 的正负，也就是判断当自变量 $x=x_0$ 时，函数 $g(x)=1-x+e^{x-1}$ 的函数值的正负，从而转化为函数问题。 |
| 构造函数 | 令 $g(x)=1-x+e^{x-1}$ |
| 研究函数 | 即利用导数研究函数的单调性，进而根据导函数的图象判断导函数值的正负。<br>$g'(x)=-1+e^{x-1}$，<br>令 $g'(x)=0$，得 $x=1$，<br><table><tr><td>$x$</td><td>$(-\infty,1)$</td><td>1</td><td>$(1,+\infty)$</td></tr><tr><td>$g'(x)$</td><td>$-$</td><td>0</td><td>$+$</td></tr><tr><td>$g(x)$</td><td>↘</td><td>极小值</td><td>↗</td></tr></table>得 $g(x)\geqslant g(1)=1>0$， |
| 解决问题 | 即对任意实数 $x$，都有 $1-x+e^{x-1}>0$。 |

所以对任意实数 $x$，都有 $f'(x)>0$，故 $f(x)$ 的单调递增区间为 $(-\infty,+\infty)$。

**例 6.2.2** 已知函数 $f(x)=x\cos x-\sin x$，$x\in\left[0,\frac{\pi}{2}\right]$。

（1）求证：$f(x)\leqslant 0$；

（2）若 $a<\frac{\sin x}{x}<b$ 对 $x\in\left(0,\frac{\pi}{2}\right)$ 恒成立，求 $a$ 的最大值与 $b$ 的最小值。

**【问题情境】**

来源于对一个重要函数 $y=\frac{\sin x}{x}$ 的研究，如图 6.2.3。

求导后需要研究 $x\cos x-\sin x$ 的符号，这就形成了这个题的第一问，将难度分解。

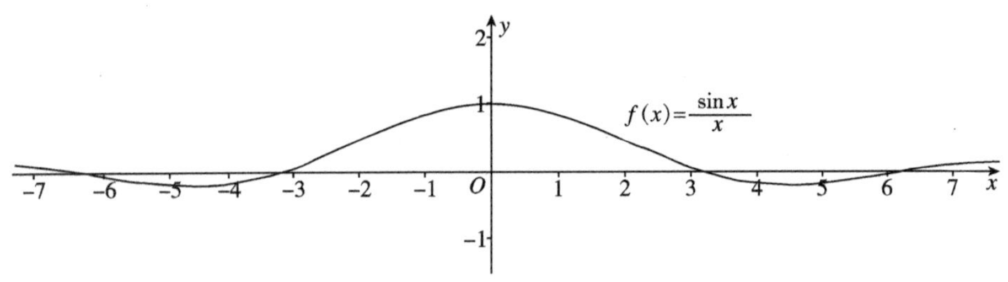


**图 6.2.3**

下面，我们从四个环节研究第（2）问，如表 6.2.2。

**表 6.2.2**

| 四个环节 | 具体操作 | 备注 |
| --- | --- | --- |
| 分析问题 | 需要研究函数 $y=\frac{\sin x}{x}$ 在 $0<x<\frac{\pi}{2}$ 上的最值。 | 考生面对题目：<br>首先要弄明白需要干什么，即要解决的问题是什么；或更高一点，它能转化成什么问题（考生熟悉或易解决的）。<br>在这个地方，命题人是有可能设置考点的，毕竟“转化与化归”是贯穿整个高中数学非常重要的思想方法。 |

续表

| 四个环节 | 具体操作 | 备注 |
| --- | --- | --- |
| 构造函数 | 令 $h(x)=\frac{\sin x}{x}$<br>（此时我们要这个函数的最值，故无需重新构造函数） | 接下来应该思考的是为了解决上面的问题，有可能用到的函数是什么。<br>很多时候，这个函数有可能要学生自己构造出来。<br>这是个不低的门槛，有时不仅仅是作差或作商那么简单，学生要有根据问题构造恰当的函数的意识及构造所需要的函数的基本方法。 |
| 研究函数 | 因为 $h'(x)=\frac{x\cos x-\sin x}{x^2}<0$，<br>故函数 $h(x)$ 在 $(0,\frac{\pi}{2})$ 上为减函数。 | 研究上述构造出来的函数，一般要借助导数。<br>此题以三角函数为载体，考查考生运用导数研究函数性质的方法。<br>其中涉及的“三角函数的导数公式”“函数求导的四则运算法则”“导数符号与单调性的关系”等知识或方法都是高中数学的重要内容。<br>在这个部分，有时可能设计了对参数进行讨论的环节。这不奇怪，因为“分类讨论”是中学数学里至关重要的思想方法，也是学生必须具备的能力。 |
| 解决问题 | 所以 $h(x)\geqslant h(\frac{\pi}{2})=\frac{2}{\pi}$，<br>得 $a$ 的最大值为$\frac{2}{\pi}$。 | 导数的考查不只停留在利用导数研究函数性质的层面，命题人的出发点和归宿都应该是解决问题、利用构造的函数的性质去解决问题。 |

但利用上面的分析求不出 $b$ 的最小值，下面求 $b$ 的最小值，这就出现了新的问题（如表6.2.3）。

**表6.2.3**

| 四个环节 | 具体操作 |
| --- | --- |
| 分析问题 | 我们发现：求函数 $y=\frac{\sin x}{x}$在 $0<x<\frac{\pi}{2}$上的最大值是不可能的。<br>为了研究不等式$\frac{\sin x}{x}<b$ 恒成立问题，这是分离变量的结构，既然分离变量解决不了，还是回到参变混合的原始状态，即 $ax<\sin x<bx$ 恒成立的话题。<br>不等式 $\sin x<bx$ 对任意 $x\in\left(0,\frac{\pi}{2}\right)$恒成立。<br>即 $\sin x-bx<0$ 对任意 $x\in\left(0,\frac{\pi}{2}\right)$恒成立，又可以转化为函数问题。 |
| 构造函数 | 令 $g(x)=\sin x-bx$， |

续表

<table>
<tr><th>四个环节</th><th>具体操作</th></tr>
<tr><td>研究函数</td><td>因为 $g'(x)=\cos x-b$，<br>由 $x\in\left(0,\ \frac{\pi}{2}\right)$，得 $0<\cos x<1$，于是得：<br>(1) 当 $b\geqslant 1$ 时，对任意 $0<x<\frac{\pi}{2}$ 均有 $g'(x)<0$。<br>此时 $g(x)$ 在 $\left(0,\ \frac{\pi}{2}\right)$ 为减函数，所以 $g(x)<g(0)=0$ 恒成立。<br>因此，当 $b\geqslant 1$ 时，$\sin x-bx<0$ 对任意 $x\in\left(0,\ \frac{\pi}{2}\right)$ 恒成立。<br>(2) 当 $0<b<1$ 时，(此时无法判断 $g'(x)$ 的正负，可能有正有负，需要找到正负的分界点，即零点)<br>令 $g'(x)=\cos x-b=0$，即 $\cos x=b$，<br>存在唯一的 $x_0\in\left(0,\ \frac{\pi}{2}\right)$，使得 $g'(x_0)=\cos x_0-b=0$，得<br><table><tr><td>$x$</td><td>$(0,\ x_0)$</td><td>$x_0$</td><td>$\left(x_0,\ \frac{\pi}{2}\right)$</td></tr><tr><td>$g'(x)$</td><td>+</td><td>0</td><td>-</td></tr><tr><td>$g(x)$</td><td>↗</td><td>极大值</td><td>↘</td></tr></table>所以 $g(x_0)>g(0)>0$，即存在 $x_0\in\left(0,\ \frac{\pi}{2}\right)$，使得 $g(x_0)>0$。<br>因此当 $0<b<1$ 时，$\sin x-bx<0$ 对任意 $x\in\left(0,\ \frac{\pi}{2}\right)$ 不恒成立。</td></tr>
<tr><td>解决问题</td><td>综上，$b$ 的最小值为 1。</td></tr>
</table>

“分析问题”阶段很重要，不可或缺，要尽可能做多方面尝试，不要局限某一个角度，如果问题转化不得当，后续工作就变得异常困难了。

变化一个角度提问，就会得到新问题，一题多变也是强化思维过程的有效做法。

变式 1：若 $ax<\sin x<bx$ 对任意 $x\in\left(0,\ \frac{\pi}{2}\right)$ 恒成立，求 $a$ 的最大值与 $b$ 的最小值。(解略)

此题若没有第一问，将会是什么情况呢？得到变式 2。

变式 2：若 $a<\frac{\sin x}{x}<b$ 对 $x\in\left(0,\ \frac{\pi}{2}\right)$ 恒成立，求 $a$ 的最大值与 $b$ 的最小值。

【**解析**】下面研究函数 $y=h(x)=\frac{\sin x}{x}$ 在 $0<x<\frac{\pi}{2}$ 上的最值。

由 $h'(x)=\frac{x\cos x-\sin x}{x^2}$，

已知 $x^2>0$，需要判断当 $0<x<\frac{\pi}{2}$ 时，$x\cos x-\sin x$ 的正负（还是函数问题）。

令 $h'(x)=0$，得 $x\cos x-\sin x=0$（代数解不了，就用图象法解方程），如表6.2.4。

**表6.2.4**

| 四个环节 | 具体操作 |
|---|---|
| 分析问题 | 判断当 $0<x<\frac{\pi}{2}$ 时，$x\cos x-\sin x$ 的正负 |
| 构建函数 | 令 $g(x)=x\cos x-\sin x$。 |
| 研究函数 | 由 $g'(x)=-x\sin x$，易得 $x\in\left(0,\frac{\pi}{2}\right)$ 时，$g'(x)<0$，<br>故函数 $g(x)$ 在 $(0,\frac{\pi}{2})$ 上为减函数， |
| 解决问题 | 所以 $g\left(\frac{\pi}{2}\right)<g(x)<g(0)$，即 $-1<g(x)<0$。<br>故当 $0<x<\frac{\pi}{2}$ 时，$x\cos x-\sin x<0$。 |

得 $h'(x)=\frac{x\cos x-\sin x}{x^2}<0$，故 $h(x)$ 在 $\left(0,\frac{\pi}{2}\right)$ 上为减函数；

所以 $h(x)>h\left(\frac{\pi}{2}\right)=\frac{2}{\pi}$，得 $a$ 的最大值为 $\frac{2}{\pi}$，$b$ 的最小值同前面分析，此处略。

在学习新知识形成的“知识结构图”，既是知识的图谱，更是解决问题的思维过程，所以，大家在解决问题过程中，要用好知识结构图做好四个环节的研究。

注意，此问题中出现了两次求导，第一次求导是解决原函数 $h(x)$ 的单调性，第二次求导是为了解决函数 $g(x)=x\cos x-\sin x$ 的正负，需要利用函数的单调性研究函数值的分布情况。为什么要求导？求导要解决什么问题？这在第六章第一节的单元备课中有详细的论述，大家反复体会，教学中要讲清楚。

**例 6.2.3** 函数 $f(x)=a\mathrm{e}^x-\sin x+2x$。

（Ⅰ）求曲线 $y=f(x)$ 在点 $(0, f(0))$ 处的切线方程；

（Ⅱ）当 $a\geqslant 0$ 时，求函数 $f(x)$ 在 $[0, 1]$ 上的最小值；

（Ⅲ）直接写出 $a$ 的一个值，使 $f(x)\leqslant a$ 恒成立，并证明。

**【分析】** 常见问题大都是证明给定的不等式，那么这个不等式是怎么来的呢？没有说明。而第（Ⅲ）问是要求解题者自己先构造不等式，再证明，问题来了，怎么构造？能不能随手给一个 $a$，比如 $a=100$，构造不等式 $f(x)\leqslant 100$？我们还是先看看前面的问题。

解：（Ⅰ）因为 $f(x)=a\mathrm{e}^x-\sin x+2x$，所以 $f(0)=a$，

由 $f'(x)=a\mathrm{e}^x-\cos x+2$，得 $k=f'(0)=a-1+2=a+1$，

所以曲线 $y=f(x)$ 在点 $(0, f(0))$ 处的切线方程为 $y-a=(a+1)(x-0)$，

即 $y=(a+1)x+a$。

（Ⅱ）当 $a\geqslant 0$，$x\in[0, 1]$ 时，

因为 $f'(x)=a\mathrm{e}^x-\cos x+2=a\mathrm{e}^x+(2-\cos x)>0$，

所以 $f(x)$ 在 $[0, 1]$ 上单调递增，故 $f(x)$ 在 $[0, 1]$ 上的最小值为 $f(0)=a$。

这两个问题很常规，一个是求切线，还有一个是求最小值，但都看似无意地出现了 $f(0)=a$，第一问是切点纵坐标为 $f(0)=a$，第二问是最小值是 $f(0)=a$。而第三问需要我们自己构建的不等式为 $f(x)\leqslant a$，也就是 $f(x)\leqslant a=f(0)$，这个信息有没有启发？我们回顾图 6.2.1：

从函数观点看不等式时，“不等式”的上位知识是“函数的最值”，再上位知识是“函数的单调性”。

因此，可以从最大值的角度来构造这个不等式。

（Ⅲ）第一步，构造不等式。

当$a \geqslant 0$时，$f'(x)=ae^x-\cos x+2>0$，所以$y=f(x)$在$\mathbf{R}$上为增函数。

当$x \to +\infty$时，$ae^x \to +\infty$，故$f(x) \to +\infty$，此时$f(x) \leqslant a$不恒成立。

说明我们构造的不等式$f(x) \leqslant 100$是错误的。

当$a<0$时，注意第（Ⅰ）（Ⅱ）问的提示，即$f(0)=a$，

此问题变为：对$\forall x \in \mathbf{R}$，都有$f(x) \leqslant f(0)$，

于是$f(0)$为函数$y=f(x)$的最大值，此时$x=0$，也是极大值点。

由极大值的定义，得$f'(0)=0$，即$ae^0-\cos 0+2=a+1=0$，

所以$a=-1$。

第二步，得到不等式。

取$a=-1$，以下证明$f(x)=-e^x-\sin x+2x \leqslant -1$恒成立。

证明：$f'(x)=-e^x-\cos x+2=(2-\cos x)-e^x$

（不知$f'(x)$的正负，但根据三角函数的有界性，$1 \leqslant 2-\cos x \leqslant 3$，故我们可以缩小$x$的取值范围，即缩小$e^x$的范围，以此判断$f'(x)$的正负）

（1）当$x \leqslant 0$时，$0 \leqslant e^x \leqslant 1$，故$f'(x)=(2-\cos x)-e^x \geqslant 0$，

此时$f(x)$在$(-\infty, 0)$为增函数，所以$f(x) \leqslant f(0)=-1$成立，不等式得证。

（2）当$x>0$时，（此时不知$f'(x)$的正负，需要解方程$f'(x)=0$，代数法不会解，就用图象法，下面画$f'(x)$的图象）

$f''(x)=\sin x-e^x$，因为$-1 \leqslant \sin x \leqslant 1$，$e^x>1$，

故$f''(x)=\sin x-e^x<0$，

所以$f'(x)$在$(0, +\infty)$为减函数，所以$f'(x)<f'(0)=2-1-1=0$，

得到$f(x)$在$(0, +\infty)$为减函数，所以$f(x) \leqslant f(0) = -1$成立，不等式得证。

综上，取$a=-1$，对$\forall x \in \mathbf{R}$，都有$f(x) = -e^x - \sin x + 2x \leqslant -1$恒成立。

我们见到的更多的命题方式是：给出问题，我们解答。而问题是怎么提出来的？在第四章第三节中，我们以解析几何为例，见证了问题的生成过程。在这个问题中，我们又一次体会了问题的生成过程。

问题的提出，来源于研究数学知识的过程。在单元备课中，我们了解了知识的发生发展过程，形成了知识网络，于是，针对每个知识网络中的知识节点以及研究方法，我们就可以提出问题，这个问题可以是针对知识的，也可以是针对研究方法的。